CHRISTOPH KORNMAYER

KLASSISCHE UND MODERNE REZEPTE AUS AUSTRALIEN

C H R I S T O P H   K O R N M A Y E R

KLASSISCHE & MODERNE REZEPTE AUS AUSTRALIEN

ÜBER 270 REZEPTE AUS DEN KÜCHEN DER FARMEN, RESTAURANTS UND DEN LAGERFEUERN DES 5. KONTINENTS

Begriffe aus der australischen Küche
Mit ausführlichem Register
Bezugsquellennachweis
Glossar

VERLAG GEBRÜDER KORNMAYER, Rödermark

1. Auflage November 2004
3. Auflage Mai 2009
http://www.kornmayer-verlag.de
ISBN 978-3-9808785-9-3

Autor: Christoph Kornmayer
Rezeptredaktion: Christoph Kornmayer
Übersetzung: Gabriele Kurz-Neumann
Textredaktion: Christoph Kornmayer
Redaktionelle Mitarbeit: Claudia Kornmayer
Umschlag, Graphiken und Gestaltung:
Tourism Australia
Christoph Kornmayer
Bilder:
Tourism Australia: 43, 11, 16, 22, 38, 60, 71, 76, 87, 92, 101, 106, 112, 116, 122, 129, 136, 142, 150, 152, 158, 161, 163, 166, 170, 177, 183, 187, 190, 199, 202, 212, 218, 223, 229, 232, 237, 240, 246, 252, 264, 272, 277, 280, 285, 288, 293, 309, 313, 319, 336
Christoph Kornmayer: 5, 6, 14, 15, 18, 20, 25, 27, 32, 36, 44, 46, 48, 51, 53, 58, 62, 64, 66, 68, 75, 79, 80, 84, 90, 95, 96, 102, 104, 111, 115, 118, 120, 130, 132, 138, 144, 147, 148, 156, 168, 172, 175, 185, 188, 195, 196, 201, 205, 208, 210, 211, 215, 216, 221, 227, 228, 235, 239, 250, 255, 257, 260, 266, 268, 271, 275, 278, 287, 290, 295, 298, 304, 322, 330
Titel- und Umschlagfotos: Tourism Australia, Christoph Kornmayer
Druck: leibi, Neu-Ulm

Deutsche Bibliothek - CIP-Einheitsaufnahme. Ein Titelsatz dieser Publikation ist bei der Deutschen Bibliothek (Frankfurt) erhältlich.

klimaneutral gedruckt
weitere Informationen www.leibi.de/klima

„Die Entdeckung eines neuen Gerichts ist für die Menschheit von größerem Nutzen als die Entdeckung eines neuen Gestirns."

Jean Anthelme Brillat-Savarin (1755-1826), französicher Gastrosoph nach der Sichtung des Halley'schen Kometen.

Vorwort

Zu diesem Buch

Es gibt bereits einige Kochbücher, die sich mit der Küche des australischen Kontinents auseinandersetzen, doch sollte dieses Buch eine Momentaufnahme der australischen Küche werden, der Landesküche in all Ihren Facetten, die sich wie die europäische verändert und in verschiedene Richtungen bewegt. Zwischen Perth und Brisbaine, Darwin und Melbourne erstreckt sich ein kulinarisch tatsächlich fast unerschlossener Kontinent, dessen Küchen sich nach ihren eigenen Bedürfnissen richten, sich lokalen Gegebenheiten anpassen, ob Wüste oder Meer und auch ob arm oder reich.
Bekannt sind bisher nur die kulinarischen Glanzlichter der Küche, die den weiten Weg zu uns geschafft haben. Die Spezialitäten, teilweise mit Zutaten, die in Europa gänzlich unbekannt sind, manchmal nur auf dem Kontinent wachsen und nur dort erhältlich sind, blieben unseren Gaumen bisher vorenthalten.

Die Landesküche verändert sich, interpretiert sich selbst und wandelt sich mit dem Zeitgeist der „Terra Australis". Was, wie das Känguru vor 20 Jahren noch als nicht wirklich essbar galt, wurde inzwischen zur Delikatesse.
Dieser authentische Querschnitt durch die Landesküche, der traditionelles 'Bushfood' mit feiner pazifischer und europäischer Küche vereint, ist sowohl für Kochprofis, die ausreichenden „Beschaffungsenthusiasmus" für besondere Zutaten entwickelt haben, als auch für Anfänger geeignet. Für die meisten Zutaten sind im Anhang entweder Bezugsquellen oder soweit möglich Ersatzzutaten genannt. Auf Rezepte mit artgeschützten Tieren wurde bewusst verzichtet.

Viel Spaß und guten Appetit!

Christoph Kornmayer

Wiesbaden, im November 2004

Die Bilder:

Ein Kochbuch ist nicht wirklich ein Sachbuch, aber doch ein Arbeitsbuch. Der Gedanke Bilder der eigenen Reisen einzufügen statt der Fotografien von Tellergerichten beflügelte mehr, lässt mehr Freiheiten offen, um beim Lesen der Zutaten und der Rezepte, die Zusammenstellungen zu erfahren, förmlich

zu schmecken, ja den Duft in sich aufzunehmen – Bilder zu erzeugen. Auch entstand so der Eindruck, durch bildliche Ausschnitte und Momentaufnahmen des Landes mehr von seinen Eigenheiten zu transportieren. Die Bilder entstanden auf eigenen Reisen oder wurden mit freundlicher Genehmigung zur Verfügung gestellt.

Ein besonderer Dank gilt hier der Australischen Botschaft in Berlin, dem Fremdenverkehrsamt für Australien „Tourism Australia“ in Frankfurt, sowie der Agentur Adam & Partner in Frankfurt die bei der Kontaktaufnahme zu „Tourism Australia“ in Sydney behilflich waren. „Tourism Australia“ stellte zahlreiche Bilder im Buch zur Verfügung (siehe Bildnachweis). Das Copyright sämtlicher bereitgestellter Bilder liegt bei:

Tourism Australia
Image Library.
GPO Box 2721
Sydney NSW 1006
Australia

Tourism Australia

Kapitelübersicht

Einleitung

„Durch Essen kann man eine Welt verstehen, denn auf dem Weg über die Geschmackspapillen erwachen unsere urmenschlichsten Sinne, doch auch der Verstand und der Geist.
Man schmeckt, nimmt auf und versteht. Schmecken ist eine Art der Zuneigung zum eigenen Leben und seiner wirklichen Welt.
Die augustinische Betrachtungsweise der Welt, die Essen als Grundbedürfniss akzeptierte und bis zur Renaissance den Himmel dem Leben bevorzugend vorherrschte oder auch ein Eremit, der sich fastend ohne Essen und Trinken durch Verzicht von der Wirklichkeit loslöst scheinen aus einer anderen Welt, denn Essen bedeutet auch seine eigene Welt zu begreifen, anzufassen, zu fühlen und somit zu verstehen."

Essen und Trinken in Australien

Wohl noch bis in die 30ger Jahre des vergangenen Jahrhunderts erhielt man in Australien meist ausschließlich das Nationalgericht, Steak mit Spiegelei und 'Baked Beans' wenn man auswärts aß, denn die althergebrachte „australische Küche" zeichnete sich nicht besonders durch Glanzleistungen oder kulinarische Genüsse aus. Das lag wahrscheinlich daran, dass die Kolonie lange Zeit mit Versorgungsproblemen zu kämpfen hatte und erschwerdend kam hinzu, dass die meisten Siedler britisch-irischer Herkunft waren.

Das Ergebnis dieser Zusammenkunft brachte zunächst die wohl langweiligste Küche der Welt hervor. Diese Zeiten sind längst vorbei und Australien, als klassisches Einwanderungsland, veränderte sein kulinarisches Gesicht durch den Zustrom internationaler Köche, wobei jene aus dem europäischen und dem asiatischen Raum hauptsächlich prägend waren für das heutige Antlitz der Landesküche. Restaurants aller Nationalitäten sind heute in den Städten des Landes zu finden und in allen australischen Metropolen findet man ein 'Chinatown', in dem sich alle asiatischen Gerichte finden lassen. Hier haben sich chinesische genauso wie malaysische, thailändische, kambodschanische und burmesische Restaurants angesiedelt.

Die Landesküche zeichnet sich zwar noch immer durch weitgehend einfache Zutaten aus, doch die Art der Zubereitung wird immer raffinierter, auch griffen die australischen Köche in der Zeit nach dem Zweiten Weltkrieg immer mehr auf die landeseigenen Produkte zurück, die es oft ausschließlich in Australien gibt.

In Darwin oder Cairns erhält man in den Restaurants zum Beispiel Emu- Büffel- oder Krokodilsteaks, während in den südlichen Metropolen schon einmal mit Austern gefüllte Rinderfilets angeboten werden. Besonders Kängurufleisch in allen Variationen, als Suppe, Gulasch oder Steak wird, nicht zuletzt wegen des niedrigen Cholesteringehaltes, immer mehr gegessen.

Zu den Besonderheiten der Küche zählen neben den in manchen Restaurants angebotenen 'Witchetty Grubs', den fingerdicken Larven eines Nachtfalters, eben auch die Meat Pies, deren Inhalt nicht immer zu identifizieren ist und die traditionell mit viel Ketchup serviert werden. Ebenso dazu zählt die 'Pavlova' ein Baisergebäck mit Früchten und Sahne und natürlich 'Vegemite' eine Hefepaste, die als Brotaufstich verwendet wird und ohne die ein Australier wohl selten auf Reisen ginge.
Die Küstenregionen sind bekannt für ihren Reichtum an Fisch und Meeresfrüchten. Alles kommt meist fangfrisch auf den Tisch und zählt zu den besten Qualitäten der Welt. Begehrt unter Feinschmeckern sind die Felsenaustern aus Sydney, die 'Moreton Bay Bugs' aus Brisbaine, die Mangrovenkrebse aus Nordaustralien, 'Yabbies' kleine Süßwasserkrebse, Meereshummer und zahllose Muschelarten. Zu den kulinarisch interessantesten Fischen gehört zweifelsohne der Barramundi, der in den Flüssen des Nordens beheimatet ist und der meist gegrillt serviert wird.
Für Europäer nahezu unverständlich sind die australischen Alkoholausschankgesetze, die Restaurants in drei Kategorien untereilen. In den 'Not Licensed Restaurants' darf kein Alko-

hol konsumiert werden, in den 'Fully Licensed Restaurants' wird ausgeschenkt, wenn auch nur in Verbindung mit einer Mahlzeit und den sogenannten 'BYOs'- Bring Your Own. Diese Restaurants haben zwar auch keine Lizenz, doch den Gästen ist es erlaubt Bier oder Wein selbst mitzubringen und zu konsumieren. Auch wenn die Wirte hier ein 'Korkengeld' erheben sind diese meist billiger als die lizenzierten Restaurants.

Das Einkaufen alkoholischer Getränke ist ohnehin anders gestaltet als in Europa, denn Wein, Bier und andere Alkoholika sind nur in speziellen 'Bottleshops', 'Liquore Stores' oder 'Wineries' erhältlich. Ein wenig widersprüchlich erscheint allerdings die Einrichtung des 'Bottleshop Drive-Ins'.

Eine weitere Besonderheit sind die oft reichlichen 'Counter Meals', die an den Theken vieler Pubs und Bars angeboten werden. Preiswerter als diese sind nur noch die 'Fish and Chips Shops' , die zahlreichen Take away-Restaurants oder die bistroartigen Schnellrestaurants, die sich 'Deli' nennen.

Das Frühstück ist in Australien meist reichhaltig und besteht entweder in der traditionellen Variante aus Eiern, Wurst, Steak und Speck oder aus Cereals, Haferflocken und zahlreichen Flake-Varianten. Während das Lunch oft bescheidener mit Sandwiches oder Pies bestritten wird, gilt das Dinner als die eigentliche Hauptmahlzeit des Tages, die auch meist im Kreise der Familie eingenommen wird.

Eine der großen Leidenschaften der Australier ist das Barbecue, BBQ oder auch Barbie genannt. In allen Reservaten und Parks sind Einrichtungen vorhanden um diese hohe Kunst der Fleisch- und Gemüsezubereitung auszuüben.

Typisch an der australischen Küche ist, dass es eigentlich niemals eine australischen Küche gab, den sie entwickelte sich aus den Einflüssen und Eindrücken, die das Land von Außen annahm, sie verwehrte sich diesen nie und geschickte Köche kombinieren diese mit den landestypischen Eigenheiten und Zutaten.

Lassen Sie sich verzaubern von den Gerichten aus Australien, dem vermuteten südlichen Kontinent „terra australis incognita", der nun aus kulinarischer Sicht ein weiteres Mal entdeckt werden muss.

Geschichte - Ein kleiner Überblick

Ab etwa 50.000 Jahren vor unserer Zeitrechnung begannen die Ureinwohner über eine Landbrücke aus Südostasien auf den Kontinent einzuwandern und das Land von Norden her zu besiedeln.

Terra australis incognita, der unbekannte im Süden der Weltkugel vermutete Kontinent wurde 1642 vom Niederländer Abel Tasman entdeckt, der West- und Südaustralien umsegelte bis hin nach Tasmanien, das nach ihm benannt wurde. James Cook betrat den Kontinent allerdings erst 1770 an der Botany Bay in der Nähe von Sydney und noch mehr als 30 Jahre später erforschten die Briten noch immer die unbekannten Küstenlinien. Nach dem Verlust der Kolonien in Nordamerika wählten die Briten Australien zur Anlage neuer Strafkolonien. Bereits 1788 landeten die ersten Schiffe mit mehr als 1.000 Sträflingen in Port Jackson. Hier entwickelte sich im Laufe der Zeit die Siedlung Sydney. Wenige Jahre später erreichten die ersten freien Siedler bereits das Land, das zur Besiedelung freigegeben wurde. Die Anfangsjahre waren noch vom permanenten Mangel von Nahrungsmitteln geprägt, der sich zu einer existenziellen Bedrohung der Kolonie entwickelte. Erst mit der Urbarmachung riesiger landwirtschaftlicher Nutzflächen westlich der 'Great Dividing Range' verbesserte sich die Lage der Kolonie und die Entdeckung von Gold Mitte des 19. Jahrhunderts führte zum Zustrom tausender Siedler aus aller Welt. Schon Mitte des 19. Jahrhunderts wurden die Kolonien New South Wales, Victoria, Tasmania, Queensland und Western Australia gegründet. 1901 schlossen sich die Kolonien aus wirtschaftlichen Gründen zum Australischen Bund zusammen, der schon damals durch eine Bundesregierung regiert wurde. Unter dem von der damaligen Regierung verkündeten Motto „populate or perish" wanderten nach dem 2. Weltkrieg Millionen von Neubürgern, vorallem aus dem kriegszerstörten Europa in das Land ein.

Gedenktafel an die Landung Cooks in der Botany Bay bei Sydney

Daten & Fakten

Name:
Commonwealth of Australia, Australischer Bund

Fläche:
768.230.000 ha. inklusive Tasmanien, Australien ist somit das sechstgrößte Land der Welt und bedeckt etwa 5% der Erdoberfläche.

Einwohner: etwa 19.387.000

Hauptstadt: Canberra, 310.000 Einwohner

Fauna:
Durch die isolierte Lage des Kontinents sind einige Urformen der Tierwelt erhalten geblieben, die noch immer vielerorts beobachtet werden können. Die bekanntesten Tiere des Landes sind die zur Gattung der Beuteltiere gehörenden Kängurus, die in 45 Arten vorkommen. Koalas, Numbats und Wombats gehören ebenfalls zu den Beuteltieren genauso wie die Tasmanischen Teufel, die

allerdings Fleischfresser sind. Zu nennen sind noch der flugunfähige Emu, das Schnabeltier aus den Flüssen und Seen Ostaustraliens und die Dingos, eine Windhundrasse, die vermutlich mit den Ureinwohnern ins Land kamen. Zahllose Reptilien, Echsen-, Vogel-, Fisch und Schlangenarten wären noch zu nennen, würden aber gewiss den Rahmen eines Kochbuches sprengen.

Flora:
Australien hat eine eigene, unverwechselbare Vegetation mit über 21.000 unterschiedlichen Pflanzenarten, von denen mehr als 18.000 ausschließlich auf diesem Kontinent vorkommen. Die 'Flora Australis' kann entsprechend der im Land vorherrschenden Klimazonen eingeteilt werden. Den tropischen Norden bestimmen Regenwälder von oft dichtem Wuchs, während die Küstenbereiche eher von Mangrovenwäldern geprägt sind, die bis in das Meer hinein wachsen. Auf Tasmanien wachsen Regenwälder in gemäßigten Zonen. In den etwas gemäßigteren Gebieten des Südens finden sich riesige Eukalyptuswälder, in denen einzelne Bäume bis zu 100 Metern hoch werden. In den Trockenzonen des Landes überleben nur besonders angepasste Pflanzen wie jene der fast über 900 Akazienarten. Es ist ein Erlebnis nach einem Regen im Outback die Wüste erblühen zu sehen.

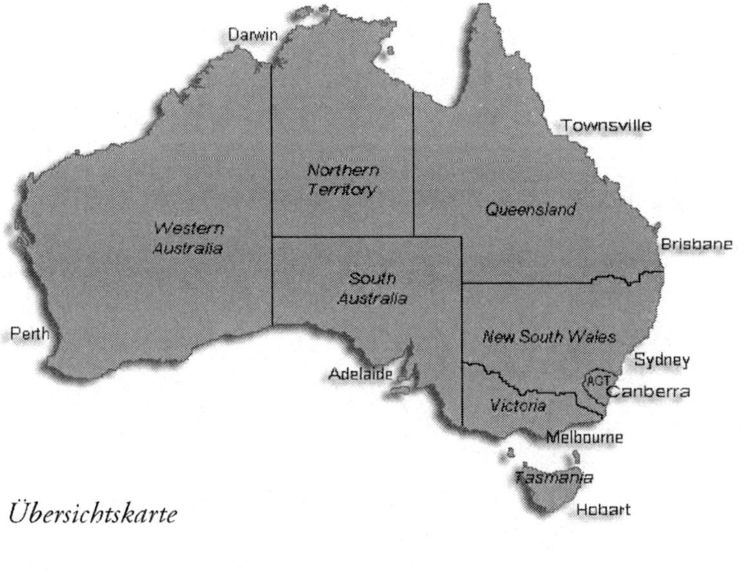

Übersichtskarte

Die Auswahl der Zutaten

Um den landestypischen Geschmack der australischen Küche zu erreichen, sollte beim Zusammenstellen der Zutaten zu den Gerichten darauf geachtet werden, wenn möglich, die Zutaten aus Australien selbst zu bekommen. Dies gilt micht nur für das einmalige Obst und das Gemüse sondern ebenso für das Fleisch der landestypischen Tiere und Fische.
Inzwischen findet man auch in den Regalen unserer Supermärkte ein zuweilen weit gefächertes Angebot australischer Produkte, das von Wein, über Fleisch bis hin zu Früchten reicht. Für schwer erhältliche Zutaten nennen die Rezepte oder der Anhang Alternativen, welche dem Original-Geschmack möglichst nahezukommen versuchen.
Auf jeden Fall sollten die Zutaten immer frisch und natürlich von bester Qualität sein. Bezugsquellen und Adressen finden sie ebenso im Anhang wie ausführliche Erklärungen zu hierzulande oft unbekannten Zutaten.

» Informationen zu Maßeinheiten, Mengenangaben, etc.

In diesem Buch wird zu Mengenangaben das Dezimalsystem verwendet.

0,5	= 1/2	
0,25	= 1/4	
kg	= Kilogramm	
g	= Gramm	(1000 g = 1 kg)
l	= Liter	
cl	= Centiliter	(1 cl = 10 ml)
ml	= Milliliter	(1000 ml = 1 l)
EL	= Esslöffel = ca. 15 g	
TL	= Teelöffel = ca. 7 g	

Weitere Mengenangaben:

Prs.	= Prise = Menge, die sich zwischen Daumen und Zeigefinger befindet.
Msp	= Messerspitze = Menge, die auf der Spitze eines Besteckmessers Platz hat.
Pkg	= Packung, Päckchen, Tütchen
°C	= Grad Celsius (100 °C = 212° Fahrenheit)
Ø	= Durchmesser

Der Erfahrung nach können Mengenangaben und Garzeiten nur ungefähre Angaben sein. Die unterschiedliche Beschaffenheit der Zutaten, die unterschiedlichen Gegebenheiten der Küchen, von der Pfanne bis zum Backofen und eben auch der individuelle Geschmack, lässt ein präzises Abschmecken und Garproben unabdingbar werden. Auch Jahreszeitliche unterschiede der Zutaten lassen die Ergebnisse variieren und so mag es im Winter manchmal besser sein das ein oder andere Gericht nicht zu kochen, wenn die Zutaten nicht in ausreichender Qualität erhältlich sind.

Leuchtturm bei Port Kembla

Rezeptteil

„Düfte sind keine Punkte, sie sind Bögen. Sie sind nicht einfach da, sondern sie beginnen irgendwo und enden an einem anderen Ort. Sie sind am Anfang und am Ende schwach, tragen ihr blumiges Hoch in der Mitte. Irgendwo endet der Trüffel und dort beginnt der zarte Duft der Zitronenmelisse, wie eine Note in der Musik, die es vermag, harmonisch mit einer anderen zu klingen.
Wenn man diese Harmonie der Düfte in sich trägt, dann ist das schon Kochen, wenn nicht gar Alchemie. Man kocht mit der Nase bevor man mit den Zutaten würzt. Kochen wird zur Musik."

Blue Mountains

Vorspeisen & Zwischengerichte

„Er war fast zwei Tage unterwegs gewesen, bis er diesen Ort erreichte. Es gab hierher keine venünftigen Straßen, nur die Pfade derer, die sich schon weit in das Hinterland hineingewagt hatten. Am Vorabend schließlich erreichte er die Abbruchkante des Tales und hängte seine Matte zwischen zwei riesigen Eukalyptusbäumen auf.

Schon lange vor Sonnenaufgang begann der Wald zu lärmen und die papageienähnlichen bunten Vögel in den Bäumen um ihn herum schienen den Morgen herbei zu schreien. Schließlich färbte sich ein Streifen am Horizont im Osten bläulich und wurde schnell immer größer. Das Blau wurde heller, färbte sich rötlich-violett, bis unter dem Getöse tausender Vögel ein erster Sonnenstrahl über die Berge im Osten blitzte. Er hatte sich längst aus seiner Hängematte erhoben und war zu Abbruchkante gelaufen, von der aus man einen unglaublichen Ausblick auf das riesige Tal hatte. Als die Sonne ein wenig höher gestiegen war und ihre unerträglich Hitze über das Land warf, ließ auch das Stimmengewirr der Vögel nach. Zunächst war es nur schwach wahrzunehmen, doch mit steigender Sonne verbreitete sich der starke Duft der Eukalyptusbäume die das Tal überzogen und er glaubte, wenn man unten im Tal wäre, würde man wohl benommen sein. In der Ferne stieg der ätherische Dunst sichtbar auf und legte einen bläulichen Schleier über die Berge. Blue Mountains.“

Auberginen nach Tante Thompson

» *Aubergines „Auntie Thompson"*

Zutaten für 6 Personen

3 große	*Auberginen*
	Salz
4	*Knoblauchzehen*
3	*Zwiebeln*
150 ml	*Erdnussöl*
2 TL	*Paprikapulver*
3 TL	*Kreuzkümmel*
2 EL	*Zucker, braun*
5	*Tomaten*
1	*Zitrone, Saft*
1 Bund	*Koriander*

Zubereitung:

Die Aubergine schälen und in kleine Würfel schneiden. Dann die Würfel in eine Schüssel geben und mit reichlich Salz überstreuen. Alles gut durchheben, dass überhall an den Würfeln etwas Salz haftet und in ein Sieb geben, das frei hängt. Etwa 40 Minuten ruhen lassen, bis das Salz die Bitterstoffe aus de Auberginen gesogen hat. Die Würfel kurz abspülen, trockentupfen und dann zusammen mit den zerdrückten Knoblauchzehen, den gehackten Zwiebeln, etwas Salz, dem Erdnussöl, dem Kreuzkümmel, der Paprika und dem Zucker so vermengen, das alle mit einem Film des Gemisches gut überzogen sind.
Eine Auflaufform gründlich mit Butter ausstreichen und die Auberginenwürfel hineingeben. Im auf 200°C vorgeheizten Backofen etwa 35 - 40 Minuten backen und gelegentlich umrühren. Inzwischen die Tomaten würfeln und die Kerne entfernen. Die Tomaten mit in die Auflaufform geben und im Backofen nochmals 20 Minuten backen, bis alles sehr weich ist. Dann das Gemisch in eine Servierschüssel geben, das Koriandergrün unterheben und abgekühlt servieren.

Bruschetta „Queensland"

» *Bruschetta „Queensland"*

Zubereitung:

Zunächst die Zwiebeln schälen und Würfel schneiden. Das Macadamianussöl zusammen mit der Butter in einen kleinen Topf geben, auf kleiner Flamme verschmelzen lassen und die Zwiebeln darin bei geringstmöglicher Hitze etwa 60 Minuten weich schmoren lassen, dabei hin und wieder umrühren
Die Blätter vom Koriander abzupfen und grob hacken. Dieses zusammen mit dem im Mörser zerstoßenen Kreuzkümmel unter die Zwiebeln mischen. Den Ingwer und den Knoblauch schälen, die Knoblauchzehen in Hälften schneiden und beiseite legen. Die Baguettescheiben unter dem Grill von beiden Seiten anrösten und von einer Seite mit dem Knoblauch gründlich einreiben. Nun die Koriander-Zwiebel-Masse auf den Broten verteilen und den sehr fein gehobelten Ingwer darüber streuen. Ein wenig Salz und Pfeffer darüber geben und servieren.

Zutaten für 4 Personen

5	*Zwiebeln, rot*
100 ml	*Macadamianussöl*
50 g	*Butter, gesalzen*
1 Bund	*Koriander*
¼ TL	*Kreuzkümmel*
2 cm	*Ingwer*
1	*Knoblauchzehe*
	Salz
	Pfeffer
12 Scheiben	*Baguette*

Einfache Quiche

» *Lazy Quiche*

Zubereitung:

Alle Zutaten in eine große Rührschüssel geben und mit dem Mixer zu einer glatten Masse verarbeiten. Eine Quicheform mit Butter ausstreichen und den Teig hineingießen. Im auf 220°C vorgeheizten Backofen 30 - 45 Minuten backen, bis die Oberfläche goldbraun wird.
Sehr gut schmecken auch Variationen mit Lachs, Hühnchen oder anderen Gemüsen.

Zutaten für 4 Personen

4	*Eier*
280 ml	*Milch*
225 g	*Schinkenscheiben*
250 g	*Reibekäse*
	Pfeffer, Salz
180 g	*Champignons, fein geschnitten*
1 kleine	*Zwiebel*
110 g	*Mehl*
1 TL	*Backpulver*
	Butter

Ananas-Weißkohl Salat

» *Pineapple Coleslaw Salad*

Zutaten für 4 Personen

½ Kopf	*Weißkraut, mittelgroß*
5	*Karotten*
1 kleine	*Zwiebel, fein, sehr*
300 g	*Ananas, frisch*
8 - 10	*Walnüsse*
220 g	*Mayonaise*
125 ml	*saure Sahne*
1 EL	*Zitronensaft*
1 TL	*Zucker,*
½ TL	*Curry, gelb*
	Salz
	Pfeffer

Zubereitung:

Die Walnüsse grob hacken und in einem Topf kurz anrösten, dann zusammen mit dem feingehobelten Weißkohl, den mitgehobelten Karotten und der gewürfelten Ananas in einer Schüssel vermengen. Die restlichen Zutaten zu einer Salatsauce verrühren, kurz durchziehen lassen und über die Mischung in der Schüssel gießen. Sehr vorsichtig mit einem Holzbesteck durchheben und mit Pfeffer und Salz abschmecken. Vor dem Servieren mindestens 3-5 Stunden im Kühlschrank kaltstellen, am besten über Nacht.

Macadamia-Ruccola Salat mit Truthahnstückchen

» *Macadamia Ruccola Salad*

Zutaten für 4 Personen

250 g	*Ruccola*
1 kleiner	*Eisbergsalat*
100 ml	*Macadamianussöl*
50 ml	*Apfelessig*
400 g	*Truthahnbrust, gegart*
½ Bund	*Schnittlauch*
250 g	*Macadamianüsse*
2	*Knoblauchzehen*
1 Prise	*Pfeffer*
1 Prise	*Salz*

Zubereitung:

Den Eisbergsalat waschen, trocknen und zerkleinert auf vier Teller verteilen. Die Macadamianüsse in der Pfanne anrösten bis sie zu duftenbeginnen, dann die Hälfte der Nüsse grob hacken und die andere Hälfte beiseite legen. Den Knoblauch schälen, fein hacken und in die Küchenmaschine geben, Pfeffer und Salz hinzufügen und bei laufender Maschine in dünnem Strahl das Macadamianussöl und den Essig angießen. Wenn alles gut vermischt ist die Sauce in eine Schüssel geben. Das Truthahnfleisch würfeln und unter die Macadamiasauce ziehen. Die Truthahnstücke aus der Sauce heben und auf den Tellern verteilen, die restliche Sauce über den Salat geben. Die gehackten Macadamianüsse mit dem feingehackten Schnittlauch vermischen und über die Salate streuen. Mit den ganzen Nüssen garnieren und servieren.

Ziegenkäse Rolle

» *Goat Cheese Roll*

Zubereitung:

Zutaten für 6 Personen

250 g	*Ziegenfrischkäse*
80 g	*Joghurt*
80 g	*saure Sahne*
2 TL	*Macadamianussöl*
1 Prise	*Muskatnuss*
	Salz
	Pfeffer
1	*Paprika, rot*
2	*Tomaten*
½ Bund	*Koriander*
	Salz
	Pfeffer
2 EL	*Balsamico, dunkel*
4 TL	*Rotweinessig*
80 ml	*Olivenöl*
	Salz, Pfeffer
	Pfefferkörner, schwarz

Die Paprika im Backofen rösten, enthäuten und fein würfeln. Die Tomaten kreuzweise einritzen, mit kochendem Wasser übergießen und ebenfalls enthäuten, kleinschneiden und von den Kernen befreien.

Den Ziegenfrischkäse durch ein Sieb streichen und mit dem Joghurt, der sauren Sahne, dem Macadamianussöl und der Muskatnuss gründlich verrühren, mit Salz und pfeffer abschmecken. Mit einer Frischhaltefolie die Terrinenform auskleiden und die Mischung einfüllen. Über Nacht in den Kühlschrank stellen und mit Folie abdecken.

Aus dem Balsamico, dem Rotweinessig und dem Öl eine Vinaigrette anrühren. Die Paprika- und Tomatenstückchen mit dem Pürierstab zerkleinern und soviel von der Vinaigrette angießen, bis eine cremige Sauce entsteht. Abschließend mit Salz und Pfeffer abschmecken und die feingehackten Korianderblätter unterrühren.

Vor dem Servieren die Rolle mit der Frischhaltefolie aus der Form heben, die Folie entfernen und die Frischkäserolle in zuvor auf der Arbeitfläche verteiltem grob gehackten Pfefferkörnern rollen. Dann je Portion eine Scheibe davon abschneiden, dann servieren.

Sydney Opera & Harbour Bridge

Schinken mit Papaya

» *Ham with Papaya*

Zutaten für 4 Personen

150 g	*Cocktailtomaten*
2	*Limetten*
1	*Chilischote, rot*
1 Bund	*Basilikum*
2	*Papayas, reif*
1	*Avocado*
12 Scheiben	*Schinken, roh*
	Salz
4 EL	*Erdnussöl*

Zubereitung:

Die Cocktailtomaten zunächst waschen und in kleine Viertel schneiden. Etwa 50 g der Tomaten durch en Sieb passieren und den Saft in einer Schüssel sammeln. Die Limetten auspressen, das Basilikum und die Chilischote fein hacken, dann zusammen mit dem Tomatensaft, dem Öl und dem Salz verrühren.

Die Papayas und die Avocado in Hälften schneiden, Kerne und Schalen entfernen. Das Fruchtfleisch würfeln und mit der Marinade und den Tomatenvierteln vermischen, anschließend etwa 30 Minuten im Kühlschrank ziehen lassen. Auf jedem Teller 3 Schinkenstreifen in Schleifen legen und die Mischung darüber anrichten.

Würzige Nieren vom Lamm

» *Devilled Kidneys*

Zutaten für 4 Personen

8	*Lammnieren*
85 g	*Butter*
1 Bund	*Petersilie*
1 kleine	*Zwiebel*
1	*Knoblauchzehe*
1 EL	*Worcestersuace*
1 EL	*Sherry, trocken*
	Salz
	Pfeffer
	Butter
	Toastbrot

Zubereitung:

Die Nieren waschen, von den Häutchen befreien, putzen und in Scheiben schneiden. Die Butter in einer Pfanne schmelzen und den zerdrückten Knoblauch, die in Scheiben geschnittene Zwiebel, das Salz und etwas Pfeffer hinzugeben. Einige Minuten unter rühren andünsten, dann die Nieren darin von beiden Seiten schnell anbraten.

Nun die Worcestersauce, den Sherry und die gehackte Petersilie hinzugeben und gut verrühren.

Je Person ein Toastbrot toasten, mit Butter bestreichen und diagonal teilen. Anschließend je ein Nierenstück auf einem der Brotdreiecke geben und die Sauce aus der Pfanne darüber verteilen.

Käsebällchen

» *Cheeseballs*

Zubereitung:

Alle Zutaten klein schneiden und in die Küchenmaschine geben. Alles zu einer glatten Masse verarbeiten und im Kühlschrank etwa 60 Minuten ziehen lassen. Aus der Masse eine Stange formen und diese in gleichgroße Scheiben schneiden. aus den Scheiben kleine Kugeln rollen und diese in mildem Currypulver wälzen.

Zutaten für 4 Personen

250 g	*Emmentaler, gerieben*
250 g	*milder Käse, gerieben*
1 große	*Zwiebel*
250 g	*Frischkäse*
150 g	*Essiggurken, fein*
	Curry, mild

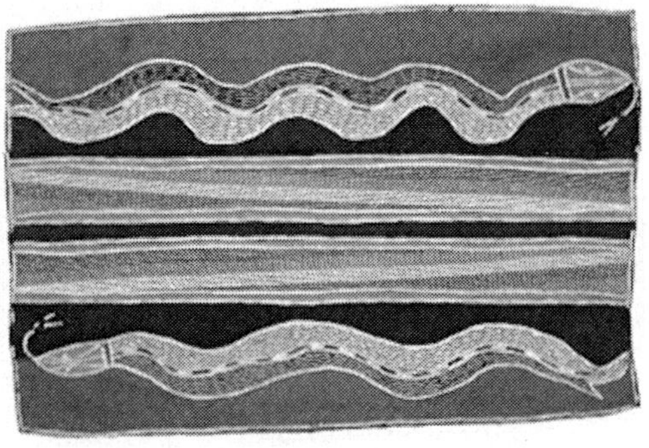

Salzwasserschlangen

Vegemite Windräder

» *Vegemite Pinwheels*

Zubereitung:

Das Mehl, das Backpulver und den Cayennepfeffer vermischen, dann den Käse einstreuen und die in Flocken geschnittene Butter unterkneten. Das Wasser hinzugeben und von Hand auf der Arbeitsfläche kneten und aus dem Teig ein großes Rechteck formen. Dieses mit Vegemite-Paste bestreichen und zu einer langen Rolle formen. Nun gleich dicke Scheiben von der Rolle schneiden und diese auf einem gefetteten Backblech verteilen. Im auf 175°C vorgeheizten Backofen etwa 20 Minuten backen.

Zutaten für 4 Personen

220 g	*Mehl*
2 TL	*Backpulver*
1 Prise	*Cayennepfeffer*
1 TL	*Senf, scharf*
1 EL	*Butter*
250 g	*Käse, gerieben*
140 ml	*Wasser*
	Vegemite

Eingelegte Walnüsse

» *Pickled Walnuts*

Zutaten:

1 kg	*Walnüsse*
2,2 l	*Wasser*
500 g	*Salz*
2,2 l	*Essig*
1 EL	*Salz*
1	*Lorbeerblatt*
125 g	*Senfkörner*
	Majoran
	Pfeffer
	Dill
	Wacholderbeeren
2	*Zwiebeln*

Zubereitung:

Zunächst eine Lake aus dem Wasser und dem Salz ansetzen, dann die Walnüsse hineingeben und im Kühlschrank 10 Tage darin ziehen lassen. In der Zeit 2 - 3 Mal die Lake auswechseln.

Die Walnüsse aus der Lake heben und abtropfen lassen. Wenn sie trocken sind auf flachen Tellern verteilen und solange liegen lassen, bis sie schwarz werden.

Den Essig mit dem Salz, den in ein Säckchen gebundenen Gewürzen und den grob gehackten Zwiebeln in einem Topf zum kochen bringen und 5 Minuten auf mittlerer Flamme kochen lassen.

Die Gewürze herausnehmen, die Nüsse in Gläser geben und mit heißem Essig übergießen. Vor dem Verzehr mindestens 8 Wochen stehen lassen.

Würziges Dörrfleisch

» *Spicy Beef Jerky*

Zutaten für 4 Personen

1½ kg	*Rumpsteak*
1 TL	*Pfeffer, schwarz*
95 ml	*Sojasauce*
2	*Knoblauchzehen*
1 kleine	*Zwiebel*
180 ml	*Worcestersauce*
1 TL	*Salz*

Zubereitung:

Den Knoblauch zerpressen und mit dem Pfeffer, der Sojasauce, der Worcestersauce, dem Salz und der kleingehackten Zwiebel vermischen.

Das Steakfleisch in etwa 2 cm dicke Scheiben schneiden und diese in 0,5 cm dicke Streifen aufschneiden. Das Fleisch in die Sauce geben und über Nacht im Kühlschrank marinieren lassen. Am Folgetag herausnehmen, trockentupfen, und auf einen Rost in den auf 60°C vorgeheizten Backofen geben. Darunter ein Backblech schieben um den Fleischsaft aufzufangen.

Die Backofentür sollte einen kleinen Spalt offen stehen, damit die Feuchte beim Trocknen des Fleisches entweichen kann. Je nach Dicke der Streifen kann der Trocknungsvorgang 3 - 5 Stunden dauern.

Kartoffel-Tomaten-Auflauf

» *Potato-Tomato Soufflé*

Zubereitung:

Zutaten für 4 Personen

1 kg	*Kartoffeln*
1 kg mittl.	*Tomaten*
500 g	*Hackfleisch*
5	*Zwiebeln*
1	*Chilischote*
50 g	*Butter*
2	*Eier*
2 EL	*Sahne*
200 g	*Käse, gerieben*
	Butter
1	*Knoblauchzehe*
	Kreuzkümmel
	Koriander
	Salz
	Pfeffer

Zunächst die Kartoffeln in der Schale kochen, dann pellen und in Scheiben schneiden. Eine Zwiebel und die Chilischote fein hacken, die Tomaten oben einschneiden und mit kochendem Wasser übergießen und dann die Haut abziehen. Die anderen vier Zwiebeln schälen und in Scheiben schneiden, dann zusammen mit dem zerdrückten Knoblauch in etwas Butter glasig anbraten.
Fünf der Tomaten in Scheiben schneiden, die anderen fein hacken, dabei die Kerne entfernen. Die Tomatenscheiben beiseite stellen, die anderen Stücke zu den Zwiebeln geben, Salz, Pfeffer und Petersilie hinzugeben. Einige Minuten köcheln lassen, dann auch beiseite stellen.
Etwas Butter zerlassen und das Hackfleisch darin anbraten, die Chilischote hinzugeben, dann Salz, Pfeffer und Kreuzkümmel hineinrühren und alles solange garen, bis das Hackfleisch krümelig wird und bräunt.
Etwa die Hälfte der Kartoffeln in eine ausgebutterte Auflaufform schichten. In einer kleinen Schüssel die Eier mit der Sahne und etwas Kreuzkümmel vermischen und die Hälfte der Mischung über die Kartoffeln gießen.
Nun die Tomaten-Zwiebel-Mischung darüber verteilen, dann das Hackfleisch darübergeben. Anschließend die restlichen Kartoffelscheiben in die Form schichten und darüber die übrigen Tomatenscheiben legen. Den Rest der Ei-Sahne-Mischung darüber geben und mit Salz und Pfeffer würzen. Einige Butterflöckchen darüber geben und mit dem geriebenen Käse bestreuen.
Im auf 200°C vorgeheizten Backofen etwa 20 - 30 Minuten backen.

Champignon Fleisch Pastete

» *Mushroom Meat Pie*

Zutaten für 4 Personen

1,5 EL	*Butter*
1 große	*Zwiebel*
350 g	*Hackfleisch*
3 EL	*Speck, fein gewürfelt*
3 EL	*Sojasauce*
3 EL	*gekörnte Brühe*
4 EL	*Worcestersauce*
280 ml	*Wasser*
600 g	*Champignons*
50 ml	*Weiswein*
3 EL	*Crème Fraîche*
3 EL	*Mehl*
170 ml	*Wasser*
3 EL	*Koriander*
2 Rollen	*Blätterteig*
2	*Eigelb*
2 EL	*Milch*
	Muskat
	Salz
	Pfeffer

Zubereitung:

Die Butter in einer großen Pfanne schmelzen und die kleingehackte Zwiebel und die Speckwürfel darin anbraten. Danach das Hackfleisch hinzugeben und mitbraten bis es krümelig wird und zu bräunen beginnt. Die Sojasauce, die Worcestersauce, die gekörnte Brühe, das Muskat sowie Pfeffer und Salz einrühren und mit Wasser ablöschen.

Das Fleisch etwa 20 Minuten auf mittlerer Flamme köcheln lassen, dann die in Scheiben geschnittenen Champignons mit dem Wein hinzugeben und 15 Minuten weiter köcheln lassen. Die Crème Fraîche mit dem Wasser verrühren und an das Fleisch gießen, jetzt weiter kochen lassen, bis die Flüssigkeit eine cremige Konsistenz annimmt. Nochmals abschmecken, die gehackte Petersilie einrühren, vom Herd nehmen und abkühlen lassen.

Eine Auflaufform mit Wasser besprengen und eine Lage Blätterteig darüber ausrollen, dabei den Teig über den Rand der Form ziehen. Nun die etwas ausgekühlte Masse einfüllen und mit einer zweiten Lage Blätterteig bedecken. Den Rand der unteren Lage zuvor mit Wasser befeuchten, dann die obere Lage fest an den Rand anrücken. Die Ränder abschneiden und mit der Gabel kleine Muster in den Deckel stechen. In der Mitte eine kleines Loch ausschneiden und den Deckel mit einem Eigelb-Milch-Gemisch bestreichen. Im auf 175°C vorgeheizten Backofen etwa 45-60 Minuten backen.

Fleischbällchen, pikant

» *Meatballs*

Zubereitung:

Die Zwiebel fein hacken und zusammen mit den anderen Zutaten in einer Schüssel zu einer glatten Masse vermengen. Aus der Masse etwa 3 cm große Bällchen formen und diese in der Pfanne mit etwas Öl braten bis sie braun werden. Auf einem Teller mit Küchekrepp abtropfen lassen und servieren.

Zutaten für 4 Personen

1	*Zwiebel*
500 g	*Hackfleisch*
1	*Ei*
2 EL	*Mango-Chutney*
30 g	*Paniermehl*
1 EL	*Petersilie*
0,25 TL	*Ingwerpulver*
	Salz
	Pfeffer

Erdbeer-Pfeffer

» *Peppered Strawberries*

Zubereitung:

Zunächst den schwarzen Pfeffer in einem Mörser zermahlen, dann den Rosenpfeffer hinzugeben und ebenfalls in kreisenden Bewegungen zerreiben.
Die Erdbeeren vom Stielansatz befreien, waschen, abtrocknen und halbieren/vierteln. Den Pfeffer über den Erdbeerstücken verstreuen, dann alles gut durchheben. Den Zitronensaft hinzugeben und nochmals durchheben.
Vor dem Servieren die Minzblätter fein wiegen und darüber verstreuen.

Zutaten für 4 Personen

500 g	*Erdbeeren*
30	*Pfefferkörner, Rosenpfeffer*
5	*Pfefferkörner, schwarz*
5 EL	*Zitronensaft, frisch*
1	*Minzzweig*

Melbourne Center

Suppen & Cremes

„Seine Familie stammte aus der bürgerlichen Provinz, in der man es verstand zu Leben und zu Genießen, ja die kleine Stadt, etwas abseits des Meeres gelegen, galt sogar als ein kleines gastronomisches Mekka, in der man es zu Hause genauso wie in den Restaurants verstand eine pikante Zwiebelsuppe oder eine gekühlte Tomatenmousse herzustellen. Um so härter trafen ihn in diesem Land, am anderen Ende der Welt, die kulinarischen Knüppelschläge der Köche, die es wagten ein Etablissement 'Restaurant' zu nennen.
'An einer Suppe erkennt man das können des Koches!' pflegte seine Mutter zu sagen und so war es auch dieses Mal.
Zunächst machte das Restaurant für eines in den neuen Städten des jungen Landes einen guten Eindruck, es war recht gepflegt und sauber und auch der Ausblick über den nahen Ozean war vielversprechend , ja atemberaubend. Möglicherweise trübte genau dieser abendliche Blick seine Sinne und so war dann das, was der Gourmand 'Suppe' nannte in wirklichkeit wässrig und ungenießbar. Ihn überfiel eine leichte Ahnung, dass möglicherweise ein Fünkchen Wahrheit darin stecken musste, warum es um den Ruf der britischen Küche so schlecht bestellt war.
Sie hatten einfach nicht verstanden, wie wichtig eine gute Suppe war! Wenn man müde ist und nach Hause kommt, wenn man traurig ist und niemand da ist, der einen trösten kann, keine Frau, keine Mutter, keine Kinder, dann macht man sich eine Suppe aus Wasser, Butter und etwas Käse und schon nach 10 Minuten ist man glücklich und kann zufrieden zu Bett gehen. Eine Suppe ist immer eine Herzenssache."

Gekühlte grüne Tomatensuppe

» Chilled Green Tomato Soup

Diese ungewöhnliche Suppe genießt man am besten in den heißen Jahreszeiten, wenn die Hitze des Mittags nach erfrischenden Speisen verlangt.

Zutaten für 4 Personen

1½ kg	*grüne Tomaten*
850 ml	*Gemüsebrühe*
60 g	*frischer Dill*
60 g	*frischer Koriander*
150 ml	*griechischer Joghurt*
	Salz
	Pfeffer
125 g	*bulgarischer Feta-Käse*

Zubereitung:

Die grünen Tomaten klein schneiden und zusammen mit der Gemüsebrühe in einen hohen Topf geben. Zum Kochen bringen und für etwa 10 Minuten köcheln lassen. Den Koriander und den Dill klein schneiden, hinzufügen und kochen lassen. Die Suppe anschließend pürieren und den Joghurt einrühren bis eine gleichmäßige, cremige Flüssigkeit entsteht. Mit Pfeffer und Salz abschmecken und kalt stellen. Vor dem Servieren die Suppe in kleine Schüsseln geben und mit feingehacktem Fetakäse und einem Dillzweig garnieren.

Karottensuppe mit Cashewnüssen

» Carot Soup with Roasted Cashew Nuts

Zutaten für 6 Personen

400 g	*Karotten*
15 g	*Butter*
2 TL	*frischer Ingwer*
1 große	*gehackte Zwiebel*
2 TL	*Currypulver*
750 ml	*Geflügelbrühe*
375 ml	*Süße Sahne*
2	*Eigelbe*
75 g	*Cashew-Nüsse*
2 cl	*Gin*

Zubereitung:

Zwiebel und Ingwer in fein würfeln, in einem Topf mit der Butter etwas anschwitzen, dann mit dem Currypulver bestäuben. Die Karotten schälen, in Scheiben schneiden und zu den Zwiebeln und dem Ingwer hinzugeben. Die Brühe angießen und auf kleiner Flamme kochen lassen, bis die Karotten weich werden. 300 ml der Sahne zugeben, aufwallen lassen und pürieren. In die noch heiße Suppe den Gin einrühren, dann die Suppe etwas abkühlen lassen. Die übrige Sahne mit den Eigelben verquirlen und unter stetigem Rühren in einem dünnen Strahl langsam unter die Suppe rühren, bis diese eine leichte Bindung erhält. In einer Pfanne ohne Fett die Cashewnüsse anrösten bis diese zu bräunen zu beginnen, dann auf die sechs Tassen verteilen und mit der Suppe begießen.

Endiviencreme

» *Salad Creme*

Zubereitung:

Die Milch zusammen mit der Geflügelbrühe in einem Topf zu kochen bringen. Muskat reiben und zusammen mit Ingwer, Pfeffer und Salz zur Flüssigkeit geben.
Das Mehl mit etwas kaltem Wasser verrühren, den Topf vom Herd nehmen und unter stetigem Rühren dieses Gemisch in die Suppe geben.
Etwa 25 Minuten kochen lassen und dabei immer wieder umrühren.
Unterdessen den Endiviensalat in feine Streifen schneiden und nach der Kochzeit in die Suppe geben, dann weitere 10 Minuten auf kleiner Flamme köcheln lassen.
Vor dem Servieren den Schmand unterrühren und die Suppe mit der fein gehackten Petersilie bestreuen.

Zutaten für 4 Personen

500 ml	*Milch*
500 ml	*Geflügelbrühe*
300 g	*Endiviensalat*
50 g	*Mehl*
3 EL	*Wasser*
100 ml	*Schmand*
1 Bund	*Petersilie*
	Muskat
	Ingwer
	Salz
	Pfeffer

Kürbissuppe

» *Pumpkin Soup*

Zubereitung:

Den Kürbis teilen, die Kerne und das umliegende weiche Fruchtfleisch entfernen, schälen und das feste Fleisch in kleine Würfel schneiden. Die Kartoffel ebenfalls schälen, würfeln und zusammen mit den anderen vorbereiteten Zutaten kurz im Öl-Buttergemisch anbraten.
Die Gemüsebrühe und die Kokosmilch dazugeben und zusammen mit der Currypaste etwa 25 Minuten weich kochen, dann die Masse durch ein Sieb passieren.
Den Ingwer (jung, frisch) gründlich schälen und mit einem Sparschäler in dünne Streifen hobeln. Das Fett zum leichten sieden bringen und den Ingwer darin kurz anfrittieren.
Die Suppe in heiße Teller geben und mit den dünnen Ingwerstreifen garnieren.

Zutaten für 4 Personen

500 g	*Kürbis*
1 große	*Zwiebel*
1	*Knoblauchzehe*
1 große	*Kartoffel*
2 EL	*Öl*
2 EL	*Butter*
450 ml	*Kokosmilch*
500 ml	*Gemüsebrühe*
2 EL	*rote Currypaste*
	Salz
½	*Ingwerknolle*
	Fett zum frittieren

Kürbissuppe, scharf

» *Hot Pumpkin Soup*

Zutaten für 4 Personen

500 g	*Kürbis (Butternut)*
1 L	*Geflügelbrühe*
4 mittlere	*Karotten*
3	*Tomaten*
1 mittlere	*Zwiebel*
2 EL	*Öl*
4 EL	*frisches Basilikum*
3 EL	*frisches Schnittlauch*
	Salz
	Pfeffer
1 EL	*Chilipaste, rot*

Zubereitung:

Den Kürbis schälen und würfeln, die Karotten bürsten und ebenfalls in kleine Stücke schneiden, dann beides in die Geflügelbrühe geben und zum Kochen bringen. Bei geringer Temperatur dünsten, bis die Stücke weich sind. Inzwischen die Zwiebel fein hacken, die Tomaten enthäuten und würfeln.

Das Öl in einer Pfanne erhitzen und darin zunächst die Zwiebeln anbraten, dann die Tomaten hinzugeben und bei mittlerer Temperatur etwa 15 Minuten einreduzieren lassen. Pfeffer, Salz und die Chilipaste hinzufügen und gut verrühren.

In einem großen Topf die Geflügelbrühe erhitzen und die gegarten Kürbis- und Möhrenstücke hinzugeben. Mit einem Pürierstab zu einer gleichmäßigen Suppe verarbeiten.

Das Schnittlauch und die Basilikumblätter fein hacken und zur Suppe hinzufügen. Noch einmal kurz aufwallen lassen und mit Salz und Pfeffer abschmecken.

Lake Mc Kenzie auf Frazer Island

Apfelcremesuppe mit rotem Curry

» *Creamy Apple Soup with Curry*

Zubereitung:

Zunächst die Äpfel schälen, vom Gehäuse befreien und in schmale Scheiben schneiden. Die Frühlingszwiebeln fein würfeln, die Knoblauchzehen in dünne Scheiben schneiden, die 2 getrockneten Halme des Zitronengrases und den Ingwer in einen hohen Topf mit der Butter geben, dann alles andünsten. Das Currypulver darüber streuen und verrühren, bis alles die rötliche Farbe des Currys angenommen hat, dann die Geflügelbrühe angießen und etwa 20 Minuten auf kleiner Flamme kochen lassen, bis die Apfelscheiben zerfallen sind. Nun die Suppe pürieren, doch zuvor die Zitronengrashalme entfernen. Nach Gusto Salz, Pfeffer, Muskat und ein wenig Zitronensaft hinzugeben. Vor dem Servieren mit der feingehackten Petersilie bestreuen.

Zutaten für 6 Personen

6 große	*Äpfel*
3	*Frühlingszwiebeln*
1	*Ingwer, ca. 4cm*
2 Halme	*Zitronengras, getr.*
2	*Knoblauchzehen*
4 EL	*Butter*
5 EL	*Currypulver (rot)*
1½ L	*Geflügelbrühe*
	Salz
	Pfeffer
	Muskatnuss
	Zitronensaft
	Petersilie

Känguruschwanz-Suppe

» *Kangaroo Tail Soup*

Zubereitung:

Den Känguruschwanz enthäuten und in Scheiben schneiden. Das Olivenöl in einer großen Pfanne erhitzen und die Kängurustücke nacheinander anbräunen, dann aus der Pfanne nehmen und abtropfen lassen. In die gleiche Pfanne nun die Butter geben und darin die kleingeschnittene Zwiebel anbraten, dann die ebenfalls fein geschnittenen Karotten, Stangensellerie und die Pastinakenstücke hinzufügen, noch etwa 8 Minuten kochen lassen. Anschließend die Känguruschwanzscheiben auf diesem Gemüsebett platzieren und die restlichen Gewürze hinzufügen. Das Wasser angießen, zum kochen bringen und etwa 3 Stunden zugedeckt köcheln lassen.
Vor dem Servieren mit der feingehackten Petersilie bestreuen.

Zutaten für 6 Personen

850 g	*Känguruschwanz*
3 EL	*Olivenöl*
2 EL	*Butter*
125 g	*Zucker*
1 große	*Zwiebel*
1 mittlere	*Karotte,*
2	*Stangensellerie*
2 mittlere	*Pastinaken*
2	*Lorbeerblätter*
	Pfeffer
	Thymian
	Rosmarin
2 L	*Wasser*
1 TL	*Salz*
	Petersilie

Curry-Fischsuppe mit Spargel

» *Curry Fish Soup with Asparagus*

Zutaten für 6 Personen

2 kleine	*Zwiebeln*
50 g	*Butter*
6 TL	*Curry, rot*
2 TL	*Mehl*
1 L	*Gemüsebrühe*
200 ml	*Chardonay*
300 g	*Pilze*
100 g	*Erbsen*
500 g	*Shrimps, Muscheln, Krebsfleisch, etc.*
200 g	*Spargel aus dem Glas*
250 ml	*Sahne*
1 TL	*Paprikapulver*
	Pfeffer
	Salz
	Paprika

Zubereitung:

Die Zwiebeln halbieren und in dünne Scheiben schneiden. Dann zusammen mit der Butter und den geputzten, in Scheiben geschnittenen Pilzen in einen großen Topf geben und andünsten, bis die Zwiebeln beginnen glasig zu werden.
Anschließend das Curry, das Mehl, die Gemüsebrühe, das Krebsfleisch, die Muscheln, die Shrimps und die Erbsen zufügen und 7 Minuten kochen.
Den eingemachten Spargel mit dem eigenen Saft in den Topf geben und weitere 4 Minuten wallend kochen lassen, dann die Sahne, das Paprikapulver und den Pfeffer unterrühren, bei geringer Hitzezufuhr ziehen lassen.

Abalonensuppe

» *Abalone Soup*

Zubereitung:

Das Hühnerklein säubern, vom Fett befreien und alle Knochen wenigstens einmal zerschneiden. Hijiki, den japanischen Seetang, kurz einweichen lassen, die Zwiebeln und den Ingwer schälen und grob zerkleinern, den Koriander putzen, entwurzeln und mit dem Wasser übergießen. Nun den Seetang, den Zitronensaft, die Pfefferkörner hinzugeben, langsam erhitzen und zum kochen bringen.
Den immer wieder entstehenden Schaum abschöpfen, bis die so entstehende Brühe sich klärt, Salz und Zucker hinzufügen und zugedeckt etwa 50 Minuten auf kleiner Flamme kochen lassen.
Anschließend durch ein mit einem Tuch ausgeschlagenes Sieb gießen und das oben schwimmende Fett mit etwas Küchenkrepp entfernen.
Das Hühnerbrustfilet in dünne Streifen schneiden, im Gemisch aus Sherry und Zitronensaft mehrmals wenden, mit Salz einreiben und etwas ziehen lassen.
Inzwischen die Abalone in dünne, feine Scheiben schneiden und die Schalotten hacken. Die Brühe kräftig aufwallen lassen und das Hühnchenfilet darin etwa 2 Minuten garen.
Die Suppe mit Salz und Pfeffer abschmecken, die Abalonenscheiben und die Frühlingszwiebel unterrühren, alles einen Moment ziehen lassen und mit einem Schuss Sherry leicht parfümieren.

Zutaten für 6 Personen

750 g	*Hühnerklein*
1	*Ingwer, ca. 4cm*
1 Lage	*Hijiki*
3 TL	*Zitronensaft*
1 Bund	*frischer Koriander*
1½ L	*Wasser*
2 TL	*Pfefferkörner*
	Salz
	brauner Zucker
200 g	*Hühnerbrustfilet*
1 TL	*Zitronensaft*
3 EL	*trockenen Sherry*
225 g	*Abalonen (Dose)*
2	*Schalotte*
	Pfeffer

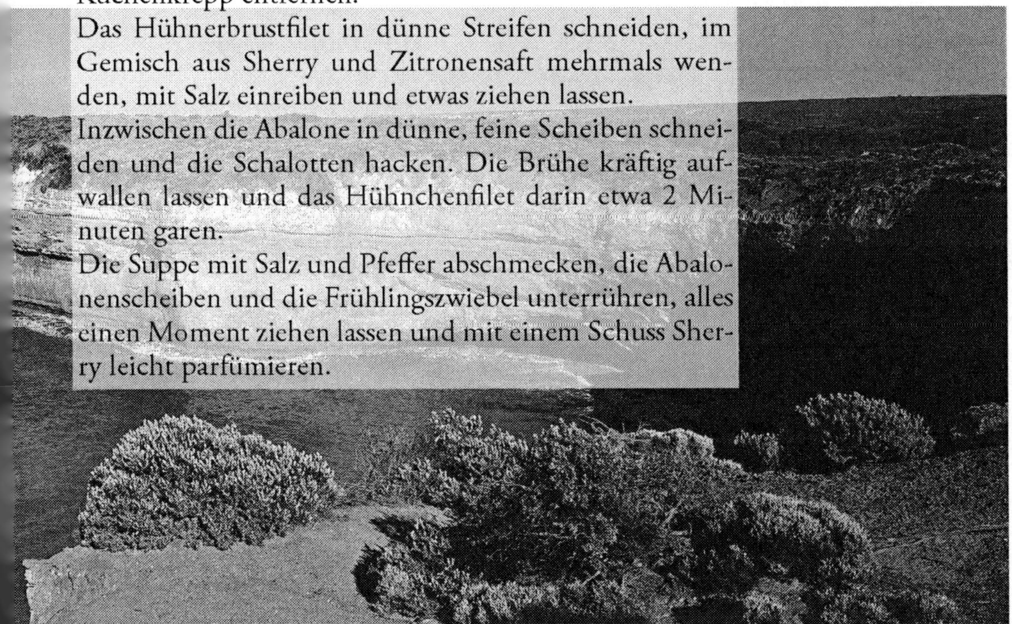

Miesmuschelsuppe

» *Mussel Soup*

Zutaten für 6 Personen

18	*Miesmuscheln*
3 große	*Zwiebel*
1 EL	*Butter*
450 ml	*Wasser*
40 g	*Butter*
40 g	*Mehl*
900 ml	*Milch*
	Petersilie
2 TL	*Essig*
3 EL	*Chardonay*

Zubereitung:

Die Muscheln putzen und vierteln, die Zwiebeln in hauchfeine Ringe schneiden. Alles zusammen mit der Butter in einen Topf geben und kurz andünsten, dann das Wasser hinzugeben und etwa 5 Minuten kochen lassen.

Für die Bechamelsauce Butter schmelzen, mit dem Mehl verrühren und die Milch angießen, kochen lassen bis die Flüssigkeit etwas andickt, dann die feingehackte Petersilie hinzugeben und heiß stellen. Zum Muschelsud den Essig und den Chardonay hinzugeben, etwa 12 Minuten kochen lassen und dann die Béchamelsauce dazugießen. Kurz ziehen lassen und servieren.

Austernsuppe

» *Oyster Soup*

Zutaten für 4 Personen

60 g	*Butter*
1 TL	*Mehl*
280 ml	*Fischfond*
280 ml	*Gemüsebrühe*
2	*Eigelb*
280 ml	*Sahne*
12	*Austern*
	Tabasco
1 TL	*Worcestersauce*
	Petersilie
	Croutons, frisch

Zubereitung:

Die Butter in eine große Pfanne geben, schmelzen lassen und mit dem Mehl verrühren. Den Fischfond und die Gemüsebrühe angießen, zum kochen bringen und etwa 5 Minuten wallen lassen. Nun die Temperatur reduzieren, sodass die Suppe noch warm bleibt.

Die Eigelbe zusammen mit der Sahne verquirlen und langsam, unter ständigem rühren in die Brühe geben und vorsichtig nochmals einige Minuten unter rühren leicht sieden, aber nicht kochen lassen, damit das Eigelb nicht gerinnt.

Anschließend die Austern, einige Spritzer Tabasco-Sauce und die Worcestersauce Sauce hinzugeben und ein wenig ziehen lassen, bis die Austern erwärmt sind.

Petersilie und Croutons vor dem Servieren darüber geben.

Lammsuppe mit grünen Bohnen

» *Lamp Soup with Green Beans*

Zubereitung:

Zunächst die Knochen säubern, gegebenenfalls etwas zerkleinern. Dann zusammen mit den geschälten und grob zerkleinerten Karotten und denSellerie in einen großen Topf geben. Den Knoblauch zerdrücken, die Schale wegnehmen und zusammen mit dem geputzten Lauch und der feingehackten Petersilie ebenfalls in den Topf geben. Die Wacholderbeeren, das Lorbeerblatt, den geschälten und zerkleinerten Ingwer, den Saft der Zitrone, den Thymian, die Pfefferkörner und das Salz zufügen und 1,75 Liter Wasser angießen.

Den Sud langsam erhitzen und aufwallen lassen, dann etwa 2 Stunden auf mittlerer Hitze sieden lassen, dabei immer wieder mit einem Schaumlöffel abschöpfen. Anschließend die so entstandene Brühe durch ein Sieb gießen, zurück in den Topf geben und auf etwa 1,2 Liter einreduzieren lassen. Dann abschmecken und erkalten lassen.

Das Lammfleisch fein hacken und mit dem Eiweiß verrühren. Diese Mischung unter die Brühe ziehen und unter Rühren aufkochen lassen. Den Deckel vom Topf nehmen und die Brühe etwa 30 Minuten ziehen lassen, bis sie klar geworden ist. Wiederum durch ein Sieb gießen und erneut aufkochen lassen.

Inzwischen die Bohnen putzen, in den Dampfeinsatz eines Topfes geben, mit ein wenig Zucker bestreuen und garen bis sie hellgrün leuchten, dann mit Eiswasser abschrecken und in ein Handtuch einschlagen. Den Rosmarin waschen, trocknen und beiseite legen.

Das Lammfilet in hauchdünne Scheiben schneiden und zusammen mit den Bohnen (ganz unten) auf den Tellern verteilen. Die Brühe nochmals aufwallen lasssen und noch kochend in die Suppenteller geben, dann mit dem Rosmarin garnieren.

Zutaten für 6 Personen

475 g	*Lammknochen*
450 g	*Kalbsknochen*
3 kleine	*Karotten*
1 Scheibe	*Sellerie*
1 Bund	*Petersilie*
2	*Knoblauchzehen*
2 kleine	*Lauchstangen*
5	*Wacholderbeeren*
1 kleines	*Lorbeerblatt*
1	*Zitrone*
6 cm	*Ingwer*
2 Zweige	*junger Thymian*
2 TL	*Pfefferkörner*
	Salz
425 g	*Lammschulter*
3	*Eiweiß*
325 g	*grüne Bohnen, jung*
1 TL	*Zucker*
300 g	*Lammfilet*
	Rosmarin

Hühnersuppe mit Gerste

» *Chicken Barley Soup*

Zutaten für 4 Personen

1	*Hühnchen (900 g)*
2,3 L	*Wasser*
450 g	*Karotten, in Scheiben*
225 g	*Sellerie, gewürfelt*
30 g	*Gerste*
1 mittlere	*Zwiebel, fein*
1 L	*Geflügelbrühe*
1 TL	*Salz*
1	*Lorbeerblatt*
½ TL	*gekörnte Brühe*
½ TL	*Pfeffer*
½ TL	*Salbei, getrocknet*

Zubereitung:

Das Huhn in einem großen Topf geben und kochen bis es weich ist. Kalt abspülen und das Fett entfernen. Nun das Huhn zerkleinern, die Knochen entfernen und in kleine, gabelgroße Stücke zerteilen.
Anschließend die Hühnerteile zurück in den Topf geben und alle Zutaten hinzufügen. Gut umrühren, damit nichts trocken an der Oberfläche schwimmt. Ankochen und auf mittlerer Flamme köcheln lassen bis das Gemüse und Gerste weich sind. Vor dem Servieren das Lorbeerblattentfernen.

Sesam-Hühnchensuppe mit Spargel

» *Asparagus & Sesame Chicken Soup*

Zutaten für 4 Personen

1	*Hühnchen (900 g)*
4 EL	*Sesamöl*
6 Scheiben	*Ingwer*
140 ml	*Sherry, medium*
½ TL	*Salz*
550 ml	*Wasser, warm*
1 TL	*Zucker*
225 g	*Dosen-champignons*
8	*frische, grüne Spargel*
	Sesamkörner

Zubereitung:

Das Hühnchen zerkleinern, dabei Knochen und Fett entfernen, waschen, trocken tupfen und in mundgerechte Stücke teilen. Den Ingwer schälen und in Scheiben, den grünen Spargel waschen und in etwa 3 cm große Stücke schneiden. Das Sesamöl in einem großen Topf erhitzen, aber nicht zu heiß werden lassen. Wenn das Öl seinen typischen Geruch verströmt die Hühnerstückchen in den Topf geben. Vorsicht: Sesamöl braucht niedrigere Temperaturen als andere Öle und verbrennt schnell. Nachdem das Hühnerfleisch überall leicht gebräunt ist den Ingwer, den Sherry und das Salz hinzufügen. Wenn der Sherry zu kochen beginnt, das Wasser angießen und den Zucker einstreuen. Kräftig aufkochen und dann etwa 30 Minuten zugedeckt köcheln lassen. Anschließend die Pilze und die Spargelstücke hinzugeben und nochmals 15 Minuten bei kleiner Temperatur köcheln lassen. Vor dem Servieren einige Sesamkörner in die Suppe streuen.

Huhn-Mulligatawny-Suppe

» *Chicken Mulligatawny Soup*

Die Mulligatawny-Suppe ist in Australien sehr beliebt, obwohl sie eigentlich keine australische, sondern eine Kolonial-Indische Spezialität darstellt. Sie ist aus der Geschichte vieler Irrungen und Veränderungen hervorgegangen.

Ursprünglich war die Mulligatawny-Suppe eine schlichte indische Fleischbrühe und Mulligatawny bedeutet auch nichts anderes als „gepfeffertes Wasser"
Nachdem sich die Engländer Indiens annahmen, nahmen sie sich auch der Suppe an und machten aus ihr eine Hammelfleischsuppe mit verschiedenen Gemüseeinlagen. Fast zeitgleich entwickelte sich, des strengen Hammelgeschmackes überdrüssig, eine Hühnerfleischversion. Diese fand vor allem in Australien viele Freunde und ist auch heute noch überall zu finden ist – mit und ohne Reis, mit Äpfeln, Zitronensaft, Sherry und Eiern in verschiedenen Formen.

Zutaten für 4 Personen

1	*Suppenhuhn*
2 L	*Wasser*
2 kleine	*Zwiebeln*
1 Bund	*Suppengrün*
1	*Lorbeerblatt*
40 g	*Butter*
75 g	*Räucherspeck*
4 mittlere	*Tomaten*
40 g	*Mehl*
6 EL	*Sherry, trocken*
1 EL	*Currypulver*
125 ml	*Sahne*
	Salz
	Cayennepfeffer

Zubereitung:

Das gesäuberte Huhn mit Salz, den in Viertel geschnittenen Zwiebeln, dem Suppengrün und dem Lorbeerblatt in einen Topf mit kaltem Wasser geben, diesen langsam erhitzen und bei mittlerer Temperatur garen, bis das Fleisch weich ist. Das Huhn sollte dabei bedeckt sein, weshalb die Mengenangabe des Wassers variieren kann.
Anschließend das Fleisch lösen und in dünne, längliche Streifen schneiden, die Brühe durch ein feines Sieb seihen.
In einer kleinen Pfanne die Butter schmelzen, die enthäuteten, kleingeschnittenen Tomaten zufügen und zusammen mit dem Räucherspeck etwas schmoren lassen.
Anschließend das Mehl einsieben, gut umrühren, die gesiebte Brühe aufgießen und den Sherry hinzufügen.
Die Suppe etwa 15 Minuten kochen lassen, mit Curry, Salz und Cayennepfeffer abschmecken und mit der Sahne abrunden.
Zusammen mit Brot servieren oder auch einen Esslöffel gekochten Reis auf den Teller geben bevor die Suppe eingefüllt wird.

Sydney Opera

Fleischgerichte

„Ein Sprichwort sagt, dass Liebe durch den Magen ginge – es ist nicht nur etwas daran, sondern Liebe ist notwendig, ja sogar unabdinglich um zu Kochen.
Wenn man täglich kocht besteht die Gefahr, dass es einem langweilig erscheint.
Entweder man verliebt sich in das, was man in der Küche macht, oder es wird allmählich zu etwas Scheußlichen. Wenn man aber mit der Liebe kocht, dann mag es irgendwann passieren, dass einem das Kochen immer besser gelingt, ja gut wird.
Hierzu gehört aber die der Liebe folgenden Muse, das Spiel mit den Kleinigkeiten, an denen es sich aufzuhalten lohnt.
Entweder man kann kochen oder man kann nicht kochen. Oder man kann es nicht spüren, man kann viel lernen, muss probieren und immer wieder probieren, bis man letztlich versteht, was man da im Topf angerichtet hat. Erst dann beginnt das ganze stimmig zu werden.
Durch die Liebe vergisst man die Anstrengungen des Verstehens und irgendwann schleicht sich dann ein Grundverständnis ein, dass kaum weitergegeben werden kann. Im Frühling mag man vielleicht Zucker hineingeben, im September niemals.“

Wasserbüffel in Norden Australiens

Büffel, Rind & Kalb

„Nur zu gerne hielt ich mich als Kind in der Küche auf – natürlich hoffte ich immer, dass eine Kleinigkeit der Köstlichkeiten für mich abfiele – dort lernte ich viel über das Essen, die Waren und vorallem über die Kunst der Zubereitung. Mit einem kleinen hölzernen Schemel stand ich oft am Herd und beobachtete wie meine Mutter hantierte.
Die richtige Zubereitung eines guten Stück Fleisches erfordert tiefe Erkenntnis und viel Erfahrung. Wie dick ein Steak sein darf, ist nicht festgelegt, doch sollte es wirklich dick sein, doch die Größe richtet sich nach der Größe der Lende und nach der Feinfühligkeit dessen, der es schneidet.
So ein Stück Fleisch sollte zur Zubereitung immer Zimmertemperatur haben. Dann legt man es so wie es ist auf einen Bratrost, dicht über den Kohlen und lässt es 4 Minuten von jeder Seite braten – fertig!
Noch eine Prise frisch gestoßenen Pfeffer, etwas Salz und ein paar Tropfen Olivenöl, sonst nichts, denn das Fleisch sollte immer nach Fleisch schmecken."

Aussie Rindfleisch Curry

» *Aussie Veal Curry*

Zutaten für 4 Personen

Curry	
800 g	*Rindfleisch, mager*
2 EL	*Mehl*
2 EL	*Erdnussöl*
1 große	*Zwiebel*
1 EL	*Ingwer, frisch gerieben*
1 EL	*Currypulver*
2	*Chilischoten*
½ TL	*Kurkuma*
½ TL	*Koriander, gem.*
850 ml	*Gemüsebrühe*
	Salz
	Pfeffer
1	*Granny Smith*
1 EL	*Kokosflocken*
2 EL	*Sultaninen*
1 EL	*Korinthen*
4 EL	*Korianderblätter, frisch*

Zubereitung:

Das Curry:

Das Rindfleisch waschen, trockentupfen und in Würfel schneiden, das Mehl in eine Schüssel geben und die Fleischwürfel darin wälzen.

Das Erdnussöl in einen Bräter geben, erhitzen und darin das Fleisch in kleinen Portionen von allen Seiten anbraten, beiseite stellen. Die Zwiebel und die Chilischoten fein hacken, dann zusammen mit dem Currypulver und den anderen Gewürzen solange braten, bis die Zwiebeln beginnen glasig zu werden. Nun das Fleisch wieder hinzugeben und nochmals kurz aufwallen lassen. Den Bräter mit dem Deckel verschließen und 60 Minuten im auf 180°C vorgeheizten Backofen schmoren lassen. Dann den Apfel schälen, in kleine Stücke schneiden und zusammen mit den Kokosflocken, den Sultaninen und den Korinthen verrühren. Weitere 30 Minuten ohne den Deckel im Backofen belassen. Vor dem Servieren die Korianderblätter zupfen und darüber streuen.

Das Sambal:
Die Bananen in sehr dünne Scheiben schneiden und diese umgehend mit dem Zitronensaft in einer kleinen Schüssel vermischen. Den Joghurt zunächst in einer flachen Schale mit einer Gabel solange glatt rühren, bis sich die Klümpchen aufgelöst haben, dann zu den Bananen geben und gut durchheben, bis alles gleichmäßig vermischt ist. Die Kokosflocken hinzugeben und wieder vorsichtig durchheben. Das Sambal stellt einen angenehmen Kontrast zum scharfen Curry und wir in einer Schale extra zum Fleisch gereicht. Mit Duftreis servieren.

SAMBAL

1	*Banane, reif*
1 TL	*Zitronensaft*
1 EL	*Joghurt*
2 EL	*Kokosflocken*

Aussie Burger

» *Aussie Burger*

Zutaten:

(für 1 Burger)

1	*Hamburger Brötchen*
1 EL	*Butter*
1	*Ei*
2 Scheib.	*Schinken, roh*
125 g	*Hackfleisch, gem. mit Pfeffer u. Salz*
1 Scheib.	*Käse*
1	*Salatblatt*
¼	*Zwiebel*
¼	*Tomate*
¼	*Pastinake, geh.*
1	*Ananasring*
	Tomatensauce

Zubereitung:

Die Butter in der Pfanne schmelzen und das Ei bei mittlerer Hitze von beiden Seiten ausbraten und beiseite stellen. Dann den Schinken in die Pfanne geben, knusprig anbraten und herausnehmen. Eine „brötchengroße" Hackfleischscheibe in die Pfanne geben und von beiden Seiten durchbraten.

Das Hamburgerbrötchen in zwei Hälften schneiden und alle Zutaten auf dem unteren Brötchenteil arrangieren, das obere aufsetzen und unter den Grill schieben bis alles gut durchgewärmt ist.

Kalbsteaks in Tomaten Tapenade

» *Veal Steaks with Tomato Tapenade*

Zubereitung:

Die Tapenade:

Das Olivenöl, die Anchoviefilets, den Knoblauch, die Kapern, den Zitronensaft, und die Petersilie mit dem Pürierstab zu einer feinen Paste verarbeiten.

Das Fleisch:

Öl in einer Pfanne erhitzen und 3 EL der Tapenade hineingeben. Etwa 30 Sekunden umrühren, dann die Kalbsteaks hinzugeben. Jede Seite etwa 2 - 3 Minuten anbraten, dann aus der Pfanne nehmen und warm halten.

Das Gemüse:

Den Brokkoli in Röschen schneiden und die Spargelspitzen halbieren. Beides in die Pfanne geben und unter rühren in 4-5 Minuten bisfest garen.

Die restliche Tapenade auf den Steaks verteilen und servieren.

Zutaten für 4 Personen

2 TL	*Olivenöl*
4	*Kalbsteaks*
250 g	*Brokkoli*
250 g	*Spargelspitzen, halbiert, frisch*

Tapenade

250 g	*Tomaten, getrocknet*
5	*Anchoviefilets*
1	*Knoblauchzehe*
1 EL	*Kapern*
2 TL	*Zitronensaft*
4 EL	*Petersilie*

Uluru

Büffelfilet in Emuschinken

» *Buffalo Fillet wrapped with Emu Proscuitto*

Zutaten für 4 Personen

Büffel:
4 x 180 g — *Filetsteak v. Büffel*
4 x 20 g — *Emuschinken, Scheiben*
Olivenöl
Salz
Pfeffer

Süßkartoffelmousse:
2 mittl. — *Süßkartoffeln*
Olivenöl
40 ml — *Crème double*
Salz
Pfeffer

Bananenscheiben
3 — *Bananen*
Zucker
Wasser

Enoki Mushrooms
300 g — *Enoik Pilze*
1 — *Chinakohl*
Olivenöl

Büffelglasur
500 ml — *Rinderbrühe*
1 — *Zwiebel*
20 ml — *Öl*
½ — *Knoblauchzehe*
2 — *Tomaten*
4 Zweige — *Zitronentthymian*
150 ml — *Rotwein*
Salz
Pfeffer
2 EL — *Butter*

Zubereitung:

Der Büffel:
Das Büffelfleisch vierteln, mit Öl bestreichen, salzen, pfeffern und mit dem Emuschinken einwickeln, dann mit Zahnstochern befestigen. Olivenöl in einer Pfanne erhitzen und das Büffelfleisch darin garen, warmhalten.

Die Süßkartoffelmousse:
Die Süßkartoffeln unter fließendem Wasser abbürsten und ungeschält in einen Topf mit Dämpfeinsatz geben. Dort etwa 20 Minuten dämpfen. Dann die Kartoffeln pellen und würfeln. Im 150°C heißen Ofen auf ein mit Backpapier ausgelegtes Backblech geben und hin und wieder wenden, bis die Würfel trocken und weich sind.

Die Bananenscheiben:
Die Bananen schälen und in diagonale Scheiben schneiden. Den Zucker mit etwas Wasser in eine heiße Pfanne geben, unter Rühren auflösen und einreduzieren lassen. Die Bananenscheiben zugeben und karamellisieren.

Die Enoki Pilze:
Die Chinakohlblätter kurz blanchieren und anschließend sautieren. Die Pilze putzen, dabei die Enden abschneiden und im Olivenöl sautieren bis sie goldbraun werden, salzen, pfeffern und warm halten.

Die Büffel-Glasur:
Die Zwiebeln halbieren und in etwas breitere Streifen schneiden, den Knoblauch hacken und beides in einer Pfanne mit Olivenöl glasig braten. Dann den gehackten Thymian und die in Scheiben geschnittene Tomate hinzufügen und unter Rühren den Rotwein hineingeben und auf etwa 1/4 der Menge einreduzieren. Nun die Rinderbrühe angießen und einreduzieren lassen, bis die richtige Konsistenz erreicht ist. Mit Salz und Pfeffer abschmecken, durch ein Sieb geben und kurz vor dem Servieren die Butter einrühren, auf Tellern anrichten.

Grünes Paprikasteak

» *Veal Paprika*

Zubereitung:

Zutaten für 4 Personen

450 g	*Kalbsteak, mager*
1	*Paprika, grün*
1	*Zwiebel*
2	*Zucchini, geschnitten*
210 ml	*Wasser*
55 g	*Tomatenmark*
2 EL	*gekörnte Brühe*
2 TL	*Paprikapulver, rot*
1 EL	*Mehl*

Die Kalbsteaks von beiden Seiten salzen und pfeffern, dann auf den Boden einer Auflaufform legen. Die Paprika in Streifen schneiden, die Zwiebel halbieren und in Scheiben schneiden, ebenso die Zucchini und die Pilze. Alles über das Fleisch geben.
Das Tomatenmark, die gekörnte Brühe und das Paprikapulver mit dem Wasser verrühren und über das Fleisch und das Gemüse gießen.
Die Auflaufform in den auf 180°C vorgeheizten Backofen stellen und etwa eine Stunde garen lassen; dabei hin und wieder das Gemüse umrühren, damit an der Oberfläche nichts verbrennt.
Das Mehl in etwa 40 ml Wasser auflösen und in die Auflaufform gießen. Weitere 30 Minuten im Ofen garen, bis der Auflauf zu stocken beginnt.

Flinders Station, Melbourne

Rinderfilet mit Tasmanischem Pfeffer

» *Roasted Fillet of Beef with Pepperberry Glaze*

Zutaten für 4 Personen

Filet

700 g	*Rinderfilet*
2 EL	*Tasman. Pfeffer*
1 EL	*Meersalz*
20 g	*Eichenspäne, grob, gehobelt*
20 g	*Nussschalen, gemischt*

50 ml	*Melasse*
30 ml	*Sojasauce, süß*
60 ml	*Chardonay*
	Olivenöl

Bries

300 g	*Kalbsbries, über Nacht in Salzwasser eingelegt*
6	*Pfefferkörner, weiß*
1	*Lorbeerblatt*
50 g	*Pecorino*
100 g	*Reismehl, geröstet*

Zubereitung:

Das Filet:

In einem kleinen Topf den Tasmanischen Pfeffer zusammen mit dem Salz auf hoher Temperatur rösten und abkühlen lassen. Dann im Mörser grob zerstoßen und das Fleisch darin gründlich wälzen, bis es gleichmäßig bedeckt ist. Das Fleisch in eine Frischhaltefolie einwickeln und für 60 Minuten in den Kühlschrank legen.

Eine Aluminiumfolie in einer großen Pfanne ausbreiten und darauf die zerstoßenen Nussschalen und Eichenspäne verteilen. Einen Dämpfeinsatz oder ein Kuchengitter so über den Spänen platzieren, dass dieses Nuss und Holzstückchen nicht berührt. Das Fleisch darauf geben und die Pfanne auf höchster Stufe anheizen. Wenn die Schalen und Späne zu rauchen beginnen den Deckel aufsetzen und die Pfanne vom Herd nehmen. Etwa 6 Minuten stehen lassen, bis der Rauch sich gesetzt hat, dann herausnehmen und warm halten.

Die Melasse mit der Sojasauce verrühren, in einen Topf geben, aufkochen, dann sogleich vom Herd nehmen, 2 TL Salz einrühren und zusammen mit dem zerstoßenen Tasmanischen Pfeffer vermischen, warm halten. Das Fleisch in eine Auflaufform legen, mit einem Backpinsel die Mischung darauf verteilen und im auf 200°C vorgeheizten Backofen 18 - 20 Minuten garen. Alle 5 Minuten erneut mit der Melassemischung bestreichen.

Das Bries:

In einer großen Pfanne Wasser, etwas Weißwein, die Pfefferkörner und das Lorbeerblatt zum Kochen bringen und das Kalbsbries darin etwa 5 Minuten pochieren, dann vom Herd nehmen und abkühlen lassen. Das Bries in Scheiben schneiden und dabei alle festeren Bestandteile für die Sauce beiseite legen.

In einer Schüssel das Reismehl mit dem fein geriebenen

Pecorino vermengen und das Kalbsbries darin wälzen, bis es mit der Mischung bedeckt ist. Das Olivenöl in einer Pfanne erhitzen und das Bries darin goldbraun ausbacken, dann auf Küchenkrepp abtropfen lassen.

Die Sauce:

In einer Pfanne die fein geschnittenen Schalotten, den gehackten Knoblauch, den Thymian, die Zwiebel und die Pfefferkörner andünsten bis die Zwiebel weich und glasig ist. Mit dem Brandy ablöschen, dann den Wein angießen und weiter köcheln lassen, bis alle auf ein drittel der Menge einreduziert ist. Anschließend die Brühe, das Bouquet Garni und die beiseite gelegten Pilzstängel hinzugeben. Wieder aufkochen und etwa eine Stunde kochen, bis wieder nur ein drittel der Flüssigkeit übrig geblieben ist. Die Masse durch ein mit einem Tuch ausgelegtes Sieb in einen Topf passieren

Das Knochenmark abtropfen lassen, abtupfen und in kleine Stück schneiden. Das Mark in einen kleinen Topf geben, mit kaltem Wasser bedecken und etwas salzen, dann bei mittlerer Hitzezufuhr langsam zum Kochen bringen. Nach dem Aufwallen sofort vom Herd nehmen, das Mark etwa 30 Sekunden im Topf belassen und dann vorsichtig abtropfen lassen.

Das Knochenmark, die Butter sowie Salz und Pfeffer zur Sauce geben, mit Salz und Pfeffer abschmecken, gründlich durchrühren und nach kurzem erhitzen durch ein mit einem Tuch ausgeschlagenen Passiersieb geben und warm halten.

Sauce

40 g	*Schalotten*
4	*Knoblauchzehen*
3 Zweige	*Thymian*
1 EL	*Pfefferkörner, schwarz*
2 EL	*Tasman. Pfeffer*
200 ml	*Shiraz*
100 ml	*Brandy*
2 L	*Kalbsfond*
1 kleines	*Bouquet Garni (Sellerie, Petersilienstängel, Lorbeerblatt, Thymian)*
400 g	*Knochenmark, Rind, (4 Stunden in Eiswasser ziehen lassen)*
30 g	*Butter*
	Salz
	Pfeffer

Das Trüffel-Sabayon:

Die Schalotten fein schneiden und mit dem Chardonay in einen kleinen Topf geben, erhitzen und auf kleiner Flamme köcheln lassen, bis nur 1 EL der Flüssigkeit übrig ist. Die Flüssigkeit durch ein Sieb in eine Stahlschüssel geben und über Wasserdampf zusammen mit zwei Eigelben, der Crème Fraîche, dem Sherry und einem

Trüffel Sabayon

3	*Schalotten*
150 ml	*Chardonay*
2	*Eigelb*
20 ml	*Crème Fraîche*
15 ml	*Sherry, dry*
	Trüffelöl

Spritzer Trüffelöl schlagen bis ein dickflüssiges Sabayon entsteht.

Auflauf

400 g	*Sellerie*
400 g	*Kürbis*
2 EL	*Öl*
1 EL	*Petersilie, groß*
65 g	*Champignons, sehr klein*
60 g	*Shitake Pilze*
100 g	*Butter*
30 g	*Paniermehl*
1 ½ EL	*Schnittlauch, fein*
½ Stg.	*Lauch, groß dünne Scheiben*
50 g	*Pecannüsse, grob gehackt*

Der Auflauf:

Den Sellerie und den Kürbis schälen und in kleine wenige mm starke Stücke schneiden.

Kleine, etwa 5 - 6 cm messende Auflaufformen ausbuttern und eine Lage Sellerie, dann eine Lage Kürbis einstreuen. In einem kleinen Topf 30 g Butter schmelzen und das feingeschnittene Lauch darin glasig braten, beiseite stellen. Im gleichen Topf 60 g Butter schmelzen und die geputzen und in dünne Scheiben geschnittenen Pilze anbraten bis sie weich sind. Nun das Lauch, die Pilze, das Paniermehl, die Schnittlauchröllchen, die grob gehackten Pecannüsse und die restliche Butter vermengen und mit einem Esslöffel in die kleinen Auflaufformen geben. Im auf 190°C vorgeheizten Backofen etwa 10 - 12 Minuten mit Umluft backen.

Pecorino-Taler

100 g	*Pecorino*
1 Bund	*Spinat*

Die Pecorino-Taler:

Ein Backblech mit Backpapier auslegen. Den Käse fein reiben und in eine etwa 5 cm messende Form zum Teigausstechen streuen, bis der Boden der Form bedeckt ist. Den Vorgang wiederholen, bis der Käse verbraucht ist, anschließend im auf 175°C vorgeheizten Backofen schmelzen lassen, bis sich die Käsekrümel verbinden, dann aus dem Ofen nehmen und auskühlen lassen.

Anrichten:

Auf den vorgewärmten Tellern mit einem Esslöffel die Pfeffersauce Verteilen und den Teller drehen, bis ein gleichmäßiger Spiegel entstanden ist. Darauf die Spinatblätter und den Auflauf arrangieren. Das Fleisch in Scheiben schneiden und abwechseln mit dem Kalbsbries seitlich versetzt anschichten. die Pecorino-Taler hinzugeben, das Trüffel-Sabayon und die Sauce angießen, dann sofort servieren.

Rinderschmorbraten mit Shiraz

» *Buffalo with Shiraz*

Zubereitung:

Zuvor:

Mit einer Spicknadel die Speckstreifen in Faserrichtung durch den Braten ziehen.

Die Marinade:

Das Gemüse putzen, schälen und klein schneiden, dann zusammen mit dem Lorbeerblatt und dem Pfeffer in ein ausreichend hohes Gefäß legen. Den Braten darauf legen und soviel Shiraz angießen, bis der Baten bedeckt ist. Eine Frischhaltefolie zunächst locker darüber ausbreiten. sie sollte in der Flüssigkeit liegen und keine Luft einschließen. Die Folie am Rand festdrücken und im Kühlschrank über Nacht ziehen lassen. Den Braten aus der Marinade nehmen, abtupfen, dann pfeffern und salzen. Die Marinade durch ein Sieb geben und beiseite stellen.

Der Rinderbraten:

Die Stangensellerie, die Karotte, den Lauch, die Zwiebeln und die Ingwer schälen, putzen und klein schneiden. Das Erdnussöl im Bräter erhitzen und den Braten von allen Seiten anbraten. Wenn das Fleisch gebräunt ist herausnehmen und das Gemüse im Bräter anschwitzen, dabei gut durchrühren. Den Bräter vom Herd nehmen, das Fleisch hineingeben und etwas mehr als die Hälfte der Marinade zugießen. Zugedeckt im auf 150°C vorgeheizten Backofen etwa 90 Minuten schmoren lassen. Zwischendurch den Rest der Marinade angießen und mit einer kleinen Schöpfkelle hin und wieder den Bratensaft über das Fleisch geben. Nach dem Ende der Garzeit das Fleisch warm stellen und die Flüssigkeit aus dem Bräter in einen Topf sieben, dabei das Bratgut etwas ausdrücken. Bei starker Hitze aufwallen lassen und die Flüssigkeit um etwa die Hälfte einreduzieren, dabei immer wieder umrühren. Den Braten in dünne Scheiben schneiden und auf vorgewärmten Tellern anrichten. Den Fleischsaft in die Sauce rühren, azu Brokkoli und Salzkartoffeln reichen.

Zutaten für 4 Personen

Marinade

1 große	*Zwiebel*
1	*Knoblauchzehe*
70 g	*Sellerie*
70 g	*Karotten*
1 EL	*Pfefferkörner, schwarz*
1	*Lorbeerblatt*
1 FL	*Shiraz*

Rinderbraten

8 lange	*Speckstreifen, natur*
1,2 kg	*Rindfleisch, Keule*
60 g	*Stangensellerie*
70 g	*Karotten*
1	*Zwiebel*
100 g	*Lauch*
4 cm	*Ingwer*
1	*Limette*
2 EL	*Erdnussöl*
	Salz
	Pfeffer
50 g	*Butter*
40 g	*Tomatenmark*

Schilder am Ortsrand von St. George, Qld.

Schwein & Ferkel

„Die alte Martha kochte viele Jahre für uns und sie war der Inbegriff für Tradition, für Lebensfreude und für die Erkenntnis, worauf es in einer Küche wirklich ankommt.
Vermutlich trug sie alle Aromen des Landes in ihrem Mund herum und sie kostete und verstand den Wein genauso wie sie es liebte an ihren freien Tagen einfach auf der nahen Wiese zu liegen und deren sommerlichen Duft einzusaugen.
Heute glaube ich, dass sie wirklich glücklich gewesen sein musste, denn ohne Zweifel hatte sie einen Zugang zu ihrer Seele gefunden, vielleicht nicht ganz so wie ein großer Künstler, der sich in seiner Kunst verzehrt und stirbt, denn ihre Kunst war gleichsam Balsam für die Seelen.
Zwar spürt man noch nach Jahrhunderten, das Mozart beim Schreiben des 'Requiem' im Sterben lag und wohl ein jeder bekommt beim Hören des 'dies israe' eine Gänsehaut, doch bedeutet dies für mich nichts gegenüber dem menschlichen 'Oratorium des Gaumens' unserer Martha, wenn sie unsere Seelen mit einem grünen Schwein – einem Schweineauflauf, der mit grünem Mangold gekocht wird und der das Fleisch grün färbte – streichelte. Vielleicht hätte auch sie ein 'Requiem' verdient."

Schweinebraten „Granny Smith"

» *Roasted Apple Pork*

Zutaten für 4 Personen

1 kg	*Schweinebraten*
1	*Knoblauchzehe*
	Salz
1 EL	*Ingwerpulver*
12 mittlere	*Kartoffeln*
4	*Äpfel „Granny Smith"*
100 ml	*Weißwein*
125 g	*Zucker, braun*
2 EL	*Zitronensaft*
1 Prise	*Zimt*
1-2 Bund	*Petersilie, großblättrig*

Zubereitung:

Das Fleisch waschen und mit Küchenkrepp trocken tupfen, mit einer Knoblauchzehe, dann mit einer Hand voll Salz und dem Ingwerpulver einreiben. Einen Rost in einen Bräter stellen und das Fleisch darauf platzieren. Im auf 230°C vorgeheizten Backofen etwa 35 Minuten braten, bis das Fleisch zu bräunen beginnt und knusprig wird. Die Kartoffeln in den Bräter hinzugeben, dann die Temperatur auf 150°C reduzieren und das Fleisch weiter 1,5 bis 2 Stunden fertiggaren. Inzwischen die Äpfel schälen, vierteln und vom Kerngehäuse befreien. In einem mittleren Topf den Weißwein erhitzen und die Apfelstückchen hineingeben. Gelegentlich umrühren und nur soviel Flüssigkeit ersetzen, dass die Apfelstücke nicht anhängen. Wenn die Stückchen weich sind grob zerkleinern und den Zucker hinzufügen. Den Zitronensaft einrühren und den Zimt hinzugeben. Je nach Konsistenz etwas einreduzieren lassen. Das Fleisch auf einer Platte anrichten und vor dem Schneiden reichlich mit großblättriger Petersilie bestreuen. Mit der Apfelsauce und den Ofenkartoffeln servieren.

Steaks mit Ingwer-Orangen Sauce

» *Steaks with Ginger-Orange Sauce*

Zubereitung:

Die abgeriebene Orangenschale, den Orangensaft, den Limettensaft, die Soyasauce, den Zucker, den geschälten und geriebenen Ingwer sowie die zerdrückten Knoblauchzehen zu einer Marinade verrühren und die Steaks darin über Nacht im Kühlschrank marinieren lassen. Das Öl in einer sehr großen Pfanne erhitzen und die abgetupften Steaks von beiden Seiten scharf anbraten. Die Marinade angießen und alles weitere 5-6 Minuten köcheln lassen. Die Steaks herausnehmen, mit Aluminiumfolie abdecken und auf hoher Flamme die Marinade zu einer ölig fließenden Sauce einreduzieren. Mit frischem Salat und Vinaigrette servieren.

Zutaten für 4 Personen

4	*Schweinesteaks*
3 EL	*Erdnussöl*

Marinade:

1 TL	*Orangenschale,*
1 Cup	*Orangensaft*
1 TL	*Limettensaft*
3 EL	*Soja Sauce, hell*
2 TL	*Zucker, braun*
2 cm	*Ingwer*
2	*Knoblauchzehen,*

Koteletts „Campoven"

» Cutlet „Campoven"

Ein australischer „Campoven" ist ein etwa 6 Liter fassender Gusseiserner Topf, den man in Australien in allen Campingläden erweben kann.
Er bietet genug Bodenfläche und auch volumen, um damit genauso braten, kochen und backen zu können.

Zutaten für 6 Personen

750 g	*Schweinekotelett*
2 EL	*Mehl*
1 TL	*Salz*
1 TL	*Oregano*
1 TL	*Rosmarin*
1 TL	*Thymian*
1 große	*Zwiebel*
1-2 Dosen	*Kidneybohnen*
100 ml	*Tomatensaft*
1 EL	*Tomatenmark*
3 EL	*Worcestersauce*
1 EL	*Melasse*
	Die Flüssigkeit aus der Bohnendose
250 ml	*Wasser*

Zubereitung:

Aus dem Mehl, dem Salz, dem Oregano, dem Rosmarin und dem Thymian eine trockene Mischung herstellen und die gewaschenen Koteletts darin wälzen.
Danach die Zwiebel schälen, halbieren und in dünne Streifen schneiden. Die Koteletts auf den Boden des Campoven legen und darauf die Zwiebel verteilen. Die Kidneybohnen abgießen und die Flüssigkeit auffangen. Die Bohnen auf der Zwiebelschicht verteilen. Bei kleinen Campoven jeweils zwei Lagen in der gleichen Reihenfolge schichten. Aus dem Tomatensaft, dem Tomatenmark, der Worcestersauce, der Melasse, der aufgefangenen Bohnenflüssigkeit und dem Wasser eine Sauce rühren, die über den Bohnen verteilt wird. Den Deckel auf dne Topf geben und in den noch kalten Backofen stellen. Bei 150°C etwa 3 Stunden lang garen.

Sydney Opera

Illawarra-Pflaumen Spare Rips

» *Illawarra Plum Spare Rips*

Illawarra Pflaumen sind die Früchte des „Illawarra Plum Pine Tree". Sie sehen aus wie Reben von blauen Weintrauben, um einen dicken Stängel gruppiert. Sie haben einen hohen Vitamin C - gehalt und schmecken nach Trauben und Pinienkernen.

Zubereitung:

Etwas Öl in eine große Pfanne geben und dieses stark erhitzen. Dann die Sparerips hineingeben und sehr scharf anbraten. Wenn sie gebräunt sind die Hitze reduzieren und weiter braten bis sie gar sind. Anschließend im auf etwa 70°C vorgeheizten Backofen warm stellen.
Den Portwein und den Essig in die heiße Pfanne geben und bei mittlerer Hitze um die Hälfte einreduzieren, die Illawarra Pflaumen Sauce, den Rosella-Syrup und den Honig hinzugeben und verrühren. Alles etwa 5 Minuten auf kleiner Flamme köcheln lassen.
Dann die Sauce als Spiegel auf den Tellern anrichten, die Spareribs darauf legen und zum Schluss die Pflaumen darüber verteilen. Das Chilli-Chutney extra reichen.
Als Gemüse bieten sich gegrillte Auberginenscheiben und Zucchini an.

Zutaten für 4 Personen

4	*Spareribs*
50 ml	*Portwein*
15 ml	*Weinessig*
75 ml	*Illawarra Pflaumensauce*
45 ml	*Rosella Syrup*
15 g	*Honig*
60 g	*ganze Illawarra Pflaumen*
	Chilichutney

Rouladen mit Portwein-Kaffesauce

» *Pork with Port & Coffee Sauce*

Zubereitung:

Die Steaks waschen und mit einem Fleischklopfer ein wenig bearbeiten und dann salzen und pfeffern. Nun die Fleischstücke eng zusammenrollen und mit Zwirn oder Spießen zusammen halten.
Das Öl in einem nicht zu großen Topf erhitzen und die Rouladen dircht nebeneinander liegend anbraten, dann im auf 180°C vorgeheizten Backofen etwa 30 Minuten garen.

Zutaten für 4 Personen

4 x 200 g	*Steak*
3 EL	*Öl*
275 ml	*Kaffee, stark*
550 ml	*Sahne*
275 ml	*Port*
2 TL	*Zucker*
60 ml	*Wasser*
2 TL	*Maismehl*
	Salz
	Pfeffer

Currumbin Beach, Qld.

Inzwischen in einer Schüssel den Kaffee, 275 ml Sahne, 175 ml Portwein und den Zucker verrühren, bis der Zucker sich aufgelöst hat, dann die Mischung über das Fleisch geben und weitere 10 Minuten im Backofen belassen. Das Fleisch zwischendurch einige Male übergießen und dann weitere 10 Minuten im Ofen garen lassen. Anschließend das Fleisch aus dem Ofen nehmen und warm halten. Den Bratensaft entfetten und in einen kleinen Topf zusammen mit dem Wasser, der restlichen Sahne, dem verbleibenden Port und dem Maismehl verrühren. Die Sauce aufwallen lassen bis sie beginnt einzudicken, warm halten. Die Rouladen auf die Teller geben und mit etwas Sauce übergießen, dazu mild gewürzte Ofen- oder Petersilienkartoffeln reichen.

Schweinefilet mit Erdbeer-Currysauce

» *Fillets with Strawberry Curry Sauce*

Zutaten für 4 Personen

1	*Schweinefilets*
4 EL	*Butter*
4 kleine	*Zwiebeln*
1 Scheibe	*Zitrone*
3	*Knoblauchzehen*
4 cl	*Brandy*
750 g	*Erdbeeren*
3 EL	*Curry, rot*
300 ml	*Fleischbrühe*
250 ml	*Sahne*
5 TL	*Mehl*
	Salz
	Pfeffer

Zubereitung:

Die Erdbeeren putzen, waschen und vierteln und durch ein Sieb passieren. Das Schweinefilet von beiden Seiten mit der Zitrone einreiben, salzen und pfeffern und dann in der Butter anbraten.

Die Zwiebeln und die Knoblauchzehen fein würfeln, mit in die Pfanne geben und glasig braten. Mit dem Brandy ablöschen und die passierten Erdbeeren zufügen.

Den Curry in die Fleischbrühe rühren, in die Pfanne geben und aufkochen lassen, alles auf kleiner Flamme etwa 10 Minuten garen. Das Filet herausnehmen und in Aluminiumfolie gewickelt warmstellen.

Die Sahne in die Sauce einrühren und unter ständigem Rühren langsam das Mehl einrühren. Mit Salz, Pfeffer und etwas Curry, bzw. wenn zu scharf mit Crème Fraîche abschmecken. Dazu Reis mit feingehacktern Pfefferminzblättern reichen.

Wildschweinrücken „Hobbarth" mit Sauerkirschen

» *Tasmanian Wildboar „Hobbarth" with Cherries*

Zubereitung:

Den Wildschweinrücken gründlich waschen und trockentupfen, dann den Champignon mit einem scharfen Messer zerschneiden und sehr fein wiegen. Den Thymian, das Salbei, den Champignon, das Salz und die Pfefferkörner in einem Mörser zerstoßen und unter Zugabe von etwas Olivenöl zu einer feinen Paste verreiben. Mit dem Gemisch das Fleisch einreiben und etwa 2 Stunden im Kühlschrank ziehen lassen. Die Karotte, die Zwiebeln und die Selleriescheibe zerschneiden und grob hacken. 1/3 der Zwiebeln beiseite stellen und den Rest zusammen mit den Karotten und der Sellerie in einen Topf geben, den Rotwein zugießen und zum Kochen bringen. Das Fleisch in eine hohe Schüssel geben, die etwas größer ist als das Fleisch und die noch wallende Flüssigkeit über das Fleisch gießen. Etwa 2,5 Stunden marinieren lassen.
Den Speck klein würfeln und in einem Bräter ausbraten und herausnehmen. Das Fleisch trockentupfen, salzen und in den Bräter geben, scharf anbraten bis es bräunt, die Zwiebelwürfel hinzugeben und nach 3 Minuten alles mit der Marinade ablöschen. Den Bräter auf die mittlere Schiene des auf 200°C vorgeheizen Backofens stellen. Etwa 70 Minuten braten.
In einem Topf die Butter schmelzen lassen und das Eigelb, die Semmelbrösel, das Ingwerpulver, den Zucker und den Honig hineinrühren. Nach 20 Minuten Bratzeit den Schweinerücken damit überstreichen.
Nach dem Ende der Garzeit den Bratensaft durch ein Sieb in einen Topf geben, und die Sauerkirschen samt dem Saft hinzugeben. Etwas einreduzieren lassen.

Zutaten für 4 Personen

1½ kg	*Wildschweinrücken*
1	*Champignon*
½ TL	*Thymian, getr.*
½ TL	*Salbei, getr.*
1 TL	*Pfefferkörner, schwarz*
1 TL	*Salz, grob*
	Olivenöl
1	*Karotte*
1 Scheibe	*Sellerie, 2 cm*
3	*Zwiebeln*
50 g	*Speck, weiß*
500 ml	*Rotwein*
1 TL	*Salz*
4 EL	*Butter*
3	*Eigelbe*
5 EL	*Semmelbrösel*
0,5 TL	*Ingwerpulver*
1 TL	*Zucker, braun*
1 EL	*Honig*
1 Glas	*Sauerkirschen, entsteint*
1 Glas	*Sauerkirschen*

Schafe in den Hügeln bei Narrandera

Lamm & Lämmchen

„Der laue Frühlingswind trug hin und wieder den Duft des nahen Meeres herüber und von der sanften Anhöhe aus, wo er unter einem schattigen Apfelbaum lag, konnte er halb aufgerichtet in die seichte Ebene blicken, die mit einer weißen, perlenden Schnur vom Meer getrennt wurde.
Das entfernte Blöken der Schafe drang zu ihm herüber und nach einigem Suchen entdeckte er am Fuße der Anhöhe die ersten Tiere, die aus einem der welligen Seitentäler in die saftige Ebene drängten.
Er setzte sich auf und stützte seinen Oberkörper auf die angewinkelten Beine. Nun betrat der Schäfer die Szenerie und winkte zu ihm herauf. Er hob ebenfalls die Hand und winkte zurück. Er kannte den Schäfer gut, saß er doch oft mit ihm des Abends zusammen und hin und wieder sammelte er mit ihm den wilden Thymian und den Rosmarin, der oben zwischen den Felsen wuchs.
Bald war es wieder soweit, wenn es auf Ostern zuging blökten die zarten Salzlämmer am schönsten."

Lamm richtig einlegen

» *How to Marinate Lamb*

Zutaten:

1 Zweig	*Rosmarin*
1 Zweig	*Thymian*
3	*Knoblauchzehen*
1	*Lorbeerblatt*
2	*Zitronen*
1	*Limette*
100 ml	*Essig*
100 ml	*Buttermilch*
150 ml	*Rotwein, trocken*
100 g	*Sellerie*
2	*Karotten*
1	*Zwiebel*

Zubereitung:

Am zartesten und aromatischsten wird das Lammfleisch, wenn man es zuvor einlegt. Hierzu gibt es viele Methoden und eine der beliebtesten Marinaden des südlichen Kontinentes ist folgende:
Den Rosmarin- und Thymianzweig halbieren, den Knoblauch schälen, hobeln und zusammen mit dem Saft der Zitronen, der Limette, dem Wein, der Buttermilch und dem Essig in einer großen Schüssel vermischen.
Den Sellerie würfeln, die Karotten gewaschen aber ungeschält in Scheiben schneiden und die Zwiebel zerhacken. Alles miteinander vermischen, eine halbe Stunde in der Sauce ziehen lassen. Besonders die enthaltenen Frucht- und Essigsäuren sind unabdinglich um die Aromen der Gewürze aufzuspalten. Das Gemüse sollte keine weichen Druckstellen aufweisen, da sonst die Marinade schnell verderben kann. Mit einem Schaumlöffel das Gemüse und die Gewürzzweige aus der Schüssel nehmen und in das Mariniergefäß geben. Nun die Fleischstücke darauf verteilen und die Flüssigkeit darüber gießen. Alles sollte bedeckt sein. Mit einem Teller beschweren, damit das Fleisch mit Sicherheit in der Flüssigkeit verbleibt.
Luftdicht verschließen und einen Tag im Kühlschrank ziehen lassen.

Schafe auf der Straße nach Newcastle

Milchlammstücke aus Victoria

» *Victoria Baby Lamb Chops*

Zubereitung:

In einem kleinen Topf den Essig und den Zucker verrühren und bei mittlerer Hitze unter ständigem rühren auflösen. Die Pfefferminzblätter abzupfen, in die Sauce geben, anschließend den Topf vom Herd nehmen und abkühlen lassen. Salz und Pfeffer einrühren und in eine kleine Schüssel umfüllen. Das Fleisch waschen, trocken tupfen, dann mit den in Viertel geschnittenen Knoblauchzehen einreiben. Danach beidseitig mit Thymian einreiben und mit weißem Pfeffer würzen.
In einer großen Pfanne die Butter zum schmelzen bringen, das Öl angießen und bei mittlerer Hitze die Lammstücke von jeder Seite 1 bis 1,5 Minuten anbraten um rosarotes Lammfleisch zu erhalten. Zusammen mit der Sauce servieren. Als Beilagen eignen sich im Backofen gegarte Rosmarinkartoffeln.

Zutaten für 6 Personen

Dipping Sauce

100 ml	*Weißweinessig*
75 g	*Zucker, weiß*
30 g	*Pfefferminzblätter, frisch*
12	*Milchlammkotelets*
4 EL	*Butter*
2 EL	*Olivenöl*
2	*Knoblauchzehen*
½ TL	*Thymian getrocknet*
	Pfeffer, weiß

Lammcurry mit Kokosnuss

» *Coconut Lamb Curry*

Zubereitung:

Zunächst das Lammfleisch in Stücke schneiden und die Zwiebel sehr grob hacken.
In einer Pfanne das Macadamianussöl erhitzen, die Zwiebel und das feingehackte Knoblauch anbräunen, dann das Fleisch zugeben und scharf anbraten. Das Salz und das Currypulver unterrühren, dann auch die Kokosmilch und das Wasser angießen. Alles zusammen aufkochen lassen und am Siedepunkt das Fleisch garen. Mit Korianderblättern bestreuen, gebratene Süßkartoffeln dazu servieren.

Zutaten für 4 Personen

600 g	*Lammfleisch*
1 große	*Zwiebel*
2	*Knoblauchzehen*
½ TL	*Fenchelsamen*
1 TL	*Salz*
3 EL	*Currypulver, rot*
175 ml	*Kokosmilch*
300 ml	*Wasser*
2 EL	*Macadamianussöl*
	Korianderblätter, frisch

Lamm Australisch

» *Traditional Aussie Lamb*

Zutaten für 4 Personen

2 kg	*Lammkeule*
3	*Knoblauchzehen*
1 Zweig	*Rosmarin, frisch*
2 EL	*Olivenöl*
	Salz
	Pfeffer
4 große	*Kartoffeln*
8 Stücke	*Kürbis*
2 Stangen	*Lauch*
4 Scheiben	*Schinken, roh*
60 g	*Butter*
3 EL	*Öl*
	Salz
	Thymian
2 EL	*Mehl*
625 ml	*Rinderbrühe*
2 TL	*Worcestersauce*
2 EL	*Rotwein*

Zubereitung:

Den Ofen auf 180°C vorheizen. Mit einem scharfen Messer die gesamte Haut der Keule mit kleinen, regelmäßigen Einschnitten versehen. Den Knoblauch hobeln und diese zusammen mit Rosmarinnadeln in die kleinen Einschnitte stecken. Das Lamm mit Olivenöl bestreichen und mit Salz und Pfeffer bestreuen. Eine feuerfeste Form zur Hälfte mit Wasser befüllen, und die auf einem Rost platzierte Keule darauf legen. Im auf 180°C vorgeheizten Backofen etwa 90 Minuten garen. Zwischendurch immer wieder mit einem Löffel Bratensaft aus der feuerfesten Form schöpfen und über die Keule geben. Die Kartoffeln schälen, halbieren und ringsherum mit einer Gabel einstechen. Die geschmolzene Butter, das Öl, das Salz und den Thymian in einer Schüssel miteinander verrühren und die Kartoffeln darin wenden, dann die Kartoffeln herausnehmen und nach 40 Minuten Gesamtbratzeit des Fleisches zur Lammkeule auf den Rost geben. Zwischendurch immer wieder mit der Buttermischung übergießen und bis zum Ende der Bratzeit im Ofen lassen. Nach 50 Minuten Garzeit die Kürbisstückchen in der Buttermischung wenden und ebenfalls auf den Rost geben. Nach 70 Minuten Garzeit die Lauchstangen putzen und fest mit je einer Scheibe Schinken umwickeln, mit Zahnstochern festspießen und nahe der Kürbisstücke auf den Rost geben. Zum Ende der Garzeit die feuerfeste Form herausnehmen und die Lammeule mit dem Gemüse auf einem Backblech weiter im ausgeschalteten Ofen warm halten. Den Bratensaft in einen Topf geben, das Mehl hinzugeben und unter Rühren bräunen. Rinderbrühe, Worcestersauce und Wein zugeben, aufkochen lassen. Weitere 3 Minuten kräftig kochen, dann je nach Menge und Konsistenz einreduzieren lassen. Das Fleisch aus dem Ofen nehmen, schneiden, auf den Tellern anrichten und die Sauce darüber gießen.

Kokosnuss-Lammcurry mit Mandeln

» *Coconut Lamb Curry with Almonds*

Zutaten für 6 Personen

12	*Lammkotelets á 150 - 180 g*
oder	*Lammschulter*
375 ml	*Macadamianussöl*
1 große	*Zwiebel*
1 großer	*Apfel, sauer „Granny Smith"*
3	*Karotten*
3	*Knoblauchzehen*
3 EL	*Korianderblätter, frisch*
2 EL	*Curry, gelb*
1 TL	*Garam Masala*
1 TL	*Kreuzkümmel, zerstoßen*
1 TL	*Kurkuma*
1 Dose	*Kokoscreme*
50 g	*Kokosflocken*
2 EL	*Mandelblättchen gehobelt*
6 EL	*Joghurt*

Zubereitung:

Das Fleisch waschen, trockentupfen und von den Knochen befreien. In etwa 3 cm große, gleichmäßige Würfel schneiden. Etwas Macadamianussöl in einer großen Pfanne erhitzen und das Fleisch bei mittlerer Hitze scharf anbraten und herausnehmen. Das restliche Öl in die Pfanne geben, erhitzen und die halbierte und in Scheiben geschnittene Zwiebel hineingeben und glasig braten. Die Gewürze hinzugeben und mitbraten, bis da Öl zu duften beginnt. Jetzt das Fleisch, den in Stücke geschnittenen Apfel, die in Scheiben geschnittenen Karotten, den durchgepressten Knoblauch, die Kokoscreme und die Kokosflocken hinzugeben und gründlich verrühren. Aufkochen lassen und bei mittlerer Temperatur abgedeckt 35 - 40 Minuten köcheln lassen, bis das Fleisch zart ist. Vor dem Servieren die gehobelten Mandelblättchen und das gezupfte Koriandergrün über dem angerichteten Curry verteilen und 1 EL Joghurt je Teller an den Rand setzen.

Kräuterbutter

» *Spicy Butter*

Traditionell wird in Australien zu Lammfleisch eine Würzbutter gereicht

Zutaten für 4 Personen

250 g	*Butter*
2 TL	*Rosmarinnadeln*
1 Prise	*Salz*
3	*Pfefferkörner, schwarz*
1 TL	*Senfpulver*
100 ml	*Wermut*

Zubereitung:

Die Butter sollte zur Zubereitung Zimmertemperatur aufweisen. Zunächst die Butter in Dünne Scheiben schneiden und beiseite stellen. Nun alle Gewürze und den Wermut in ein hohes Gefäß geben und mit dem Pürierstab zu einer glatten Flüssigkeit verarbeiten. Diese in einen kleinen Stiltopf geben, aufwallen lassen und bei mittlerer Temperatur soweit einreduzieren lassen, bis nur noch etwa 3 EL der Flüssigkeit geblieben sind. Vom Topf in einer Mittlere Rührschüssel geben, mehrmals schwenken und auskühlen lassen. Etwa die Hälfte der Butter hinzugeben und mit dem Mixer zu einer glatten Masse verarbeiten. Dann nach und nach die restlichen Butterscheiben hinzugeben und mitschlagen. Die Masse in Eiswürfelbehälter streichen und bis zum Gebrauch einfrieren.

Kokos-Lamm

» *Coconut Lamb*

Zubereitung:

Zunächst die Butter erhitzen und die feingewürfelten Zwiebeln darin anbräunen und beiseite stellen.
Das Fleisch waschen, mit Küchenkrepp trockentupfen und in Würfel schneiden. Danach den Ingwer schälen und in feine Stücke hacken, den geschälten Knoblauch durchpressen. Nun die Chilischoten halbieren, fein schneiden, dann die Korianderblätter wiegen.
Den Ingwer, den Knoblauch, die Chilischote die Korianderblätter und das Salz im Mörser zusammen mit dem Wasser zu einer Paste verreiben. Das Lammfleisch mit der Paste bestreichen und über Nacht im Kühlschrank ziehen lassen. In einem mittleren Topf 600 ml Wasser zum Kochen bringen, darin das Kokoskonzentrat auflösen und verrühren bis eine glatte Kokosmilch entsteht.
In einem großen Topf die Butter schmelzen und die Kokosflocken darin anbräunen. Das Kurkuma, den Pfeffer, das Ingwerpulver, den Kreuzkümmel hinzufügen und etwas Muskatnuss hineinreiben. Die Mischung kurz durchrühren und die Kokosmilch angießen, dann die zu Beginn gebratenen Zwiebeln und das Fleisch samt der Paste hinzugeben. Bei schwacher Hitze etwa eine Stunde auf kleiner Flamme köcheln lassen. Die in kleine Stücke geschnittenen Kartoffeln untermischen und weitere 25 Minuten garen. Mit Basmatireis servieren.

Zutaten für 6 Personen

1½ kg	*Lammfleisch, Keule*
3	*Zwiebeln*
65 g	*Butter (1)*
4 cm	*Ingwer*
4	*Knoblauchzehen*
3	*Chilischoten, rot*
1 Bund	*Koriander*
	Salz
5 EL	*Wasser (1)*
225 g	*Kokoskonzentrat, ungesüßt*
80 g	*Kokosflocken*
600 ml	*Wasser (2)*
40 g	*Butter*
1½ TL	*Ingwerpulver*
1½ TL	*Kreuzkümmel, gemahlen*
1½ TL	*Kurkuma*
1 TL	*Pfeffer, Schwarz*
½ TL	*Muskatnuss, ger*
750 g	*Kartoffeln, festk.*
	Korianderblätter

Lammkeule mit Pfefferminzsauce

» *Lamb Tenderloin with Mint Sauce*

Zutaten für 4 Personen

1½ kg	*Lammkeule*
4 Zweige	*Rosmarin*
4	*Salbeiblätter*
1 EL	*Petersilie*
1 EL	*Rosmarin*
1 EL	*Thymian*
½ TL	*Zitronengras*
4	*Knoblauchzehen*
6	*Pfefferkörner, schwarz*
	Salz
500 g	*Kartoffeln*
500 g	*Kürbis*
4	*Zwiebeln*
2 EL	*Petersilie*
2 EL	*Mehl*
150 ml	*Weißwein*

Sauce

3 EL	*Pfefferminze*
2 EL	*Zucker*
2 EL	*Wasser, kochend*
125 ml	*Essig*
1 Prise	*Salz*

Zubereitung:

Die Knoblauchzehen schälen, die Kräuter klein schneiden, das Salz und die Pfefferkörner in einen Mörser geben und zu einer feinen Creme zerreiben. Damit die Lammkeule von allen Seiten gründlich einreiben, dann auf einen Rost legen und in den auf 200°C vorgeheizten Backofen schieben. Ein Backblech in die Schiene darunter schieben und soviel Wasser einfüllen, bis dessen Boden bedeckt ist. Die Keule etwa 2 Stunden garen lassen und zwischendurch etwa halbstündlich wenden.

Die Kartoffeln, den Kürbis und die Zwiebeln in mittelgroße Stücke schneiden und etwa nach der Hälfte der Garzeit auf das Backblech legen, auch dieses hin und wieder wenden.

Nach dem Ende der Garzeit die Keule aus dem Ofen nehmen und mit der gehackten Petersilie bestreuen. Mit Aluminiumfolie abdecken und etwa 15 Minuten im etwas ausgekühlten Backofen ruhen lassen. Inzwischen die Kartoffeln und den Kürbis vom Blech nehmen, mit Salz und Pfeffer würzen und ebenfalls warm stellen.

Nun den Bratensatz vom Blech in einen Topf geben, mit etwas Mehl bestreuen und anbraten. Dann mit etwa 160 ml Weißwein ablöschen und gut verrühren. Nochmals aufkochen lassen.

Für die Pfefferminzsauce die Minze sehr fein wiegen und zusammen mit dem Zucker und dem kochenden Wasser in einem hohen Gefäß verrühren, dann zugedeckt auskühlen lassen. Anschließend Salz und Essig hinzugeben und vermischen.

Das Fleisch dünn schneiden und mit den Kartoffeln und dem Kürbis auf den Tellern anrichten. Die Saucen dabei nicht ineinander laufen lassen, oder besser getrennt reichen.

Lammkoteletts mit Balsamico-Honig-Ingwer Sauce

» *Lamb Chops with Vinegar Honey Ginger Sauce*

Zubereitung:

Das Macadamianussöl in eine Rührschüssel geben und zusammen mit den fein gehackten Knoblauchzehen, den ganzen Salbeiblättern, dem Rosmarin, dem Salz und dem Pfeffer vermengen. Dann nacheinander die Lammkoteletts hineingeben und jeweils wenden. Die Marinade sollte das Fleisch vollkommen bedecken. Die Schüssel verschließen und im Kühlschrank für mindestens 4 Stunden ruhen lassen. Dann die Koteletts aus der Marinade nehmen und in einer Pfanne von beiden Seiten etwa 3 Minuten braten. Die Koteletts warm stellen und in der gleichen Pfanne den Rotwein, den Essig und den Honig erhitzen, anschließend aufkochen und 10 Minuten köcheln lassen. Den Ingwer, die Gemüsebrühe und den Limettensaft hinzugeben und weitere 10 Minuten auf mittlerer Flamme kochen lassen. Danach die Sahne unterrühren und abschmecken. Die Koteletts einige Minuten in die Sauce geben, dann auf vorgewärmten Tellern servieren. Grüne Bohnen und Kartoffelgratin dazu reichen.

Zutaten für 4 Personen

12	*Lammkoteletts*
250 ml	*Macadamianussöl*
2	*Knoblauchzehen*
4	*Salbeiblätter, frisch*
2 Zweige	*Rosmarin*
2	*Limetten*
3 TL	*Honig*
2 TL	*Ingwerpulver*
200 ml	*Rotwein, trocken*
250 ml	*Gemüsebrühe*
2 EL	*Sahne*
	Salz
	Pfeffer

Three Sisters - Blue Mountain National Park

Lammgulasch „Blue Mountains“

» Lamb Curry „Blue Mountains“

Zutaten für 4 Personen

2 kg	*Lammkeule*
2 Bund	*Schalotten*
10	*Knoblauchzehen*
2 cm	*Ingwerwurzel*
1 TL	*Salz, grob*
20	*Pfefferkörner, schwarz*
2	*Lorbeerblätter*
2 Dosen	*Tomaten*
	Thymian
	Majoran
	Salbei
	Basilikum
	Oregano
	Salz
1 Flasche	*Merlot*
	Olivenöl

Zubereitung:

Zunächst das Fleisch aus der Keule lösen, in kleine Stücke schneiden, waschen und mit Küchenkrepp gut abtupfen. In einem hohen Bräter das Olivenöl sehr heiß werden lassen und die Fleischstücke scharf anbraten. Die Schalotten putzen und in etwa 3 cm lange Stücke schneiden, den Knoblauch sowie den Ingwer schälen und fein hacken. Den Knoblauch mit dem groben Salz in einem Mörser zu einer feinen, glatten Masse verarbeiten und die Ingwerstücke unter das Fleisch rühren, 3 Minuten mit braten lassen. Dann die Dosentomaten zum Fleisch in den Bräter geben und gut durchrühren, dann die Schalottenstücke, die Lorbeerblätter und die Pfefferkörner hinzufügen. Soviel Rotwein angießen, bis alles bedeckt ist, dann etwas salzen. Im auf 150°C vorgeheizten Backofen etwa 3,5 Stunden garen lassen. Inzwischen die Kräuter und den Knoblauch fein wiegen und nach dem Ende der Bratzeit unter die Masse rühren. Dann nochmals 30 Minuten bei 100°C garen lassen. Vor dem Servieren die Lorbeerblätter entfernen und mit Pfeffer und Salz abschmecken. Dazu Salzkartoffeln oder Ofenkartoffeln reichen.

Marinierte Shiraz-Lammkeule

» *Lamb Tenderloin*

Zubereitung:

Aus dem trockenen Shiraz, dem Weinessig, dem Trester, dem Erdnussöl und den Gewürzen eine Marinade ansetzen und diese etwa 30 Minuten durchziehen lasse, bis alle Bestandteile durchfeuchtet sind. Die Lammkeule in ein Gefäß geben, das gerade genug Platz bietet, dann die Marinade darübergeben und mindestens 12 Stunden im Kühlschrank abgedeckt ruhen lassen. Die Keule herausnehmen, mit Küchenkrepp etwas abtupfen, mit Salz und Pfeffer einreiben und dann mit dem Erdnussöl bepinseln. Die Keule auf einen Rost legen und auf der zweituntersten Einschubleiste des Backofen zusammen mit einem tiefen Backblech einschieben. Im auf 220°C vorgeheizten Backofen etwa 30 Minuten schmoren lassen und dabei alle 10 Minuten mit etwas Marinade übergießen. Anschließend die Keule umdrehen und in auf 175°C reduzierter Hitze weitere 90 Minuten schmoren. Dabei weiterhin häufig wie zuvor die Marinade über die Keule geben. Nach dem Ende der Garzeit die Lammkeule herausnehmen und unter ein wenig Aluminiumfolie etwa 10 Minuten ruhen lassen Den Rest der Marinade auf das Backblech gießen und den Bratensatz lösen. Diesen in einen Topf geben und zur Sauce verarbeiten. Dazu Ofenkartoffeln oder Kartoffelgratin reichen.

Zutaten für 6 Personen

Marinade:

1 ½ L	*Shiraz*
1 EL	*Weinessig*
2 cl	*Trester*
1 EL	*Erdnussöl*
2	*Zwiebeln*
	Thymian
1	*Lorbeerblatt*
	Pfefferkörner, schwarz
2 kg	*Lammkeule*
	Salz
	Pfeffer
	Erdnussöl, gekühlt

Gebratene Lammkeule mit Anissauce

» *Lamb Tenderloin with Anise Sauce*

Zutaten für 4 Personen

1,6 kg	*Lammkeule*
250 g kleine Zwiebeln	
3 EL	*Erdnussöl*
0,5 Bund	*Thymian*
120 ml	*Anisschnaps*
450 ml	*Fleischbrühe*
5 große	*Tomaten*
3 EL	*Parmesan*
4 EL	*Paniermehl*
5 EL	*Frischkäse, fett*
	Salz
	Pfeffer, schwarz
	Öl
60 g	*Butter*
2 EL	*Mehl*

Zubereitung:

Die Lammkeule unter fließendem Wasser abspülen und mit Küchenkrepp trockentupfen. Die Zwiebeln schälen und halbieren, dann das Erdnussöl im Bräter erhitzen und die Keule von allen Seiten scharf anbraten. Die Zwiebelhälften hinzugeben und bräunen lassen. Den Thymian abspülen und 2 Zweige in den Bräter legen und mit der Fleischbrühe und dem Anisschnaps ablöschen.
Im auf 175°C vorgeheizten Backofen etwa 1,5 - 2 Stunden garen lassen, dabei immer wieder die Keule mit dem austretenden Bratensaft begießen.
Von den restlichen Thymianzweigen die Blätter zupfen. Einen etwa 2 cm hohen Deckel von den Tomaten abschneiden und mit einem Teelöffel die Tomaten etwa 1-1,5 cm tief aushöhlen. Die Tomatendeckel und das Fleisch zerkleinern und in den Bräter geben.
Den Parmesan reiben, und mit den Thymianblättern, dem Frischkäse und dem Paniermehl mischen, dann die Tomaten mit Pfeffer und Salz bestreuen und die Käsemischung mit einem Löffel in die Tomaten drücken. Eine Auflaufform mit Öl ausstreichen und die Tomaten hineinsetzen. Die Butter in kleine Flocken schneiden und auf den Tomaten verteilen. Im auf 180°C vorgeheizen Backofen etwa 10 Minuten backen.
Die Lammkeule im Ofen warm halten und inzwischen den Bratensaft durch ein Sieb in einen Topf geben, aufkochen und das Mehl hineinsieben. Kräftig durchrühren und mit Pfeffer und Salz abschmecken.
Als Beilage Rosmarinkartoffeln reichen.

Gebackene Lammkeule

» *Baked Lamb Tenderloin*

Zubereitung:

Zwei Knoblauchzehen zerdrücken und zusamen mit dem Salz, dem Pfeffer und einigen tropfen Öl zu einer Paste verrühren. Die abgespülte und trockengetupfte Lammkeule damit bestreichen und im erhitzten Olivenöl-Buttergemisch kräftig anbraten. Die Zwiebeln und den Speck fein würfeln, dann zum Fleisch hinzufügen und mit anbraten. Mit dem Wasser und dem Wein ablöschen, dann den restlichen, zerdrückten Knoblauch hineingeben. Das Lorbeerblatt, den Thymian, das Basilikum, das Salz hinzufügen und abgedeckt fast garschmoren.
Die Karotten schälen und in dünne Scheiben schneiden, den Sellerie würfeln und das gewaschene Suppengrün grob zerkleinern. Alles mit in den Topf geben und gut durchrühren. Wenn die Selleriestückchen weich werden das Fleisch herausnehmen und im Ofen warmhalten. Je nach Menge und Konsistenz noch etwas Wasser zur Sauce geben und diese mit dem Kartoffelmehl verbinden. Dann die saure Sahne unterrühren und mit Pfeffer und Salz abschmecken.

Zutaten für 4 Personen

800 g	*Lammkeule*
4	*Knoblauchzehen*
	Salz
	Pfeffer
	Olivenöl
1 EL	*Olivenöl*
1 EL	*Butter*
2	*Zwiebeln*
50 g	*Speck,*
140 ml	*Rotwein*
280 ml	*Wasser*
1	*Lorbeerblatt*
	Thymian
	Rosmarin
	Basilikum
1 Scheibe	*Sellerie (1cm)*
3	*Karotten*
etwas	*Suppengrün*
1 EL	*Kartoffelmehl*
140 ml	*Saure Sahne*

Schafherde in New South Wales

Gänsezucht

Geflügel & Kaninchen

„Von der ganz um das Haus laufenden Veranda aus konnte man fast die ganze Farm überblicken, die sich über die große Ebene ausstreckte und von den Bergen begrenzt wurde. Hier saß Henry gerne am Abend und schaute in die Ferne. Ein wenig abseits des Herrenhauses waren die Hütten der Arbeiter errichtet worden, in einem zum Herrenhaus hin geöffneten Halbkreis, damit man überblicken konnte, was vor den Hütten passierte.
Kaluquaa war Küchenmagd und trug die Tracht der europäischen Mägde mit ausladenden Röcken und gerafften Ärmeln, welche meist weiß waren und zur dunklen Hautfarbe einen für Gäste befremdlichen Eindruck machte. Sie hatte gerade ein Huhn gefangen, das sie – nach reichlicher Jagd – nun zu ihrem Mann brachte, der bereits geduldig vor der Hütte wartete.
Er stand auf und zog eine vorbereitete Bastschlinge um die Füße des Tieres, dann nahm er seiner Frau das Huhn ab und schleuderte es in einem großen Kreis, sodass es danach benommen am Boden saß. Henry erhob sich aus seinem Lehnstuhl und verließ die den Hütten zugewandte Seite der Veranda und schaute auf der anderen Seite des Hauses über die weite Ebene.
Besonders liebte es Henry wenn Kaluquaa das Hühnchen mit Ingwerstücken und Honig zubereitete, auch Paprika durfte nicht fehlen. Die Sonne senkte sich golden und es versprach ein schöner Abend zu werden.“

Aprikosenhühnchen

» *Apricot Chicken*

Zutaten für 4 Personen

60 g	*Butter*
1 ganze	*Hühnerbrust*
2	*Zwiebeln*
1 EL	*Maismehl*
450 g	*Aprikosennektar*
130 g	*getrocknete Aprikosen*
1	*grüne Paprika*
140 ml	*saure Sahne*
	Salz
	Pfeffer

Zubereitung:

Die Butter in der Pfanne schmelzen, das Hühnerfleisch in Hälften schneiden, hinzufügen und von beiden Seiten bräunen, anschließend herausnehmen und ruhen lassen. Inzwischen die Zwiebeln klein schneiden und in der gleichen Pfanne weich dünsten. Das Maismehl mit dem Aprikosennektar vermischen, mit in die Pfanne geben und erhitzen bis die Sauce kocht, dann die Hitze reduzieren und mit Salz und Pfeffer abschmecken. Die getrockneten Aprikosen vierteln und in die Pfanne geben. Das Hühnchen zurück in die Pfanne legen und zugedeckt kochen bis das Huhn weich ist, dabei hin und wieder rühren.

Die Paprika in dünne Streifen schneiden, mit in die Pfanne geben und 5 Minuten kochen lassen. Die Hitze reduzieren und die saure Sahne gleichmäßig unterrühren.

Pesto Hühnchen mit Paprika

» *Pesto Chicken with Pepper Wraps*

Zutaten für 5 Personen

150 g	*Pestosauce*
3 EL	*Rotweinessig*
¼ TL	*Salz*
¼ TL	*Pfeffer, schwarz*
700 g	*Hühnerbrust*
2	*Paprika, rot*
5	*Maistortillas*
1	*Mozzarella (125g)*
5	*Salatblätter*
1	*Orange*
3	*Chilischoten, rot*
½ Bund	*Petersilie*

Zubereitung:

Das Pesto, den Essig, Salz und Pfeffer in einer Schüssel vermengen, etwas durchziehen lassen. Die Hühnchenteile waschen, trocken tupfen und dann in der Mischung wälzen, bis sie damit bedeckt sind. Nebeneinander auf eine Platte legen und für 30 Minuten im Kühlschrank einziehen lassen. Dann die Marinade vom Fleisch mit einem Holzlöffel entfernen und die Hühnerbrüste von jeder Seite etwa 4 Minuten grillen lassen. Anschließend die in Hälften geschnittene und geputzte Paprika unter den Grill legen, bis die Haut beginnt Blasen zu werfen, herausnehmen und 5 Minuten in einen verschlossenen Tupper legen. Anschließend die Haut abziehen.

Das Hühnchen und die Paprika in dünne Streifen schneiden und beiseite stellen. Die Tortillas ausbreiten und in der Mitte je einen Esslöffel Pestomasse verteilen. Das Hühnchen, die Paprikastreifen und den feingeschnittenen Mozarella darauf verteilen, das Salatblatt darauf legen und zusammenrollen. 3 Minuten unter den Grill stellen und mit Orangenscheiben und Petersilie garnieren.

Pilbarra Hühnchen

» *Pilbarra Chicken*

Zutaten für 4 Personen

4	*Hähnchenbrustfilets*
16	*Oliven, grün*
1	*Paprikaschote, rot*
2 EL	*Erdnussöl*
1	*Zwiebel*
4	*Tomaten*
3	*Knoblauchzehen*
1 Prise	*Muskat*
	Salz
	Pfeffer
60 g	*Butter*
1 EL	*Mehl*
1 TL	*Tomatenmark*
14 EL	*Wasser, kochend*
1 EL	*gekörnte Brühe*
2 EL	*Sherry, trocken*

Zubereitung:

In einer Pfanne die Butter schmelzen und das Erdnussöl hinzugeben, dies erhöht die Brattemperatur. Die Hähnchenbrustfilets hineingeben, braten und danach in einen Topf geben. In der gleichen Pfanne die Zwiebeln bräunen und die zuvor gehäuteten und grob gehackten Tomaten hinzufügen. Alles etwa 15 Minuten auf kleiner Flamme köcheln lassen. Mit einem kleinen Schaumlöffel die Stücke aus der Pfanne heben und auf den Hähnchenbrustfilets verteilen und dabei etwas andrücken.

Das Mehl in die Pfanne einsieben, das Tomatenmark mit der gekörnten Brühe und dem Wasser zugeben und alles aufkochen lassen. Dann die gehobelten Knoblauchzehen und etwas Muskatnuss einrühren, als letztes den Sherry angießen und in den Topf mit dem Fleisch hineingießen. Auf kleiner Flamme etwa 60 Minuten zugedeckt garen lassen.

Die Paprika waschen, putzen, in dünne Streifen schneiden und diese über das Hühnchen geben. Den Topf anschließend wieder zudecken und weitere 15 Minuten köcheln lassen, die Oliven einstreuen, nochmals 10 Minuten kochen und mit Reis servieren.

Hühnchen mit Walnusssauce

» *Chicken with Walnut Sauce*

Zutaten für 6 Personen

1,7 kg	*Huhn*
	Wasser
Pochieren	
2 mittlere	*Zwiebeln ungeschält*
1	*Bouquet garni*
½	*Zitrone (Saft)*
einige	*Pfefferkörner, schwarz*
	Koriandersamen
Walnusssauce	
175 g	*Walnusskerne*
45 g	*Brot ohne Kruste*
1½ TL	*Leicht geröstete Koriandersamen*
1 Bund	*frischer Koriander*
2 EL	*Walnussöl*
1 EL	*Paprikapulver*

Zubereitung:

Das Huhn:

Das Huhn mit dem Rücken nach unten in einen großen Topf geben und alle Zutaten zum pochieren hinzufügen. Soviel heißes Wasser angießen, dass die Schenkel bedeckt sind. Erhitzen bis an den Siedepunkt, jedoch nicht kochen lassen. Etwa 1,5 Stunden pochieren bis das Huhn weich ist, aufsteigenden Schaum abschöpfen, damit die Brühe klar bleibt. Anschließend das Huhn im Topf abkühlen lassen, enthäuten und entbeinen. Das Fleisch in Frischhaltefolie einwickeln um es saftig zu halten und beiseite legen. Die Haut und die Knochen zurück in den Topf geben und nochmals 2 Stunden köcheln lassen. Anschließend die Brühe abgießen und entfetten. Die Brühe auf 400 ml einreduzieren und kaltstellen.

Die Walnusskerne mit kochendem Wasser übergießen und die dünnen Häutchen abziehen. Anschließend die Nüsse und die Koriandersamen in einen Mörser geben und zu einem feinen Pulver verarbeiten. Dies sollte immer in kleinen Mengen geschehen zu denen etwas Brot zugeführt wird um zu verhindern, dass die Masse klebrig wird. Die Masse in eine Schüssel geben und von der durchgesiebten Brühe soviel angießen dass die Sauce cremig bleibt.

Das Fleisch in dünne Streifen schneiden und in eine Auflaufform geben, dazwischen immer einige Korianderblätter legen, dann die Sauce angießen und alles damit übergießen. Das Öl mit dem Paprikapulver vermischen und ebenfalls darüber geben. Im auf 175°C vorgeheizten Backofen etwa 15 Minuten erwärmen. Frisches Koriandergrün darüber streuen und mit Reis und grünem Salat servieren.

Ingwer-Honig-Ente

» *Ginger Honey Duck*

Zubereitung:

Zutaten für 4 Personen

1	*Ente, etwa 3 kg*
60 g	*Butter, gesalzen*
200 g	*Karotten*
2	*Zwiebeln*
500 ml	*Merlot*
2 cm	*Ingwer*
2 TL	*Honig*
2 EL	*Mehl*
	Salz
	Pfeffer
50 g	*Butter, kalt*

Zuvor:
50 g Butter in dünne Scheiben schneiden und in das Eisfach legen. Die Ente zerteilen und die Entenbrüste beiseite legen. Die Ententeile pfeffern, dann die Butter schmelzen und das Fleisch von allen Seiten anbräunen. Die Karotten und die Zwiebeln putzen, zerkleinern, dann mit in die Pfanne geben, rühren und nach 3 Minuten mit dem Merlot ablöschen. Wasser angießen, bis das Fleisch fast ganz bedeckt ist, etwas Salz hinzugeben, aufwallen lassen und bei geringer Hitze köcheln lassen, bis das Fleisch weich ist. Das Fleisch herausnehmen, in kleine Stücke schneiden und beiseite stellen.

Die Entenbrust:
Die Entenbrüste mit Salz und Pfeffer einreiben, dann in heißer Butter von allen Seiten anbraten bis sie bräunen. Aus der Pfanne nehmen, in Aluminiumfolie einschlagen und etwa 50 Minuten im Backofen bei 75°C ruhen lassen.

Die Sauce:
Die Flüssigkeit durch ein Sieb in einen Topf geben und den zerriebenen Ingwer und den Honig unterrühren. Bei mittlerer Hitze auf etwa 200 ml Flüssigkeit einkochen und mit dem Mehl binden. Vor dem Servieren die Sauce leicht erhitzen und die Butter aus dem Eisfach unter Rühren auflösen. Das Fleisch aus den Schenkeln hinzugeben und 5 Minuten ziehen lassen. Mit Salz und Pfeffer abschmecken.

Vor dem Servieren die Entenbrüste in dünne Scheiben schneiden und auf den Tellern auffächern. Die Sauce darüber gießen, dazu Kartoffeln reichen.

Hünchenbrust mit Ingwer und Ruccola-Nudeln

» Ginger Chicken with Ruccola Noodles

Zutaten für 4 Personen

300 g	*Hühnchenbrust*
6 cm	*Ingwer*
300 g	*Mozzarella*
4	*Paprika, rot*
20 ml	*Weißwein*
200 g	*Bandnudeln, grün*
1	*Schale Ruccola*
200 ml	*Sahne*
1 EL	*Brühe, gekörnt*
	Basilikum
	Knoblauch
1 TL	*Ingwerpulver*
2 EL	*Olivenöl*
50 g	*Butter*
	Salz
	Pfeffer
50 ml	*Weißwein*
2 EL	*Gin*

Zubereitung:

Das Fleisch:

Zunächst den Ingwer schälen und in dünne Streifen schneiden. Mit einem spitzen Küchenmesser schmale, dünne Taschen in die Hühnchenbrust stechen und diese mit den Ingwerstreifen füllen. Mit Salz und Pfeffer einreiben und beiseite legen.

In einer Pfanne das Öl erhitzen und die Butter hinzu geben. Den Knoblauch in die gerade schmelzende Butter pressen und anbraten, damm die Hühnchenbrust hinzugeben und anbraten bis sie bräunt, warm halten. Den Mozzarella in dünne Scheiben schneiden, 8 davon beiseite legen.

Die Paprikas putzen, in Streifen schneiden und kurz in der Pfanne unter Zugabe von Knoblauch, gekörnter Brühe, Wein und Basilikum andünsten bis sie weich werden und dann beiseite legen.

Die Nudeln:

In einem großen Topf Salzwasser mit dem Olivenöl erhitzen und die Nudeln kochen. Inzwischen den Ruccola fein wiegen und mit Olivenöl, Salz und Pfeffer in einem Mörser zu einer feinen Paste verarbeiten. Diese zusammen mit den Paprikastreifen gründlich unter die Nudeln heben.

Die Sauce:

Den Weißwein, etwas gekörnte Brühe, die Sahne, das Ingwerpulver und den restlichen Mozzarella in einen kleinen Topf geben und zu einer sämigen Sauce reduzieren, dann mit Salz und Pfeffer abschmecken.

Die Mozzarellascheiben auf den Hühnerbruststücken verteilen und 2 Minuten unter den Grill stellen, dann anrichten und mit Ruccolablättern garnieren.

Ente „Cottage-Pie“

» *Duck „Cottage Pie“*

Zutaten für 4 Personen

Ente

1	*Ente, ganz (ca 1,5 kg)*
2 mittlere	*Zwiebeln*
1	*Karotte*
600 ml	*Geflügelbrühe*
1	*Lorbeerblatt*
2 Zweige	*Thymian*
2 Zweige	*Rosmarin*
300 g	*kleine Champignons*

Lauch

150 g	*Lauch, ausschl. den grünen Teil*
100 ml	*Olivenöl*

Kohl

150 g	*Weißkohl*
2	*Schalotten*
1 TL	*Senf*
25 ml	*Reisessig*
150 ml	*Sahne*

Zubereitung:

Die Ente:

Eine Zwiebel und die Karotte schälen und in Scheiben schneiden und diese auf dem Boden eines Bräters verteilen. Die Ente waschen, salzen, trocken tupfen, dann mit der Brust nach oben in den Bräter geben. Im auf 280°C vorgeheizten Backofen etwa 15 Minuten vorbraten. Dann den Bräter herausnehmen und die Ente wenden. Die Geflügelbrühe angießen, die Gewürze hinzugeben, den Deckel schließen und im Backofen bei 160°C etwa 90 Minuten dämpfen. Danach aus dem Ofen nehmen und abkühlen lassen.

Das Fleisch aus der Karkasse lösen, in Stücke schneiden, und beiseite stellen. Die Flüssigkeiten der Ente und die im Bräter zusammenfügen und beiseite stellen. Die zweite Zwiebel und die Pilze putzen und in Scheiben schneiden, dann in einem mittleren Topf kurz in Butter anbraten bis die Zwiebeln glasig werden. Die Flüssigkeit durch ein Sieb hinzugeben und einreduzieren, bis sie die Konsistenz einer Sauce annimmt. Anschließend das Entenfleisch hinzufügen und abschmecken.

Der Lauch:

Die Lauchstange waschen, putzen, trocknen, den grünen Teil halbieren und in breite Streifen schneiden. Das Öl in einer Pfanne zum sieden bringen und die Lauchstücke unter rühren anbraten, bis die Ränder zu bräunen beginnen. In eine mit Küchenkrepp ausgelegte Schale geben und mit Salz und Pfeffer bestreuen.

Der Kohl:

Den Weißkohl und die Schalotten waschen, putzen und fein schneiden. Den Kohl in Salzwasser 3 - 4 Minuten blanchieren und gut abtropfen lassen.

In einem kleinen Topf die Schalotten, den Reisessig und die Sahne erhitzen, dabei hin und wieder umrühren.

Bei mittlerer Hitze einreduzieren lassen, bis die Flüssigkeit cremig wird. Dann den Senf einrühren und im Anschluss den blanchierten Kohl. Mit Salz und Pfeffer abschmecken und beiseite stellen.

Das Kartoffelmousse:
Die Kartoffeln gründlich schälen, in kleine Würfel schneiden und in einem Topf mit Dämpfeinsatz weich garen. Nach und nach Sahne und Butter zu den Kartoffeln geben, zu einem Mousse zerstampfen und dann mit dem Ingwer, dem Salz, dem Pfeffer und dem Muskat abschmecken.

Kartoffeln	
300 g	*Kartoffeln, festk.*
50 ml	*Sahne*
50 g	*Butter*
¼ TL	*Ingwerpulver*
	Muskat
	Salz
	Pfeffer

Das Spinatpuree:
Zunächst den Spinat waschen, putzen und etwas zerkleinern, dann zusammen mit der Petersilie kurz blanchieren. Aus dem Wasser nehmen, abtropfen lassen und kurz ausdrücken. Alles in einen Mixer geben und unter langsamer Zugabe der Sahne zu einem glatten Püree verarbeiten. Mit Pfeffer und Salz abschmecken.

Spinatpüree	
75 g	*Petersilie*
375 g	*Blattspinat*
150 ml	*Sahne*
	Pfeffer
	Salz

Die Linsen:
Die grünen Linsen, den Thymianzweig, das Lorbeerblatt und den zerdrückten Knoblauch in eine große Pfanne geben und soviel Wasser angießen, bis alles bedeckt ist. Aufkochen und etwa 25 Minuten auf mittlerer Hitze köcheln lassen. Mit Salz und Pfeffer abschmecken, dann in ein Sieb geben und abtropfen lassen. Den Thymianzweig und das Lorbeerblatt herausnehmen. Die Zwiebel, die Karotten und den Sellerie putzen, zerkleinern und in der Butter anbraten. Dann die Linsen unterrühren und nochmals abschmecken.

Linsen	
50 g	*Grüne Linsen*
1 Zweig	*Thymian*
1	*Lorbeerblatt*
1	*Knoblauchzehe*
	Salz
	Pfeffer
1	*Zwiebel*
3	*Karotten*
50 g	*Sellerie*
3 EL	*Butter*

Der Jus:
Die Zwiebel, die Karotte, den Stangensellerie und den Knoblauch fein schneiden und im Öl unter rühren scharf anbraten. Anschließend den Wein angießen und einkochen lassen. Das Lorbeerblatt, das Tomatenmark und die Brühe angießen, aufkochen lassen und den Schaum abschöpfen. Bei mittlerer Hitze auf Saucenkonsistenz

..... weiter auf der nächsten Seite

Jus	
1	*Zwiebel*
1	*Karotte*
1	*Stangensellerie*
2	*Knoblauchzehen*
2 EL	*Olivenöl*
500 ml	*Rotwein, trocken*
1	*Lorbeerblatt*
1 EL	*Tomatenmark*
3 L	*Geflügelbrühe*
4 Zweige	*Rosmarin*

einkochen lassen und dann die Rosmarinzweige hinzufügen. Warm halten und vor dem Servieren durch ein Sieb gießen.

Eispaste

100 g	*Mehl*
50 g	*Butter, weich*
40 ml	*Eiswasser*
¼ TL	*Salz*
1	*Ei*
Reis zum. blindbacken	

Eispaste:
Das Mehl, die Butter und das Salz mit den Fingerspitzen verkneten, das Wasser hinzufügen und dann zu einem Teig verarbeiten. Diesen in eine Frischhaltefolie einwickeln und für 30 Minuten in den Kühlschrank legen.

Kleine Pastetenformen ausfetten und den Teig ausrollen, dann in förmchengroße Stücke schneiden. Überstehenden Teig abschneiden. Die Formen mit Reis befüllen und im auf 175°C vorgeheizten Backofen etwa 8 Minuten blindbacken. Dann aus dem Ofen nehmen, den Reis entfernen und auf einem Gitter auskühlen lassen. Nun das Ei trennen und den Teig mit dem Eigelb bestreichen, dann für weitere 2-3 Minuten in den Backofen geben. Anschließend auf einem Kuchengitter auskühlen lassen.

Anrichten:
Die Pasteten aus den Formen lösen und auf den Teller geben. Das Kohlgemüse darum herum legen und die warmen Entenstücke darüber verteilen. Das Kartoffelmousse in die Formen geben und einen Esslöffel des Spinatpürrees darauf geben. Die Lauchstücke darüber streuen und mit einigen Löffeln Linsen garnieren. Die Sauce in dünnen Linien darüber verteilen.

Goldcoast - Queensland

Honig-Orangen Hühnchen

» *Crockpot Orange Honey Chicken*

Zubereitung:

Einen Römertopf oder ein anderes irdenes Behältnis mit Wasser ausspülen und die Hühnerbrüste hineingeben. Den Orangensaft, die Brühe, den Honig, die Teriyaki Sauce und den Senf vermischen und über das Fleisch geben.
Im auf 160°C vorgeheizten Backofen etwa 3 Stunden garen. Die Gemüse eine Stunde vor dem Ende der Garzeit hinzufügen, dabei jedoch nicht umrühren. Zusammen mit Reis anrichten.

Zutaten für 6 Personen

6	*Hühnerbrüste*
140 ml	*Orangensaft*
140 ml	*Hühnerbrühe*
55 g	*Honig*
1 EL	*Senf*
1 EL	*Teriyiaki Sauce*
250 g	*Brokkoliröschen*
150 g	*Blumenkohlröschen*
125 g	*Karotten, jung*

Tomatenhähnchen mit rotem Curry

» *Red Chicken Curry*

Zubereitung:

Zuvor:
Das Hähnchenfleisch in etwa 1,5 cm große Stücke schneiden und beiseite stellen. Die Tomaten gründlich waschen und halbieren, die Ananas schälen und in Stücke schneiden, anschließend das Zitronengras und den Koriander waschen und grob hacken. 1 EL Macadamianussöl in der Pfanne erhitzen und das Fleisch anbraten, nicht zu sehr bräunen, dann beiseite stellen.
Wieder 1 El Öl erhitzen und die Currypaste darin anbraten, nach 2 Minuten mit der Kokosmilch ablöschen, aufwallen lassen und dann den Zucker, Zitronengras, Koriander, die Fischsauce und den Zitronensaft hinzugeben. Alles gut verrühren, etwa 3 Minuten köcheln lassen, dann mit Salz und Pfeffer abschmecken.
Anschließend das Fleisch und die Ananas hinzugeben und nochmals 5 Minuten auf kleiner Flamme köcheln lassen. Die Tomaten halbieren und unterrühren, dann mit Reis servieren.

Zutaten für 4 Personen

600 g	*Hähnchenbrustfilet*
200 g	*Kirschtomaten*
350 g	*Ananas, frisch*
2 Halme	*Zitronengras*
2 Zweige	*Koriander*
4 EL	*Macadamianussöl*
2 EL	*Currypaste, rot*
400 ml	*Kokosmilch*
1 EL	*Zucker, braun*
3 EL	*Fischsauce*
1	*Zitrone*
einige	*Koreanderblättchen*
2 Tassen	*Basmati Reis*

Tasmanische Ente mit Kirschen

» *Cherry Duck Tasmanian Style*

Zutaten für 4 Personen

1	*Ente, etwa 3 kg*
	Meersalz
1 EL	*Honig*
75 g	*Butter*
1 Bund	*Petersilie*
3 Halme	*Zitronengras*
475 g	*Sauerkirschen*
250 ml	*Rotwein, trocken*
	Salz
	Pfeffer

Zubereitung:

Die Ente waschen trockentupfen, mit reichlich Meersalz einreiben und die Petersiliezweige einzeln in die Ente stecken. Im auf 220°C vorgeheizten Backofen etwa 110 Minuten auf einem Rost über einem tiefen Backblech braten. Inzwischen den Honig mit etwas Meersalz vermischen, leicht erwärmen und nach 90 Minuten Garzeit die Ente diese mit der Mischung bestreichen. Darauf achten, dass der Bratenfond auf dem Blech nicht einbrennt, sonst mit Rotwein und Wasser angießen. Nach dem Ende der Bratzeit die Ente noch einen Moment ruhen lassen und inzwischen den Bratenfond in einen Topf geben, dann den Rotwein angießen, die Sauerkirschen ohne ihren Saft hinzugeben und kurz aufwallen lassen. Die Ente mit einigen Kirschen und Petersilie garnieren und auf einer warmen Platte auftragen. Dazu Kartoffeln und junge, gedämpfte Karotten reichen.

Limettenhuhn mit Portweinsauce

» *Chicken with Lime and Port Sauce*

Zubereitung:

Der Sud:

Die Knoblauchzehen schälen, halbieren und für etwa 30 Sekunden in einem Topf mit sprudelndem Wasser blanchieren. In Eiswasser abschrecken und abtropfen lassen. Die Hühnerbrühe in einem Topf zum Kochen bringen und zusammen mit den Knoblauchstücken etwa 45 Minuten auf kleiner Flamme kochen lassen. Anschließend durch ein Sieb gießen und beiseite stellen.

Das Fleisch:

Die Hühnerkeulen waschen, trockentupfen und mit Salz, Pfeffer, dem Ingwerpulver und dem Zitronengraspulver einreiben. Die Butter in einer Pfanne schmelzen und das Macadamianussöl hinzugießen. Die Keulen etwa 20 Minuten braten, bis sie von allen Seiten gebräunt sind, dann mit etwas Abstand in einen Bräter legen. Mit einem scharfen Messer die Schale der Limetten abschneiden und das Fruchtfleisch in sehr dünne Scheiben schneiden und über den Hühnerkeulen verteilen. Bis auf wenige Esslöffel das Fett aus der Fleischpfanne gießen, und das Mehl einstäuben. Unter Rühren das Gemisch bräunen, dann mit dem Portwein ablöschen. Den Bratensatz lösen, abschmecken und über die Hühnerkeulen gießen. Den Deckel aufsetzen und den Bräter etwa 45 Minuten im auf 185°C vorgeheizten Backofen belassen. Mit Nudeln oder Reis servieren.

Zutaten für 4 Personen

20	*Knoblauchzehen, frisch*
650 ml	*Hühnerbrühe*
4 - 8	*Hühnerkeulen*
1 TL	*Ingwerpulver*
½ TL	*Zitronengraspulver*
	Salz
	Pfeffer
3 EL	*Macadamianussöl*
2 EL	*Butter*
3	*Limetten*
2 EL	*Mehl*
200 ml	*Portwein, weiß*

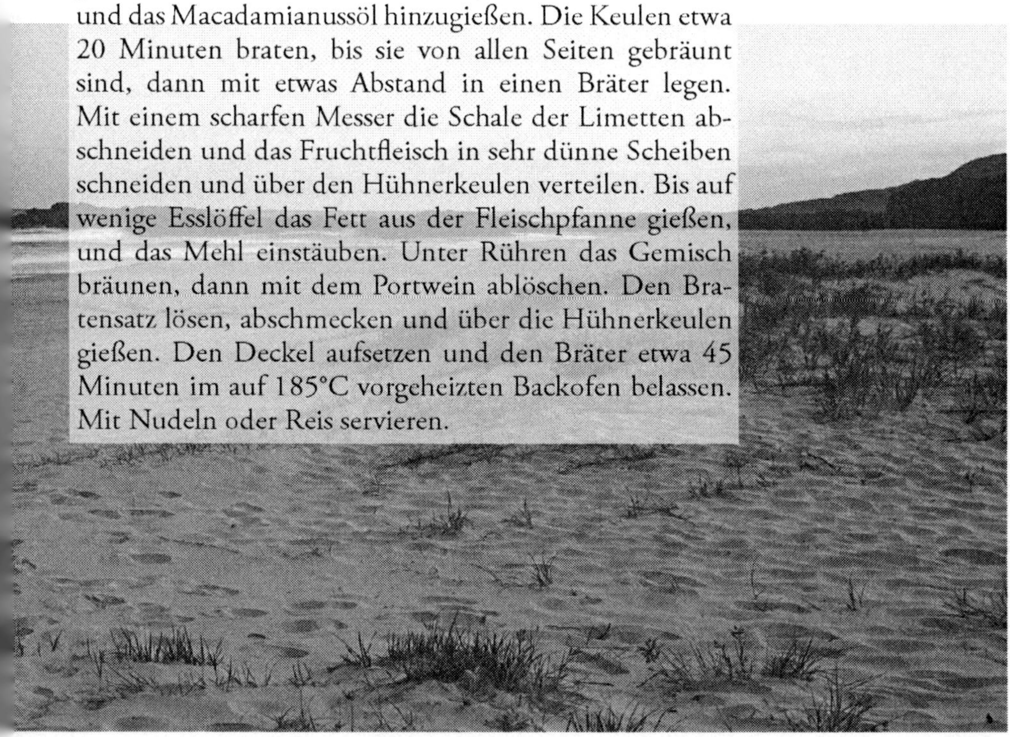

Ente Muscovey Art

» *Muscovey Duck*

Zutaten für 4 Personen

Zubereitung:

Die Blutorangen gründlich waschen, schälen und die Schalen in etwa 5 cm große Stücke schneiden. Den Saft auspressen und beiseite stellen.

Ente

4	*Entenbrustfilets*
2 EL	*Meersalz*
1 TL	*Pfeffer, grün, eingelegt*
20 g	*Sternanis*
20 g	*Orangenhaut*
500 g	*Zucker, braun*
2	*Blutorangen, Saft*
100 g	*Bunya-Nussschalen*

Die Ente:

Die Haut der Entenbrustfilets kreuzweise einschneiden, dann mit Salz, Pfeffer und etwas Orangensaft einreiben. In einer großen Pfanne ein im Bodendurchmesser zugeschnittenes Backpapier ausbreiten und ein Kuchengitter daraufstellen. Auf diesem zunächst den Sternanis, dann die Bunya-Nussschalen und die Orangenhautstücke darauf verteilen. Anschließend den braunen Zucker darüber verstreuen. Die Pfefferkörner darüber geben und so langsam den Saft der Blutorangen einträufeln, dass der Zucker diesen aufnehmen kann.

Ein weiteres Kuchengitter darauf legen und die Entenbrustfilets mit der Hautseite nach oben darauf platzieren. Den Deckel der Pfanne so aufsetzen, dass noch ein wenig Dampf entweichen kann und die Pfanne hoch erhitzen. Wenn Verpuffungen in der Pfanne zu hören sind die Temperatur auf mittlere Hitze reduzieren und weitere 10 Minuten räuchern.

Anschließend herausnehmen und in Aluminiumfolie gewickelt 5 Minuten ruhen lassen. Vor dem servieren mit der Glasur überziehen.

Glasur

100 g	*Zucker, braun*
125 ml	*Geflügelbrühe*
200 ml	*Orangensaft*
200 ml	*Chardonay*
1 TL	*Safran*
2 TL	*Orangenhaut*

Die Glasur:

In einen kleinen Topf den Zucker erhitzen bis dieser zu karamellisieren beginnt, dann die Geflügelbrühe, den Orangensaft, den Wein, den Safran und die fein gewiegten Stücke der Orangenhaut hinzugeben.

Alles gut durchrühren und auf kleiner Hitze zu einem Sirup einreduzieren.

Das Gemüse:
Nacheinander die längs halbierten Karotten, die Broccoliröschen und die Pastinaken blanchieren, bis sie eine leuchtende Farbe bekommen, aber noch bisfest sind.
Die Butter in einer Pfanne schmelzen und das Gemüse kurz darin schwenken und dann mit Salz und Pfeffer abschmecken. Alles herausnehmen wenn die Butter zu bräunen beginnt.
Den Sellerie sehr dünn hobeln und auf einem mit Backpapier ausgelegten Backblech bei 165°C im Backofen backen bis dieser sich golden verfärbt. Mit Salz bestreuen.
Das Gemüse auf einer warmen Platte anrichten, die Selleriehobel darüber streuen und servieren.

Gemüse

2	*Karotten*
10 kleine	*Pastinaken*
300 g	*Broccoliröschen*
50 g	*Butter, gesalzen*
50 ml	*Sellerie*
	Salz
	Pfeffer

Ente in Wacholdersauce

» *Gingerberry Duck*

Zutaten für 4 Personen

4	*Entenbrustfilets*
2 EL	*Olivenöl*
375 ml	*Sahne*
40 ml	*Gin*
	Salz
	Pfeffer, weiß
25	*Wacholderbeeren, groß*
4 EL	*Sojasauce, hell*
2 Zweige	*Dill, frisch*

„Traue niemals einem Gintrinker!" sagte man früher hinter vorgehaltener Hand ein wenig schmunzelnd, aber doch mit einem - aus australischer Sicht - Funken Wahrheit in Richtung der Engländer, die einst das Land beherrschten.

Zubereitung:

Die Ente:

Zunächst die Entenbrustfilets waschen, mit Küchenkrepp trockentupfen und mit einem scharfen Messer die Haut an der Oberseite kreuzweise einschneiden anschließend mit Pfeffer und Salz einreiben.

Das Olivenöl in einer Pfanne erhitzen und das Filet auf der Hautseite 8 Minuten scharf anbraten. Anschließend die Filetstücke wenden und weitere 5 Minuten braten. Die Entenbrüste aus der Pfanne nehmen, in Aluminiumfolie einschlagen und mit der Hautseite nach oben im auf 70°C vorgeheizten Backofen warmstellen.

Die Sauce:

Inzwischen die Wacholderbeeren zerdrücken und zerkleinern und diese in das heiße Fett der Fleischpfanne geben. Kurz ankochen, dann den Gin hinzufügen und sogeich entzünden.

Achtung mit der Ginmenge! Die Flamme schlägt leicht an die Decke. Niemals unter einer Abzugshaube flambieren!

Die noch brennende Pfanne ein wenig rütteln und nach dem Erlöschen des Fonds die Sahne angießen. Mit Sojasauce, Salz und Pfeffer abschmecken und dann den Bratensaft aus der Aluminiumfolie der Entenbrüste zugießen.

Die Entenbrüste auf den Tellern anrichten, mit Sauce begießen und mit dem gezupften Dill bestreuen. Weißbrot und einen kräftigen

Goldcoast - Queensland

Hähnchenschenkel in Shirazsauce

» *Chickenlegs in Shiraz Sauce*

Zubereitung:

Zutaten für 4 Personen

Die Marinade:

Die Karotten schälen und in sehr dünne Scheiben schneiden, den Sellerie und den Knoblauch fein würfeln. Die Zwiebel in Achtel schneiden. Alles zusammen mit dem Thymianzweig, den Lorbeerblättern und den Pfefferkörnern in eine Schüssel geben und den Rotwein angießen. Kurz durchziehen lassen.
Die gewaschene Limette in Scheiben schneiden und auf den Boden einer flachen Schüssel legen. Die Hähnchenschenkel darauf geben, die Marinade darüber gießen und mit einer locker aufliegenden Frischhaltefolie verschließen. Mindestens 24 Stunden im Kühlschrank marinieren.

Marinade	
500 ml	*Shiraz*
330 g	*Karotten*
230 g	*Sellerie*
1 mittlere	*Zwiebel*
1	*Limette*
2	*Lorbeerblätter*
1	*Thymianzweig*
3 EL	*Pfefferkörner*
10	*Knoblauchzehen*

Das Fleisch:

Das Fleisch aus der Marinade nehmen und trocken tupfen, dann salzen und pfeffern und im Olivenöl von allen Seiten anbraten. Die Marinade durch ein Sieb in einen Topf geben und aufwallen lassen. Knoblauchstückchen, Karottenscheiben und Sellerie aus dem Sieb herausnehmen und beiseite legen. Die Hühnchenschenkel in einen Bräter geben und das Gemüse darüber verstreuen. Dann den Topf mit dem Deckel verschließen und im auf 175°C vorgeheizten Backofen etwa 40 Minuten schmoren lassen.

Fleisch	
4	*Hähnchenschenkel*
	Salz
	Pfeffer, schwarz
1 EL	*Curry, gelb*
5 EL	*Olivenöl*

Die Sauce:

Die heiße Marinade auf mittlerer Hitze auf die Hälfte einreduzieren lassen, mit den Gewürzen abschmecken und die Butter in Flocken hinzufügen.

Sauce:	
45 g	*Butter*
	Muskat
	Pfeffer
	Salz

Die Hänchenschenkel auf die Teller geben und mit dem Gemüse und der Sauce anrichten. Dazu Naturreis reichen.

Geräucherte Wachteln

» *Smoked Quail*

Zutaten für 4 Personen

4	*Wachteln (je 100g)*
1 EL	*Erdnussöl*
2 EL	*Pfefferkörner, schwarz*
2 TL	*Meersalz*
1	*Zitrone*
30 g	*Reis, Langkorn, schwarz*
30 g	*Reis, Langkorn, weiß*
3 EL	*Zucker*
50 g	*Rotbuschtee*

Zubereitung:

Das Dämpfen:
Die Wachteln waschen, trockentupfen und leicht mit Salz einreiben. Einen Topf mit Dämpfeinsatz mit der entsprechenden Wassermenge befüllen und dieses zum kochen bringen. Dann die Wachteln auf einen Teller in den Dämpfeinsatz geben und diesen in den Topf hängen. Den Deckel aufsetzen und bei mittlerer Hitze etwa 8 Minuten dämpfen. Anschließend die Wachteln aus dem Einsatz nehmen und gründlich mit dem Erdnussöl einreiben.

Das Räuchern:
In einem großen Topf ein im Bodendurchmesser zugeschnittenes Backpapier ausbreiten. Auf diesem zunächst den Reis und den Rotbuschtee verteilen, darüber den Zucker und 1 EL Pfefferkörner geben.
Ein Kuchengitter darauf legen und die Wachteln darauf platzieren. Den Deckel der Pfanne so aufsetzen, dass noch ein kein Dampf entweichen kann und die Pfanne hoch erhitzen. Sobald der erste Rauch aufsteigt die Temperatur auf mittlere Hitze reduzieren und 5 Minuten räuchern lassen. Anschließend den Topf vom Herd nehmen und 5 Minuten ziehen lassen.

Den Pfeffer mit dem Salz in einen Mörser geben und zu Pulver verarbeiten. Nun die etwas abgekühlten Wachteln auf einem Teller geben, mit ein wenig Zitrone beträufeln, die Pfeffer-Salz-Mischung darüber streuen und Zitronenscheiben anrichten.
Dazu gegrillte Auberginenscheiben und etwas Reis reichen.

Enten Curry

» *Duck Curry*

Zubereitung:

Die Entenbrustfilets in dünne Streifen schneiden. Eine Zwiebel, den geschälten Knoblauch, die geputzten Chilischoten, den geschälten Ingwer, die Korianderblätter, das Zitronengras und den Essig in eine Küchenmaschine geben und zu einer glatten Crème verarbeiten. Diese in eine Schüssel füllen und den im Mörser zerstoßenen Kreuzkümmel, das Kurkumapulver und das Salz einrühren bis alles eine gleichmäßige gelbe Farbe angenommen hat.
Die Filetstreifen mit der Mischung einstreichen, in Frischhaltefolie wickeln und einige Stunden, am Besten über Nacht im Kühlschrank marinieren.
Das Erdnussöl in der Pfanne erhitzen, die übrigen Zwiebeln in dünne Streifen schneiden und glasig dünsten. Die Ente mit hineingeben, im Öl kurz anbraten, dann die Marinade angießen, kurz aufwallen lassen und die Geflügelbrühe und den Zucker hinzugeben. Auf kleiner Flamme etwa 45 Minuten köcheln lassen. Das an die Oberfläche aufsteigende Fett immer wieder abschöpfen. Das Curry gelegentlich umrühren und gegen Ende der Garzeit abschmecken.
In eine Schüssel geben und über Nacht in den Kühlschrank stellen. Vor dem Servieren das an die Oberfläche getretene Fett herausnehmen und das Curry erwärmen.

Zutaten für 4 Personen

4	*Entenbrustfilets*
3 mittlere.	*Zwiebeln*
1 Halm	*Zitronengras*
1 Zweig	*Koriander, frisch*
4	*Chilischoten, rot*
125 ml	*Balsamico, weiß*
2	*Knoblauchzehen*
2 cm	*Ingwerwurzel*
3 TL	*Kreuzkümmel*
2 TL	*Kurkumapulver*
1 TL	*Salz*
2 TL	*Erdnussöl*
½ TL	*Zucker, braun*
400 ml	*Geflügelbrühe*

Kaninchenragout mit Pflaumen

» *Rabbit in Redwine with Plums*

Zutaten für 4 Personen

1	*Kaninchen, jung (1,2 - 1,5 kg)*
800 ml	*Milch*
200 ml	*Joghurt*
	Salz
	Pfeffer
125 g	*Backpflaumen, entsteint*
200 ml	*Gin*
2	*Schalotten*
2	*Knoblauchzehen*
100 g	*Speck*
1 EL	*Olivenöl*
1 EL	*Butter*
1 Zweig	*Thymian*
500 ml	*Rotwein*
230 g	*Karotten*
125 ml	*Crème Fraîche*
2 TL	*Mehl*

Zubereitung:

Das Kaninchen zunächst waschen, in Stücke schneiden und über Nacht in das Gemisch aus Milch und Joghurt einlegen. Am Folgetag trocken tupfen und mit Salz und Pfeffer einreiben. Die Backpflaumen in 100 ml Gin einlegen.

Das Olivenöl erhitzen, die Butter und den gewürfelten Speck hinzugeben und anbraten. Den Speck aus der Pfanne nehmen und dann die Kaninchenteile rundherum gut anbraten, anschließend die klein geschnittenen Schalotten und den gepressten Knoblauch hinzugeben. Die Thymianblätter einstreuen und unter Rühren 5 Minuten weiterbraten, bis der Thymian seinen typischen Duft verströmt. Den restlichen Gin angießen und flambieren. Anschließen den Speck wieder hinzugeben, den Rotwein angießen und zugedeckt etwa 60 Minuten bei mittlerer Hitze köcheln lassen.

Inzwischen die Karotten schälen, in 2 cm lange Stücke schneiden, mit in den Topf geben und weitere 15 Minuten garen. Dann die Kaninchenteile herausnehmen und im Backofen warm halten.

Den Sud mit den Karotten noch etwas einkochen lassen, dann die Backpflaumen mit dem Gin zugießen. Die Crème Fraîche einrühren und das Mehl unter Rühren einstäuben. Weitere 7 Minuten kochen lassen, dann die Kaninchenteile wieder zugeben und in der Sauce wenden.

Kartoffeln oder Bandnudeln dazu reichen.

Kaninchen mit Pflaumen und Trauben

» *Runaway Rabbit*

Zubereitung:

Zunächst in einem kleinen Topf die Backpflaumen über Nacht in Weißwein einweichen lassen. Die Zwiebeln fein hacken, die Tomaten mit kochendem Wasser übergießen, enthäuten und in Achtel schneiden. Das Olivenöl in einer Pfanne erhitzen und die Zwiebeln mit den Tomatenstücken andünsten. Das Lorbeerblatt und die Kaninchenteile hinzufügen, weiterdünsten lassen. Den Weißwein, das fein gehackte Knoblauch, die Petersilien und die fein gehackten Mandelstücke einrühren und mit Salz und Pfeffer würzen. Abgedeckt garen, bis das Kaninchenfleisch weich ist. Die Hälfte der Macadamianüsse sehr grob hacken und mit der anderen Hälfte in den kleinen Topf zu den Backpflaumen geben. Alles erhitzen, und zum Kaninchen geben. Die Weintrauben unterrühren und zugedeckt nochmals 15 Minuten ziehen lassen. Dazu Kartoffeln oder Weißbrot servieren.

Zutaten für 4 Personen

1	*Kaninchen, in Teilen*
2 mittlere.	*Zwiebeln*
5	*Tomaten*
140 ml	*Olivenöl*
1	*Lorbeerblatt*
3	*Knoblauchzehen*
1 Bund	*Petersilie*
18	*Mandeln*
140 ml	*Weißwein*
125 g	*Macadamianüsse*
20	*Backpflaumen*
100 ml	*Weißwein*
20	*Trauben, kernlos, weiß*
1 TL	*Salz*
½ TL	*Pfeffer, schwarz*

Emu & Strauß

„Scheinbar endlos reichte der leuchtend rote Sand in die weite der Ebene hinein. Im Westen verlor sich die scheinbare Endlosigkeit in der schillernden, flirrenden Hitze der sengenden, noch immer hoch im Norden stehenden Nachmittagssonne. An einer entfernten Stelle schien der Himmel getrübt, doch statt der Hoffnung auf etwas Regen nachzuhängen wusste er nur zu genau, dass in dieser Jahreszeit einzig Sandstürme am Horizont entlang laufen konnten. Er ging nun etwas schneller.
Im Osten, in der Richtung in der er lief erhoben sich in der Ferne die Berge der Great Dividing Range, hinter denen sich die fruchtbaren Täler des Küstenhinterlandes verbargen.
Nur zu gerne hätte er schon die unerträgliche Steppe hinter sich und würde sich an einem der zahlreichen kühlen Bachläufe erfrischen."

Straußen-Medaillons mit Pesto

» *Ostrich with Pesto*

Zutaten für 4 Personen

Pesto

2 Bund	*Petersilie, großblättrig*
2 Zweige	*Rosmarin*
1 Zweig	*Koriander*
2	*Knoblauchzehen*
50 g	*Macadamianüsse*
50 g	*Cheddar, alt*
	Salz
	Pfeffer

Medaillons

500 g	*Straußenfilet*
4 Zweige	*Rosmarin*
½ Zweig	*Thymian*
2 EL	*Macadamianussöl*
2 EL	*Butter, gesalzen*
2	*Knoblauchzehen*
450 g	*Cocktailtomaten*
400 g	*Gnocchi*

Zubereitung:

Das Pesto:
Die Petersilie, das gezupfte Rosmarin, den Koriander, die Knoblauchzehen und die Macadamianüsse in einem Mörser zu einer Paste verarbeiten. Den Käse reiben und langsam in die Paste einarbeiten, abschließend etwas Macadamianussöl einträufeln und mit Salz und Pfeffer abschmecken.

Die Medaillons:
Das Straußenfilet in 8 - 12 Medaillons schneiden, salzen und pfeffern. In einer Pfanne die Butter und etwas Macadamianussöl in einer erhitzen, die halbierten Knoblauchzehen und die grob zerkleinerten Rosmarin- und Thymianzweige hinzugeben. Dann die Medaillons von jeder Seite etwa 3 Minuten braten, aus der Pfanne nehmen und warm halten.

Die gewaschenen Cocktailtomaten in der Fleischpfanne etwa 4 - 5 Minuten schmoren. Die Gnocchi zubereiten, dann mit einigen Löffeln Pesto verrühren und zusammen mit den Medaillons auf den Tellern anrichten. Die Tomaten salzen, pfeffern und mit auf den Tellern anrichten.

Straußenherde bei Maryborough

Gratinierte Straußensteaks

» *Ostrich Steaks*

Zubereitung:

Zutaten für 4 Personen

4	*Straußensteaks*
1 TL	*Ingwerpulver*
125 g	*Oliven*
2 EL	*Macadamianussöl*
250 g	*Mozzarella*
4 Scheiben	*Weißbrot ohne. Kruste*
1 Bund	*Petersilie*
½ Bund	*Korianderblätter*
200 ml	*Rotwein*
1 TL	*gekörnte Brühe*
125 ml	*Sahne*
	Salz
	Pfeffer

Das Gratinmousse:
Den Mozarella und die Oliven kleinschneiden, die Petersilie und die Korianderblätter hacken und das von der Kruste befreite Weißbrot würfeln. Alles in eine Schüssel geben und zu einer teigartigen Masse verarbeiten. Mit Salz und Pfeffer würzen, ggf. einige Tropfen Öl einträufeln.

Die Steaks:
Die Straußensteaks waschen, trockentupfen und mit einem Gemisch aus dem Ingwerpulver, Pfeffer und Salz einreiben. Das Macadamianussöl erhitzen und die Steaks von beiden Seiten heiß anbraten, dann herausnehmen und in eine Auflaufform legen. Nun das Gratinmousse mit einem Löffel auf die Steaks drücken und im auf 200°C vorgeheizten Backofen etwa 15 Minuten gratinieren.

Die Sauce:
Den Rotwein in die Pfanne geben, erhitzen und die gekörnte Brühe darunterrühren, die Sahne angießen und alles solange einreduzieren lassen, bis eine Saucenkonsistenz erreicht ist.

Die Steaks auf Tellern anrichten, mit der Sauce beträufeln und gehackte Petersilie und Koriander darüberstreuen. Mit Weißbrot servieren.

Strauß am Spieß

» *Grilled Ostrich*

Zutaten für 4 Personen

650 g	*Straußenbrust*
1 Stange	*Lauch*
180 ml	*Sojasauce*
100 ml	*Brandy*
4 EL	*Erdnussöl*
3 EL	*gekörnte Brühe*
1	*Orangenscheibe*
2 EL	*Zucker, braun*
2	*Knoblauchzehen*
125 g	*Joghurt*
100 g	*Crème Fraîche*

Zubereitung:

Die Sauce:
Die Sojasauce, den Brandy, das Erdnussöl, die gekörnte Brühe, die Orangenscheibe und den Zucker in einen Topf geben und verrühren bis der Zucker sich aufgelöst hat. Dann den Topf langsam erhitzen bis die Flüssigkeit zu wallen beginnt. Die Hitze reduzieren und auf kleiner Flamme die Flüssigkeit um die Hälfte einreduzieren lassen. Die Orangenscheibe entfernen und die Sauce in eine flache Schüssel geben.

Der Dip:
Die Knoblauchzehen in eine kleine Schüssel pressen und mit dem Joghurt und der Crème Fraîche verrühren.

Der Strauß:
Das Fleisch längs zur Faser in dünne Scheiben, diese in etwa 2 cm breite lange Streifen schneiden. Die Fleischstreifen in die Sauce legen und 45 Minuten im Kühlschrank darin marinieren.
Den Lauch putzen, dann einmal längs und einmal quer halbieren. Die Lauchstreifen kurz blanchieren und in Eiswasser abschrecken.
Nun die Fleischstreifen auf den Lauchstreifen platzieren und mit einem langen Spieß beides immer wieder durchstechend auffädeln.
Nun den Grill anschalten und die Spieße auf jeder Seite ca. 45 Sekunden angrillen bis sich die Poren schließen, dann von jeder Seite nochmals 3 Minuten. Immer wieder mit der Sauce einstreichen.
Mit Weißbrot und dem Dip servieren.

Straußenmedaillons mit Ingwerreis

» *Ostrich Medaillons with Ginger Rice*

Zutaten für 4 Personen

600 g	*Straußenfilet*
1 TL	*Kreuzkümmel*
4 EL	*Nussöl*
3 große	*Zwiebeln*
1 kleinen	*Broccoli*
6 cm	*Ingwer*
12	*Karotten*
100 g	*Kokosflocken*
	Salz
	Pfeffer
	Zimt
	Curry, gelb
425 ml	*Sahne*
125 ml	*Mayonnaise*
½ Bund	*Petersilie*
	Butter
3 Tassen	*Basmatireis*

Zubereitung:

Die Medaillons:

Das Filet waschen, trockentupfen und in 8 - 12 Medaillons schneiden. Pfeffer, Salz und Kreuzkümmel in einem Mörser zu einem feinen Pulver zerreiben und damit das Fleisch einreiben.
Das Nussöl in einer Pfanne erhitzen und die Medaillons von beiden Seiten scharf anbraten, dann herausnehmen, in Aluminiumfolie einschlagen und warm halten.

Der Reis:

Den Ingwer schälen und zerreiben. Den Reis zusammen mit 6 Tassen Wasser und der Hälfte des zerriebenen Ingwers in einen Topf geben und verrühren. Den Reis garen und anschließend in eine Pfanne mit heißer Butter und dem Rest des Ingwers auf kleiner Flamme anschwitzen. Kurz vor dem Anrichten eine kleine Pastetenform ausbuttern und Reis einfüllen. Diesen auf einen vorgewärmten Teller stürzen. So auf jedem Teller einen Reiskuchen platzieren.

Die Karotten schälen, den Brokkoli in Röschen schneiden und zusammen in Salzwasser blanchieren. Die Sahne, die Mayonnaise, die Kokosflocken, den Zimt, das Curry und die fein geschnittenen Zwiebeln zu einer kalten Sauce verrühren, mit Salz und Pfeffer abschmecken. Die Medaillons mit dem Gemüse auf den Tellern anrichten und mit dünnen Saucenstreifen überziehen.

Straußenragout

» *Ostrich Ragout*

Zubereitung:

Das Fleisch in etwa 3 cm große Stücke schneiden und dabei möglichst viele Sehnen entfernen. Die Zwiebeln vierteln, die Karotten, den Lauch und die Sellerie putzen und in 2 cm dicke Stücke zerkleinern. Die Zwiebel vierteln. In einem großen Topf die Brühe, das Wasser und den Wein zum Kochen bringen, dann das Fleisch, die Zwiebel, das Lorbeerblatt und die Gemüsestücke hineingeben und bei kleiner Hitze etwas 50 Minuten garen. Die Kartoffeln schälen, würfeln und hinzugeben, dann weitere 30 Minuten köcheln lassen. Mit Salz und Pfeffer abschmecken, dazu Brot reichen.

Zutaten für 4 Personen

1 kg	*Straußenkeule*
1 L	*Geflügelbrühe*
250 ml	*Wasser*
250 ml	*Weißwein*
250 g	*Karotten*
150 g	*Sellerie*
1 Stange	*Lauch*
3 mittlere	*Zwiebeln*
450 g	*Kartoffeln*
1	*Lorbeerblatt*
½ Bund	*Petersilie*
65 g	*Butter, gesalzen*
1 Prise	*Muskat*
	Salz, Pfeffer

Straußengeschnetzeltes in Calvadosrahmsauce

» *Ostrich „Calvados“*

Zubereitung:

Das Straußenfilet waschen, trockentupfen und in kleine Stücke schneiden. In einer Pfanne die Butter schmelzen und das Fleisch scharf anbraten, dann die Stücke aus der Pfanne nehmen, salzen, pfeffern und warm stellen. Den Apfel schälen, in kleine Stücke schneiden und zusammen mit der kleingeschnittenen Schalotte in der Fleischpfanne andünsten. Den Weißwein und den Cidre angießen, dann 3 Minuten auf mittlerer Flamme einreduzieren. Anschließend die Sahne angießen und weiter 5 Minuten köcheln lassen. Das Koriandergrün zupfen und mit dem Calvados unterrühren, dann 3 Minuten leicht köcheln lassen damit der Alkohol verfliegt und mit Salz und Pfeffer abschmecken.Das Fleisch wieder unterrühren, zusammen einmal aufwallen lassen und mit Reis servieren.

Zutaten für 4 Personen

600 g	*Straußenfilet,*
4 EL	*Butter*
1	*Granny Smith*
2	*Schalotten*
125 ml	*Weißwein*
50 ml	*Cidre*
1 Zweig	*Koriander*
6 EL	*Calvados*
500 ml	*Sahne*
	Salz
	Pfeffer, weiß

Strauß mit Ingwer-Orangen-Syrup

» *Ostrich with Ginger-Orange Syrup*

Zutaten für 4 Personen

Zubereitung:

Zuvor:

Die getrockneten Bohnen über Nacht einweichen, dann abtropfen lassen und beiseite stellen. Das Wasser aufheben. 20 g der Bohnen davon im Mörser zerreiben und durch ein Sieb passieren.

Fleisch

650 g	*Straußenfilet*
1 EL	*Chilipulver, rot*
1 EL	*Pfeffer, schwarz*
1 EL	*Zucker*
	Salz

Das Fleisch:

Das Filet waschen und trockentupfen, dann auf einem Teller die Gewürze vermischen und das Filetfleisch darin wälzen, bis alle Gewürze restlos aufgenommen sind. Das Filetstück auf einen Rost legen und von allen Seiten 5 - 7 Minuten grillen. Anschließend in Aluminiumfolie einwickeln und 5 Minuten vor dem Aufschneiden ruhen lassen.

Succotash

2 EL	*Macadamianussöl*
2 Scheiben	*Schinken, roh*
135 g	*Bohnen, getrocknet,*
davon 20 g als Paste	
1 große	*Zwiebel*
1 große	*Karotte*
150 g	*Sellerie*
2	*Knoblauchzehen*
	Salz
	Pfeffer
560 ml	*Dosenmais*
1 EL	*Balsamicoessig*

Das Schwarze-Bohnen-Mais-Succotash:

In einer großen Pfanne das Macadamianussöl langsam erhitzen und die klein geschnittenen Schinkenscheiben auslassen bis diese bräunen. Dann die Bohnen, die gehackte Zwiebel, die kleingeschnittene Karotte, die gewürfelte Sellerie und die Bohnenpaste einrühren. 3 Minuten auf großer Hitze sautieren, das Salz und den Pfeffer darüber geben und mit dem Bohnenwasser aufgießen bis alles bedeckt ist. Auf kleiner Flamme köcheln lassen bis die Bohnen weich werden, aber noch nicht zerfallen (60-90 Minuten). Danach den Mais unterrühren und noch weitere fünf Minuten au dem Herd belassen. Danach nochmals abschmecken.

Sirup

560 ml	*Orangensaft, frisch*
1 cm	*Ingwerwurzel*
2	*Orangen (Haut)*

Ingwer-Orangen-Sirup:

Den Ingwer schälen und fein reiben. Die abgeriebene Haut der Orangen, den Saft und den Ingwer in eine Pfanne geben und bei kleiner Hitze soweit reduzieren, bis ein Sirup entsteht (80%)

Anrichten und servieren.

Straußenmedaillons mit pikanter Knoblauchsauce

» *Ostrich Fillet with Garlic Sauce*

Zutaten für 4 Personen

650 g	*Straußenfilet*
2	*Knoblauchknollen*
6	*Wacholderbeeren*
1 TL	*Pfefferkörner, schwarz*
250 ml	*Rotwein*
3	*Schalotten*
500 ml	*Geflügelfond*

Zubereitung:

Die Knoblauchknolle aufbrechen und die Zehen ungeschält in eine Auflaufform geben. Im auf 230°C vorgeheizten Backofen 30 Minuten garen, dann heraus nehmen und beiseite stellen.

Das Straußenfilet waschen und trocken tupfen, dann in 8 Medaillons schneiden. Die Wacholderbeeren mit den Pfefferkörnern in einem Mörser zerstoßen und beidseitig an die Medaillons andrücken und beiseite stellen.

Den Wein in einen Topf gießen und die in Scheiben geschnittene Schalotten hinzugeben. Alles erhitzen und bei mittlerer Temperatur etwa 5 Minuten kochen lassen, bis die Flüssigkeit verdampft ist. Nun den Geflügelfon angießen, erneut aufkochen lassen und dann auf ¼ der Menge reduzieren.

Nun den weichen Knoblauch aus der Schale nehmen und in den Topf geben, gut unterrühren bis eine dickflüssige Sauce entsteht. Warmstellen.

Die Medaillons auf jeder Seite etwa 3-4 Minuten grillen, dann mit der Knoblauchsauce und Ofenkartoffeln servieren.

Emu

Straußensteak mit Pflaumen

» *Ostrich Steak with Plums*

Zutaten für 4 Personen

600 g	*Straußensteak*
600 g	*grüne Bohnen, jung*
150 g	*Frischkäse*
1 cm	*Ingwerwurzel*
¼ TL	*Kardamom*
3 mittlere	*Kartoffeln*
1 Zweig	*Koriander*
1 Zweig	*Rosmarin*
	Pfeffer, schwarz
5	*Pflaumen*
	Rotwein
	Rotweinessig
	Salz
100 g	*Zucker, braun*

Zubereitung:

Die Steaks salzen, pfeffern und dann in Butter von beiden Seiten scharf anbraten, anschließend auf einem Rost im auf 220°C vorgeheizten Backofen fertiggaren.
Die Kartoffeln schälen, in etwa 2 cm große Würfel schneiden und zusammen mit den klein geschnittenen Bohnen in der Pfanne anbraten.
Den Zucker in einer Pfanne erhitzen und karamellisieren lassen. Die Pflaumen halbieren und hinzufügen. Die Pflaumen wenden und wenn sie mit dem Zucker überzogen sind mit dem Rotweinessig und dem Rotwein ablöschen.
Die Kräuter kleinhacken und unterrühren, dann die Gewürze und den feingeriebenen Ingwer hinzugeben.
Aus den Kartoffeln und den Pflaumen einen kleinen Ring auf dem Teller anrichten und in dessen Mitte die Steaks platzieren. Dazu Reis reichen.

Überbackene Straußensteaks

» *Grilled Ostrich Filets*

Zubereitung:

Die Straußensteaks abspülen und trockentupfen, dann in einer Pfanne die Butter erhitzen und die Steaks scharf anbraten, bis die Ränder bräunen. Das Fleisch salzen und pfeffern und in eine ausgebutterte Auflaufform geben. Nun die Tomaten, die Zwiebeln, den Knoblauch und die Paprika würfeln, die Pilze in Scheiben schneiden und die Kräuter hacken. In einer großen Pfanne die Zwiebeln und den Knoblauch andünsten, dann die Paprika, Tomatenwürfel und die Pilze hinzugeben, kräftig anbraten und unter Rühren den Chardonay angießen. Etwas einreduzieren lassen und die Crème Fraîche unterziehen. Mit Salz und Pfeffer abschmecken, dann weitere 10 Minuten auf kleiner Flamme köcheln lassen. Abschließend die Kräuter unterheben und die Masse auf dem Fleisch verteilen. Mit Käse bestreuen und im auf 250°C vorgeheizten Backofen garen bis der Käse verläuft. Mit Langkornreis und grünem Salat servieren.

Zutaten für 4 Personen

500 g	*Straußensteaks*
24 mittlere	*Tomaten*
1	*Paprika, rot*
8	*Champignons*
100 g	*Crème Fraîche*
100 g	*Käse, gerieben*
	Kräuter, frisch
2 mittlere	*Zwiebeln*
3	*Knoblauchzehen*
30 g	*Butter*
1 EL	*Olivenöl*
100 ml	*Chardonay*
	Salz
	Pfeffer, schwarz

Straußen-Steak „The Hinterland"

» *Ostrich Steak „The Hinterland"*

Zubereitung:

Die Zitrone auspressen und mit der Worcestersauce vermischen, in einen Teller geben und die Steaks darin wenden. Anschließend eine Stunde marinieren lassen. Die Butter in der Pfanne schmelzen und das Olivenöl hinzugeben. Die Steaks von beiden Seiten scharf anbraten und warmstellen. Falls nötig noch etwas Butter in die Pfanne geben, dann die gehackten Schalotten kurz anbraten und die in Scheiben geschnittenen Pilze mitschmoren lassen. Die Petersilie fein hacken und unterrühren, nach einigen Minuten vom Herd nehmen und die saure Sahne unterziehen. Mit Salz und Pfeffer abschmecken.

Zutaten für 4 Personen

700 g	*Straußensteak*
½	*Zitrone, Saft*
1 TL	*Worcestersauce*
	Salz, Pfeffer
1 TL	*gekörnte Brühe*
2 EL	*Olivenöl*
100 g	*Butter, gesalzen*
2	*Schalotten*
75 g	*Steinpilze, gewürfelt*
75 g	*Champignons*
½ Bund	*Petersilie*
100 ml	*Saure Sahne*

Straußensteaks mit Mango-Chutney

» *Ostrich Steaks with Mango Chutney*

Zutaten für 4 Personen

4	*Straußensteaks (ca. 550 g)*
500 g	*Bandnudeln*
60 g	*Butter, gesalzen*
250 g	*Frischkäse*
1	*Mango*
5	*Karotten*
1 Stange	*Lauch*
50 g	*Preiselbeeren, frisch*
50 ml	*Weißwein*
1 EL	*Honig*
½ TL	*Chilipulver*
1 TL	*Currypulver, gelb*
	Salz
	Pfeffer
1 Zweig	*Pfefferminze*

Zubereitung:

Die Nudeln:
Die Bandnudeln bissfest kochen, dann die Karotten schälen, in dünne Streifen, den Lauch in Ringe schneiden. Die Butter schmelzen und das Gemüse darin garen. Anschließend das Gemüse mit dem zuvor geschlagenen Frischkäse unter die Nudeln heben und warm stellen.

Die Steaks:
Die Straußensteaks salzen und pfeffern, dann im Olivenöl 2 Minuten je Seite scharf anbraten und warm stellen.

Das Chutney:
Die Mango schälen, vom Kern befreien, klein schneiden und in Butter andünsten. Mit dem Weißwein ablöschen, dann den Honig, das Chili-, das Currypulver und die gezupften Minzblätter unterrühren. Aufwallen lassen und auf kleiner Flamme etwas einkochen lassen. Mit Salz und Pfeffer abschmecken.

Die Nudeln auf dem Teller anrichten, das Steak daneben arrangieren und das Mango-Chutney dazugeben.

Emukeule mit Orangensauce

» *Emu with Orange*

Zutaten für 4 Personen

1½ kg	*Emukeule*
20 ml	*Erdnussöl*
10 ml	*Macadamianussöl*
3	*Orangen*
50 ml	*Grand Marnier*
30 ml	*Portwein*
	Pfeffer, Salz
1 EL	*Rosmarin, getr.*
2 TL	*Currypulver, gelb*
1 Bund	*Petersilie,*

Zubereitung:

Die Keule vom Knochen befreien und in große Stücke schneiden, dabei möglichst viele der Sehnen entfernen. Das Rosmarin, Pfeffer und Salz im Mörser zu feinem Staub zermahlen, dann die beiden Öle hinzugeben und verrühren. Anschließend die Fleischstücke in eine Schüsselgeben, das Ölgemisch darüber gießen und solange durchheben, bis alle Stücke mit dem Öl benetzt sind. Etwa 2 Stunden im Kühlschrank marinieren lassen.

Eine große Pfanne erhitzen und das Fleisch ohne es abzutupfen hineingeben. Rundherum etwa 10 - 15 Minuten braten. In eine Aluminiumfolie wickeln und im Backofen bei etwa 70°C warm halten.
Die Schale einer Orange abreiben, den Saft aller Orangen auspressen und beiseite stellen. In der gleichen Pfanne die Orangenschale anbraten bis sie bräunt und herausnehmen, dann mit Grand Marnier ablöschen und unter Rühren evt. Angesetztes lösen. Den Orangensaft und den Portwein angießen und auf die Hälfte der Flüssigkeitsmenge einreduzieren. Dann auch das Currypulver einrühren und das Fleisch zurück in die Pfanne geben, mehrmals wenden und darin etwa 10 Minuten bei kleiner Hitze ziehen lassen.
Das Fleisch schneiden, anrichten und mit der Sauce übergießen, dazu Reis reichen und alles mit fein gewiegten Petersilieblättern überstreuen.

Emufilet mit Senffrüchten

» *Emu Fillet with Marinated Fruits*

Zutaten für 4 Personen

400 g	*Emufilet*
2 EL	*Olivenöl*
150 g	*Weintrauben, weiß, kernlos*
2	*Pfirsiche, reif*
75 ml	*Chardonay*
1 EL	*Senf*
1 ½ EL	*Pfirsichmarmelade*
	Salz
	Pfeffer

Zubereitung:

Das Filet waschen und trockentupfen, dann in 4 Scheiben schneiden und diese wiederum halbieren. Das Olivenöl erhitzen und das Fleisch von jeder Seite 3 Minuten darin anbraten. anschließend salzen und pfeffern, dann warmstellen.
Die Weintrauben halbieren, die Pfirsiche entkernen und in Spalten schneiden. Die Pfanne wieder erhitzen, den Wein angießen und den Bratensatz lösen. Den Senf und die Pfirsichmarmelade einrühren und bei starker Hitze einreduzieren bis die Konsistenz einer Sauce erreicht ist. Mit Salzkartoffeln und Salat servieren.

Emusteaks im Lauchmantel

» *Leek Wrapped Emu Steaks*

Zutaten für 4 Personen

4	*Emusteaks (ca. 200 g)*
75 g	*Champignons, frisch*
1 kleine	*Zwiebel*
35 g	*Speck, gewürfelt*
1 TL	*Tomatenmark*
½ Bund	*Petersilie*
	Butter, gesalzen
1	*Eigelb*
	Salz
	Pfeffer
1-2 Stangen	*Lauch*
50 ml	*Weißwein*

Zubereitung:

Die Steaks waschen und trockentupfen, dann mit einem scharfen Messer von einer der Schmalseiten wie eine Tasche aufschneiden. Von innen und außen mit Salz und Pfeffer einreiben und beiseite legen.
Die Champignons und die Zwiebeln putzen, fein hacken und in der Butter andünsten bis die Zwiebeln glasig werden. Nun den Speck, das Tomatenmark und ein wenig gehackte Petersilie hinzugeben und bei hoher Temperatur kochen lassen, bis die Flüssigkeit verdampft ist. Vom Herd nehmen und nach dem Abkühlen die restliche gehackte Petersilie einrühren und mit Salz und Pfeffer würzen. Ein Eigelb unter die erkaltete Masse ziehen.
Die Fleischtaschen mit der Masse füllen und die Öffnungen sorgfältig mit Lauchstreifen verschließen und alles mit Küchengarn fest umwickeln.
Etwas Butter mit Öl erhitzen, das Fleisch scharf anbraten und im auf 175°C vorgeheizten Backofen etwa 15 Minuten garen.
Den Bratensaft mit dem Weißwein ablöschen, einreduzieren lassen und abschmecken. Dazu Gemüse und Kartoffelgratin reichen.

Emumedaillons mit Apfel-Quandong-Sauce

» *Emumedaillons with Apple Quandong Sauce*

Zubereitung:

Zutaten für 4 Personen

350 g	*Emufilet*
150 ml	*Apfelsaft*
½ Zweig	*Pfefferminze,*
2 Zweige	*Koriander frisch*
75 g	*Quandongs, getrocknet*
5 TL	*Brombeerpüree*
1 TL	*Pfefferkörner, schwarz*
125 ml	*Crème Fraîche*

Das Filet:

Das Emufilet zunächst waschen, trockentupfen und in Medaillons schneiden. Die Quandongs zusammen mit der gezupften und feingehackten Minze etwa 20 Minuten im Apfelsaft einweichen.

Die Butter in einer Pfanne schmelzen und die Medaillons darin von beiden Seiten scharf anbraten, aus der Pfanne nehmen und mit einem halben Korianderzweig umwickeln, dann in Aluminiumfolie einwickeln. 15 Minuten an einem warmen Ort ruhen lassen.

Vor dem Servieren die Korianderzweige entfernen.

Die Sauce:

Die Quandongs zusammen mit dem Apfelsaft, dem Brombeerpüree, dem gemahlenen Pfefferkörner und der Crème Fraîche in die Pfanne geben und ein wenig einreduzieren, mit Salz abschmecken. Dazu Reis servieren.

Emuragout

» *Emu Ragout*

Zutaten für 4 Personen

800 g	*Emufilet*
60 g	*Champignons*
500 ml	*Sahne*
3 EL	*Senf*
400 ml	*Geflügelbrühe*
1 Prise	*Muskat*
1 TL	*Koriandersamen*
	Olivenöl
	Salz
	Pfeffer

Zubereitung:

Zunächst die Pilze putzen und vierteln dann das Emufilet in etwa 2 cm große Würfel schneiden. Dann das Olivenöl in einer großen Pfanne erhitzen und das Fleisch zusammen mit den Pilzen anbraten, bis das Fleisch von allen Seiten bräunt. Mit der Geflügelbrühe ablöschen, dann die Sahne hinzugießen und aufkochen lassen. Den Senf, die im Mörser zerriebenen Koriandersamen, Muskat, Salz und Pfeffer einrühren und abschmecken. Alles 10 - 12 Minuten auf kleiner Flamme köcheln lassen. Mit grünen Bandnudeln servieren

Emusteaks mit Austernpilzen

» *Emu Steaks with Oyster Mushrooms*

Zubereitung:

Zutaten für 4 Personen

750 g	*Emusteaks*
350 g	*Austernpilze*
300 g	*Schalotten*
2 EL	*Erdnussöl*
2 EL	*Butter*
750 ml	*Merlot*
40 g	*Currypulver, rot*
125 g	*Crème Fraîche*

Das Filet:
Die Steaks waschen, trockentupfen, mit etwas Erdnussöl bestreichen und mit Salz und Pfeffer würzen.
In einer großen Pfanne einige Tropfen Erdnussöl erhitzen und die Steaks hinzugeben, sehr scharf von beiden Seiten je 1 Minute anbraten, dann gleich herausnehmen und warmhalten.

Das Pilzgemüse:
Die Austernpilze und die Schalotten putzen und in dünne Streifen schneiden. In einer großen Pfanne mit etwas Butter die Pilze und die Schalotten anschwitzen, dann den Merlot angießen, das Currypulver einrühren und etwas Salz und Pfeffer hinzugeben. Alles solange unter gelegentlichem Rühren dünsten, bis die Flüssigkeit fast vollständig verkocht ist. Erst dann die Crème Fraîche einrühren und nochmals abschmecken.

Abschließend das Fleisch auf das Gemüse geben und die Pfanne mit dem Deckel verschließen. Nochmals 3 - 5 Minute erhitzen, dann auf vorgewärmten Tellern anrichten. Dazu Reis servieren.

AUSTRALIA

Känguru

„Gut, er war nicht der erste Mensch, der den Kontinent betrat, bei weitem nicht, doch wenn man nach so langer Seereise endlich wieder festen Boden unter den Füßen hatte, war das schon etwas Besonderes.
Vor wenigen Minuten erst hatte das Schiff nach monatelanger Reise am Pier festgemacht und noch immer schwankte er ein wenig, ganz so, als wollte er die immergleichen Bewegungen der Wellen ausgleichen.
Der Pier lag ein wenig abseits des Zentrums und schon nach ein paar Hütten schien das wilde Land zu beginnen, das nicht zivilisiert werden wollte.
Ihm war, als würden aus dem nahen Busch Augen auf ihn gerichtet sein und er war sich nicht sicher, ob da etwas in den Zweigen saß oder ob der Wind nur in den Blättern spielte. Doch dann brach ein Ast und jenes seltsame Tier, das schon Captain Cook in Erstaunen versetzte sprang aus dem Unterholz hervor. Mit gewaltigen Sprüngen setzte es zu einer großen Schleife an und verschwand wieder im Dickicht der alles verschlingenden Eukalyptusbäume.
Er dachte wieder an Cook: 'arre ngarai!' – Schau ein Känguru!“

Kängurufilet in Walnuss-Senfsauce

» *Kangaroo Filet in Walnut Mustard Sauce*

Zutaten für 4 Personen

500 g	*Kängurufilet*
3 EL	*Olivenöl*
3 EL	*Walnussöl*
125 ml	*Creme fraîche*
	Milch
30 g	*Walnüsse*
1 TL	*Senfkörner, ganz*
3 EL	*Frühlings-zwiebeln*
2 EL	*milder Senf*
	Salz
	Pfeffer

Zubereitung:

Die Sauce:
Die Frühlingszwiebeln putzen, kleinschneiden und in etwas Öl anschwitzen, dann den Senf hinzufügen und gut durchrühren. Die geschälten Walnüsse mit heißem Wasser übergießen und vorsichtig die dünnen Häutchen abbürsten, vierteln. Anschließend Creme Fraîche, die Senfkörner und soviel Milch zugeben, dass die Masse nicht zu sehr eindickt. Dann kurz aufwallen lassen und mit Salz abschmecken.

Das Fleisch:
Das Walnussöl in einer Pfanne erhitzen und die Filets von beiden Seiten kurz anbraten, einige Minuten warm stellen und anschließend aufschneiden. Die heiße Sauce darüber geben und Servieren. Dazu Kartoffelgratin und Zucchini reichen.

Kängurufilet mit Rote Beete

» *Kangaroo Filet with Beetroots*

Zubereitung:

Zutaten für 4 Personen

1 kg	*Rote-Beete*
125 ml	*Buttermilch*
2 TL	*frische Minze*
800g	*Kartoffeln*
25 g	*Parmesan*
160 ml	*Sahne*
80 g	*Saure Sahne*
1	*Knoblauchzehe*
4 (750g)	*Kängurufilets*
2 TL	*Pfefferkörner*
60 g	*scharfer Senf*

Das Gemüse:

Die gewaschene Rote Beete in Aluminiumfolie einwickeln und bei 175°C etwa 60 Minuten im Ofen backen, dann herausnehmen, auswickeln und in der Küchenmaschine pürieren, bis keine Struktur mehr erkennbar ist. Die auf Zimmertemperatur erwärmte Buttermilch mit der gehackten Minze vermischen, zur Rote Beete-Masse geben und alles gut verrühren. Abdecken und warm stellen.

Die Beilagen:

Die Kartoffeln schälen und in dünne Scheiben schneiden, dann gleichmäßig in vier gut gefetteten Backformen verteilen (je etwa 200 - 250 ml). Die Kartoffelscheiben darin arrangieren und dazwischen immer wieder Parmesan streuen. Nun die Sahne, die saure Sahne, den sehr fein gehackten Knoblauch gut vermischen und auf den Formen verteilen. Im 175°C heißen Backofen etwa 30 bis 40 Minuten backen.

Das Fleisch:

Die Filets dünn mit dem Senf bestreichen und die Pfefferkörner darüberstreuen. Auf einen Rost legen und im obersten Einschub des Backofens bei Oberhitze grillen, zwischendurch wenden und vor dem Servieren einige Minuten ruhen lassen.

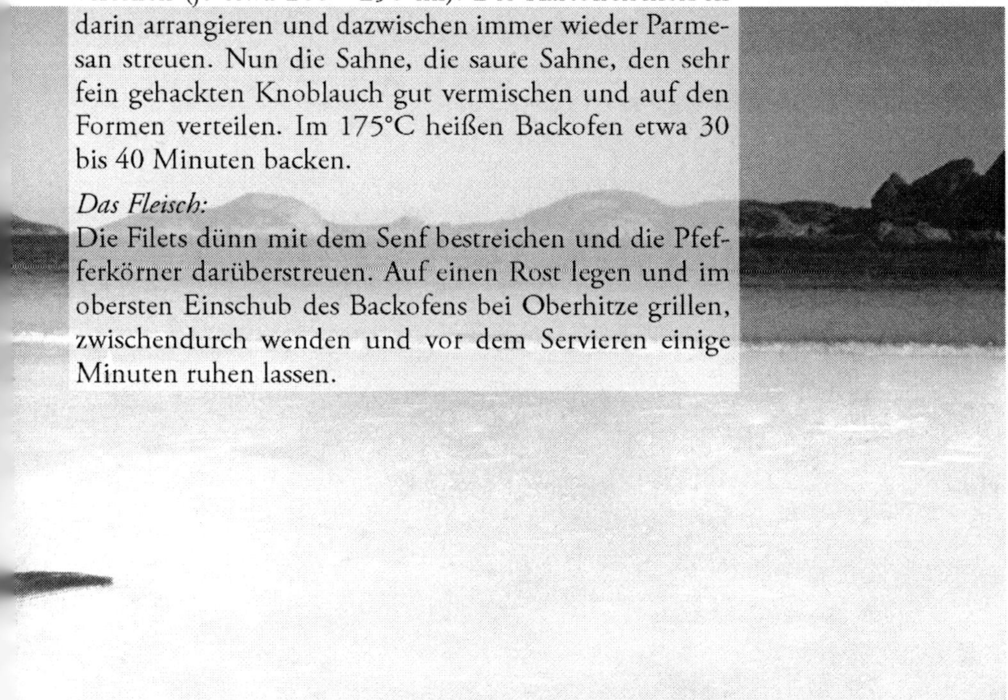

Känguruhüfte mit Tomatensauce

» *Kängoroohip with Tomato Sauce*

Zutaten für 6 Personen

ca. 600 g	*Känguruhüfte*
3 EL	*Macadamianussöl*
2 kleine	*Zwiebeln*
2	*Knoblauchzehen*
450 g	*Dosentomaten*
4	*Tomaten*
2 EL	*frischer Oregano*
2 EL	*frischer Basilikum*
1 TL	*brauner Zucker*
12	*schwarze Oliven in Scheiben*
	Salz
	Pfeffer

Zubereitung:

In einer Pfanne zunächst das Macadamianussöl erhitzen und darin die in dünne Streifen geschnittenen Zwiebeln zusammen mit dem zerdrückten Knoblauch andünsten, bis die Zwiebeln glasig werden.
Inzwischen die Tomaten enthäuten und in kleine Stücke schneiden. Dann die Zwiebeln mit den Tomaten aus der Dose, samt deren Saft in die Pfanne geben und den fein gehackten Oregano mit den gezupften Basilikumblättern, dem Zucker, dem Salz und dem Pfeffer hinzu zugeben. Gut durchrühren und 12 Minuten auf kleiner Flamme kochen. Währenddessen den Ofen auf 200°C vorheizen und die Känguruhüfte mit Macadamianussöl bestreichen. In einer Auflaufform in den Ofen schieben und etwa 30 Minuten braten. Das Fleisch aus der Form nehmen und einen Moment ruhen lassen, dann aufschneiden. Innen sollte es noch leicht rosa sein, einem Roastbeef nicht unähnlich. Der Bratensaft ist nahezu fettfrei und kann mit etwas Rot-oder Portwein zu einer aromatischen Sauce gebunden werden. Dazu Kartoffel und ein leichtes Gemüse servieren.

Kängurufilet in Sardellenmarinade

» *Kangaroo Fillet with Anchovy Marinade*

Zutaten für 6 Personen

800 g	*Kängurufilet*
4	*Sardellenfilets*
180 ml	*Olivenöl*
1	*Knoblauchzehe*
1	*Zitrone*
1 EL	*Kapern*
8 Zweige	*Minze*
	Salz, Pfeffer

Zubereitung:

Die Marinade:
Den Knoblauch hacken und mit der abgeriebenen Schale der Zitrone, den halbierten Kapern, dem Öl und den gehackten Sardellenfilets verrühren. Die Blätter von den Minzzweigen zupfen, beiseite legen und die feingehackten Stängel zur Marinade geben. Das Filet hineinlegen und 1 Stunde marinieren, nach 30 Minuten wenden.

Das Filet:
Das Filet aus der Marinade nehmen, auf einen Rost legen und von beiden Seiten grillen bis es gut gebräunt ist. In eine Aluminiumfolie geben, mit Pfeffer und Salz bestreuen, verschließen und dann etwa 10 Minuten ruhen lassen. Inzwischen die Minzblätter fein wiegen und zusammen mit dem Saft der Zitrone in die Marinade rühren. Diese in einen Topf geben und stark erhitzen, jedoch nicht aufkochen lassen. Das Fleisch aufschneiden und auf den Tellern anrichten, dabei mit der Marinade überziehen. Dazu Reis reichen.

Kängurufilet mit Äpfeln

» *Kangaroo Fillet with Apples*

Zubereitung:

Den Bratenfond in einen Topf geben und bei mittlerer Temperatur einreduzieren lassen bis dieser zu gelieren beginnt, dann mit etwas Rotwein, Pfeffer und ein wenig Currypulver abschmecken.
Die Filets waschen und trocken tupfen, dann mit Salz und Pfeffer einreiben. Nun in einem flachen, breiten Topf das Erdnussöl erhitzen und die Filetstreifen darin von beiden Seiten gleichmäßig bräunen. Wenn das Erdnussöl zu rauchen beginnt mit ein wenig Shiraz die Temperatur schnell herabsetzen, aber nicht ablöschen. Den Backofen auf 230°C vorheizen und den Topf mit den Filets weitere 5 Minuten darin garen lassen. Anschließend die Filet herausnehmen und 20 Minuten im einreduzierten Fond ziehen lassen. Inzwischen die Macadamianüsse auf ein Backblech geben und etwa 8 Minuten im Backofen bei 200°C rösten. Die Äpfel (Granny-Smith) schälen und achteln. Die Butter in einer Pfanne schmelzen und bei mittlerer Temperatur die Äpfel anglasieren, dann etwas braunen Zucker und ein wenig Wasser hinzufügen und köcheln lassen bis alles etwas karamellisiert. Vor dem servieren die Filets in Scheiben schneiden, mit den Äpfeln und den Nüssen arrangieren und mit der Sauce übergießen. Dazu Bandnudeln reichen.

Zutaten für 4 Personen

500 g	*Kängurufilet*
3 EL	*Erdnussöl*
500 ml	*Bratenfond*
	Currypulver
100 ml	*Shiraz*
100 g	*Macadamianüsse*
2	*säuerliche Äpfel*
3 EL	*Butter*
	Wasser
	Zucker
	Salz
	Pfeffer

Känguru mit Chili-Dattel-Sauce

» *Kangaroo Arabesque*

Zutaten für 4 Personen

2 cm	*Ingwerwurzel*
1	*Knoblauchzehe gehackt*
3 EL	*Butter*
1 TL	*Chilipulver*
1 Prise	*Muskat*
1 Prise	*weißer Zucker*
4	*Fenchelsamen*
2 EL	*Weißweinessig*
200 g	*Datteln, getrocknet*
250 ml	*Kalbsfond*
750 g	*Kängurufilet*
	Erdnussöl
	Meersalz
	Pfeffer

Zubereitung:

Die Sauce:
Den Ingwer schälen und fein hacken, dann zusammen mit dem zerdrückten Knoblauch in der Butter andünsten und mit dem Chilipulver, den im Mörser zerriebenen Fenchelsamen und dem Muskat würzen. Nun den Zucker darüber verteilen, rühren und alles ganz leicht karamellisieren lassen.
Den Weinessig angießen, aufwallen lassen und etwas einreduzieren. Dann die getrockneten Datteln halbieren und zusammen mit dem Kalbsfond hinzugeben, gründlich verrühren und auf mittlerer Flamme etwa 10 Minuten kochen lassen. Anschließend mit dem Pürierstab zu einer glatten Masse verarbeiten und durch ein Sieb streichen.

Das Fleisch:
Nun das Erdnussöl in einer Pfanne kräftig erhitzen und das Fleisch scharf anbraten bis es von allen Seiten bräunt. Dann salzen und pfeffern und abgedeckt etwa 3 - 4 Minuten beiseite stellen. Das Fleisch sollte innen noch rosa sein, sonst wird es schnell zäh.

Inzwischen die Sauce nochmals erhitzen und mit dem aufgeschnittenen Filet servieren. Dazu Bandnudeln und grüne Bohnen reichen.

Kängurufilets mit Süßkartoffel-Kürbispüree

» *Kangaroo Filets with puree*

Zubereitung:

Etwa 4 Stunden vor dem Zubereiten die Kängurufilets zum Marinieren mit dem Macadamianussöl bestreichen und in einer flachen Form einlegen.
Für das Püree die Zwiebeln schälen und hacken, dann kurz bei mittlerer Temperatur im Erdnussöl andünsten, die in kleine Würfel geschnittene Süßkartoffel dazu geben. Nachdem alles gut durcherhitzt ist, die Kürbiswürfel hinzugeben. Achtung, das Ernussöl bedarf weniger Hitze als normales Speiseöl und kann schnell dunkel werden.
Nach 5 - 7 Minuten soviel Wasser angießen, dass die Masse bedeckt ist. Nun langsam erhitzen und etwa 30 Minuten auf kleiner Flamme köcheln lassen. Bei Bedarf Flüssigkeit nachfüllen, wobei das Wasser auch durch einen milden Weißwein ersetzt werden kann, doch sollte die Masse keinen flüssigen Charakter erhalten.
Nun Salz, Kurkuma und Piment untermischen, die Sahne unterrühren, mit Pfeffer und Salz abschmecken und mit einem kleinen Schuss Sherry abrunden.
Vor dem Servieren das Fleisch aus der Marinade nehmen und beidseitig anbraten, doch sollte es innen noch rosa bleiben.

Zutaten für 6 Personen

6	*Kängurufilets*
3 EL	*Macadamianussöl*
etwas	*Erdnussöl*
800 g	*Süßkartoffeln*
800 g	*Kürbis*
	Wasser
3 mittlere	*Zwiebeln*
2 TL	*Piment*
2 TL	*grobes Salz*
2 TL	*Kurkuma*
7 EL	*Creme Fraîche*
	Sherry
	Salz
	Pfeffer

Australier sind meist nicht erfreut bei dem Gedanken die Kängurus zu verspeisen, denn für die meisten ist dieses nur als Hundefutter verwertbar. Auch beim Reisen durch das Land muss man feststellen, dass das Fleisch der Roos meist nur in Lokalen angeboten wird, in denen Touristen verkehren.
New South Wales, der bevölkerungsreichste Bundestaat des Kontinents erlaubte übrigends erst 1994 den Verkauf von Kängurufleisch.

Känguru-Ragout

» *Kangaroo Ragout*

Zutaten für 4 Personen

500 g	*Känguru-Fleisch, würfeln*
450 ml	*Kalbsfond*
225 g	*Zwiebel,*
100 g	*Gurken, sauer, eingelegt*
8	*Toastscheiben*
120 g	*Speck, in dünnen Scheiben*
380 ml	*Merlot*
125 g	*Butter*
½ Bund	*Petersilie*
4	*Wacholderbeeren, groß*
1 TL	*Salz*
	Pfeffer
1 - 2 EL	*Mehl*

Zubereitung:

Die Marinade:

Das Kängurufleisch waschen, trockentupfen und in Würfel schneiden. In eine Schale geben und etwa die Hälfte des Merlots zugießen, bis alles bedeckt ist. Im Kühlschrank über Nacht marinieren.

Das Ragout:

Das Fleisch aus der Marinade in ein Sieb heben und abtropfen lassen. In einer Pfanne die Butter schmelzen und das Fleisch portionsweise gut anbraten bis es bräunt.
Dann die gehackten Zwiebelstücke hinzugeben und rühren bis sie glasig werden. Das Mehl darüber sieben und den Kalbfond sowie den restlichen Wein angießen. Alles gut verrühren und einige Wacholderbeeren hinzugeben.
Auf kleiner Flamme alles halb zugedeckt etwa 90 Minuten kochen.

Servieren:

Von den Toastbrotscheiben die Krusten entfernen, diese in je zwei Dreiecke schneiden und kurz vor dem Ende der Garzeit in einer Pfanne ohne Fett anrösten. Die Brote herausnehmen, die fein geschnittenen Speckscheiben in die Pfanne geben und etwas ausbraten. Die Gurken sehr fein schneiden und hinzugeben, kräftig aufwallen lassen und zum Ragout hinzugeben. Gut verrühren und aufkochen lassen.
Mit der feingewiegten Petersilie bestreuen. Dazu Reis servieren.

Kängurumedaillons unter der Nusskruste

» *Kangaroo Wrapped in a Crust of Macadamia Nuts*

Zubereitung:

Das Filetfleisch in etwa 3 cm dicke Medaillons schneiden, salzen und pfeffern, dann in der Pfanne im Gemisch aus Erdnussöl und der geschmolzenen Butter scharf anbraten. Die Macadamianüsse zusammen mit 2 Scheiben Toastbrot sehr fein hacken und zusammen mit etwas zerlassener Butter im Mörser zu einer Masse verarbeiten, die aber nicht zu fein werden sollte. Nun die Masse auf die Medaillons streichen und im Backofen gratinieren. In einer Pfanne das Olivenöl erhitzen und den in feine Scheiben geschnittenen Knoblauch vorsichtig darin anbraten, aber nicht frittieren, dann mit dem Wein ablöschen. Die Rosmarinnadeln sehr fein hacken, dann nochmals im Mörser stoßen und in den Topf geben. Die Gemüsebrühe angießen und alles bis auf die Hälfte der Flüssigkeit reduzieren lassen. Mit Salz, Pfeffer und Zitronensaft abschmecken. Die Kängurumedaillons auf den Tellern anrichten, die Sauce darüber geben und mit den Rosmarinzweigen garnieren.

Zutaten für 4 Personen

350 g	*Kängurufilet*
200 g	*Macadamianüsse*
5 EL	*Erdnussöl*
4 EL	*Butter*
4 EL	*Olivenöl*
4 Scheiben	*Toastbrot*
200 ml	*Shiraz*
1 TL	*Rosmarinnadeln*
300 ml	*Gemüsebrühe*
	Salz
	Pfeffer
	Zitronensaft
2	*Rosmarinzweige*

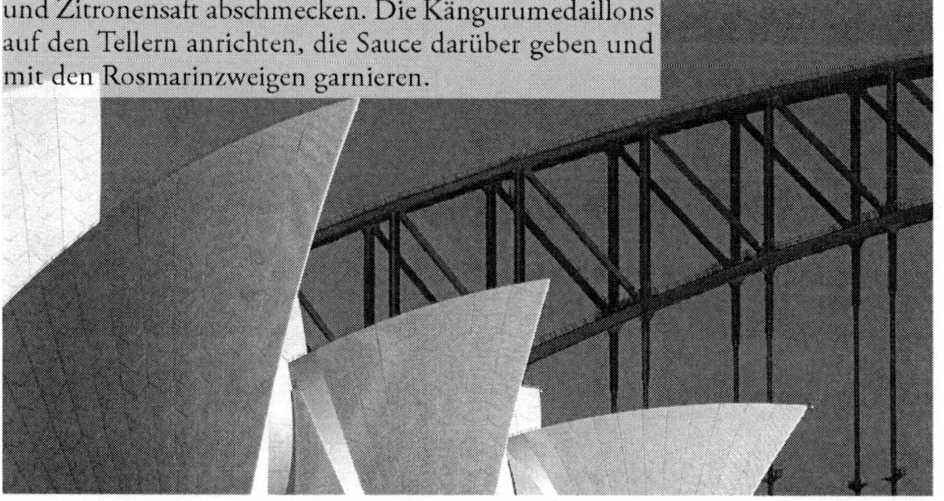

Murray Red Känguru mit Kürbisrisotto

» *Murray Red Kangaroo with Pumpkin Risotto*

Zutaten für 4 Personen

1 kg	*Kängurufilet*
300 g	*Kürbis*
1 Cup	*Langkornreis*
2 EL	*Kirschtomaten-Chutney*
	Salz
	Pfeffer
250 g	*Zwiebel, rot*
100 g	*Butter*
2	*Knoblauchzehen*
300 ml	*Gemüsebrühe*

Zubereitung:

Den Kürbis schälen, würfeln und dann auf einem Backblech bei 200°C im vorgeheizten Backofen weich garen. Dann zu einem glatten Püree verarbeiten. Die Zwiebel und die Knoblauchzehen kleinschneiden und in Butter andünsten.

Nun das Kürbispüree, die Gemüsebrühe und den Reis unterrühren und zum Kochen bringen. Bei mittlerer Hitze köcheln lassen, bis die Flüssigkeit aufgesogen ist, dann vom Herd nehmen.

Das Kängurufilet mit der Hälfte einer Knoblauchzehe einreiben und in einer Pfanne mit Butter kräftig anbraten. Mit Salz und Pfeffer würzen und auf einem Rost in den auf 220°C vorgeheizten Backofen geben, dann 5 Minuten garen.

Anschließend aus dem Ofen nehmen und zugedeckt 5 Minuten ruhen lassen. In Scheiben schneiden und mit dem Chutney auf Tellern anrichten. Dazu Ofenkartoffeln reichen.

Känguru Curry

» *Kangaroo Curry*

Zubereitung:

Zuvor:
In einer Schüssel das Tamarindenmark mit heißem Wasser übergießen und etwa 40 Minuten ziehen lassen. Anschließend die Mischung durch ein feines Sieb geben, ausdrücken aber nicht vollkommen durchpassieren.
Den Kürbis schälen, vom faserigen Inneren befreien und in 2 - 3 cm große Würfel schneiden.

Die Currypaste:
Den Knoblauch, den Ingwer und die Zwiebel schälen, grob hacken, den Ingwer etwas feiner. Die Chilischoten putzen, fein würfeln und dann alles in einen Mörser geben und Kurkumapulver, Paprikapulver und die Fenchelsamen hinzugeben. Alles zu einer gleichmäßigen, glatten Paste verarbeiten.

Das Curry:
2 EL Olivenöl in einer großen Pfanne erhitzen und das Fleisch in mehreren Portinonen leicht bräunen, dann beiseite stellen.
Dann das übrige Öl in die heiße Pfanne geben und die Currypaste einrühren. Einen Moment sieden lassen, dann die Zimtstange, das Kardamompulver und das Fleisch in die Pfanne geben und etwa 8 Minuten weiter braten lassen.
Die Gemüsebrühe und das Tamarindenwasser hinzugießen, gründlich durchrühren und etwa 60 Minuten auf mittlerer Hitze zugedeckt schmoren lassen. Nach 50 Minuten Gesamtbratzeit die Kürbisstücke unterrühren.

Die Mandeln kurz anrösten und zusammen mit dem gezupften und grob gehackten Korianderblättern über das angerichtete Curry streuen. Basmati oder Langkornreis dazu reichen.

Zutaten für 4 Personen

Currypaste	
1 mittlere	*Zwiebel*
1 EL	*Kurkumapulver*
2 cm	*Ingwerwurzel*
2	*Chilischoten, scharf*
2 TL	*Paprikapulver*
0,5 TL	*Fenchelsamen zerstoßen*
Curry	
600 g	*Känguruhüfte in 3 cm Würfel*
25 g	*Tamarindenmark*
125 ml	*Wasser*
400 g	*Kürbis*
4 EL	*Olivenöl*
5 cm	*Zimtstange*
½ TL	*Kardamompulver*
	Salz
300 ml	*Gemüsebrühe*
Außerdem	
30 g	*Mandeln, gehobelt ungeschält*
	Korianderblätter

Känguruhüfte auf grünem Macadamia - Nudelnest

» Kangaroohip on a green Noodlesnest

Zutaten für 4 Personen

Nudeln:

500 g	*Bandnudeln grün*
1 EL	*Butter*
	Pfeffer, schwarz
1 Prise	*Muskat*
30 g	*Macadamianüsse*

Sauce:

1	*Knoblauchzehe*
1 mittlere	*Zwiebel*
2 EL	*Macadamianussöl*
1 TL	*Oregano,, getr.*
425 g	*Dosentomaten*
1 TL	*Zucker, braun*
	Salz
	Pfeffer, schwarz

Fleisch:

500 g	*Känguruhüfte*
2 EL	*Macadamianussöl*
	Pfeffer

Salz

Zubereitung:

Die Nudeln:

In einem großen Topf Salzwasser zum Kochen bringen und darin die Nudeln bissfest kochen, dann abschrecken und nach einem kleinen Moment zurück in den Topf geben. Die Butter, Muskat und etwas Pfeffer hinzugeben, mit dem Deckel verschließen und nach einigen Minuten nochmals gründlich durchrühren.

Die Sauce:

In einer Pfanne das Macadamianussöl erhitzen und die feingehackten Zwiebeln, sowie den in dünne Scheiben gehobelten Knoblauch darin glasig braten. Die Dosentomaten mit ihrem Saft, dem Oregano und den Zucker hinzufügen, gut durchrühren und mit Salz und Pfeffer abschmecken. Auf kleiner Flamme etwa 15 Minuten köcheln lassen.

Das Fleisch:

Die Känguruhüfte waschen, trockentupfen und mit dem Öl einstreichen. Dann Pfeffer darüber geben und in einer ebenfalls mit Öl ausgestrichenen Backform im auf 200°C vorgeheizten Backofen etwa 15 - 20 Minuten braten lassen. Die Macadamianüsse grob hacken. Auf den warmen Tellern aus den Nudeln runde Nester drehen und diese mit den Macadamianusssplittern bestreuen. Das aufgeschnittene Fleisch und die Sauce daneben anrichten.

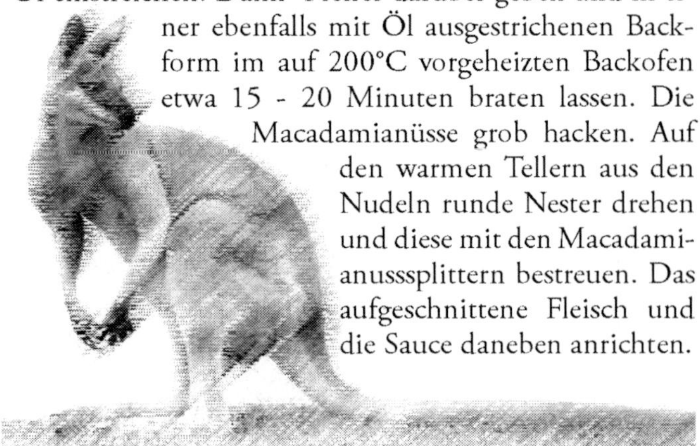

Big Red Kangaroo

Kängurufilet mit Pflaumen Chutney

» *Kangaroo Fillet with Plum Chutney*

Zubereitung:

Das Chutney:

Die Pflaumen entsteinen und beiseite stellen. Dann die Zwiebel kleinschneiden und im Olivenöl glasig braten, bis die Flüssigkeit verschwindet und dann mit dem Rotwein ablöschen. Den Essig und die Gewürze hinzufügen und nochmals kräftig aufkochen lassen. Die Pflaumen und den Gelierzucker hineingeben und auf kleiner Flamme weiter köcheln lassen, bis die Pflaumen weich sind. Das Pflaumenchutneys einen Tag im Kühlschrank aufbewahren.

Das Fleisch:

Das Kängurufilet waschen und trockentupfen, dann mit dem Erdnussöl einstreichen und gut mit Pfeffer bestreuen. Kängurufleisch sollte nicht gesalzen werden, da es schnell trocken werden kann. In einem Bräter das restliche Erdnussöl erhitzen und das Filet darin von allen Seiten scharf anbraten.

Im auf 180°C vorgeheizten Backofen etwa 15 Minuten backen, bis es innen rosa wird. Achtung: Zu lang gegartes Känguru wird zäh.

Das Filet in Scheiben schneiden und mit dem Chutney servieren. Nudeln und Erbsenschoten dazu reichen.

Zutaten für 4 Personen

Chutney	
250 g	*Pflaumen*
125 g	*Gelierzucker*
1 mittlere	*Zwiebel*
1 EL	*Olivenöl*
175 ml	*Cabernet-Sauvignon*
1 TL	*Rotweinessig*
1 Zweig	*Rosmarin*
1 Zweig	*Thymian*
	Salz
	Pfeffer
Fleisch	
1 kg	*Kängurufilet*
3 EL	*Erdnussöl*
	Pfeffer

Krokodil Farm bei Cairns

Krokodil & Alligator

„Er lag schon die ganze Nacht im Sumpf und inzwischen war seine Kleidung schon klamm und feucht geworden, obwohl ihn eine dicht gewobene Bastmatte und eine Decke gegen die Feuchte von unten schützte. Seine Finger waren inzwischen kalt und steif und er war sich nicht ganz sicher, ob er den Zug der Büchse noch im rechten Augenblick auslösen konnte.

Er war kein passionierter Jäger, nein, er vermied es sogar eigenhändig an die Hühner zu gehen, doch an diesem Tag war es einfach zuviel, das fünfte Schaf hatte sich die Bestie in diesem Frühling bereits gerissen. Wutentbrannt hatte er sich noch in der Dämmerung des vergangenen Abends die Büchse genommen und sich in den nahen Sumpf aufgemacht. Dieses Mal wollte er die Bestie erlegen. Er wusste, dass die Tiere im Morgengrauen ihre Schlafplätze verließen und sich auf die Lauer legten und da er ausgekundschaftet hatte wo diese Plätze waren, hatte er sich am gegenüberliegenden Ufer des Flusses, etwas erhöht auf einer Schlammverwerfung des vergangenen Winters, einen Platz im Mangrovendickicht gesucht. Dieser bot ihm eine gute Aussicht auf jene Stelle, an der die riesigen Tiere sich in das Wasser gleiten ließen. Langsam graute der Morgen und er wagte es nicht mehr sich zu bewegen. Trotz der langen Nacht war er hell wach und seine Augen sahen jede kleine Bewegung um ihn herum. Nur manche Geräusche konnte er nicht orten und genau diese waren es immer, die ihn nervös machten. Da war es wieder, dieses Knacken im Unterholz von dem er nicht wusste, woher es kam. Er blickte sich vorsichtig um, konnte jedoch nichts erkennen. Dann sah er eine Welle, die den großen, ruhig daliegenden Fluss entlang rollte und er wusste, dass Bewegung in den Morgen gekommen war.

Dann, endlich, bemerkte er am gegenüberliegenden Ufer das riesige Tier, das sich schwerfällig dem Fluss näherte. Es mochte gewiss 9 Meter messen und so unbeweglich es jetzt erschien, desto schneller und tödlicher würde es sein, wenn es den Fluss erreichte. Er zielte über Kimme und Korn und krümmte langsam seinen eisigen Zeigefinger."

Krokodil mit Mangosauce

» Crokodile Mango

Zutaten für 4 Personen

300 g	*Krokodilfilet*
30 ml	*Macadamianussöl*
35 g	*Basilikum, frisch*
20 g	*Petersilie, großblättrig*
2	*Knoblauchzehen*
15 ml	*Weißweinessig*
15 ml	*Wermut*
20 ml	*Olivenöl*
1	*Mango*
	Salz
	Pfeffer

Zubereitung:

Zunächst das Krokodilfleisch in dünne Scheiben schneiden. Das Macadamianussöl in einer großen Pfanne erhitzen und die Fleischscheiben etwa 3 Minuten anbraten, heraus nehmen und das Fleisch warm halten. Das Basilikum, den Knoblauch, die Petersilie, die Korianderblätter, den Essig und den Wermut mit einem Pürierstab oder einer Küchenmaschine zu einer zu einer glatten Sauce verarbeiten und kühl stellen. Die Mango entkernen und in sehr dünne Scheiben schneiden. Alles auf den Tellern anrichten und mit frischen Korianderblättern bestreuen. Dazu Salat reichen.

Krokodilspieße mit Limetten-Ingwersauce

» *Crokodile with Lime and Ginger Sauce*

Zubereitung:

Das Krokodilfleisch waschen, trockentupfen und in etwa 2 cm dicke Würfel schneiden. Die Würfel auf feuchte Holzspieße stecken und auf einer Platte mit dem Salz, dem Pfeffer und dem Zitronengraspulver von allen Seiten würzen. Den Limettensaft hinzugeben und eine Stunde im Kühlschrank aufbewahren. Die Spieße herausnehmen, abtropfen lassen und in eine Pfanne mit erhitztem Olivenöl geben. Etwa 5 Minuten unter wenden anbraten, dann in der Pfanne belassen und zugedeckt beiseite stellen.

In einem kleinen Topf den restlichen Limettensaft der Marinade, den braunen Zucker, den Honig, das Ingwerpulver und die Hühnerbrühe zum Kochen bringen, etwas Mehl zum Eindicken einstäuben und etwa 3 Minuten auf kleiner Flamme köcheln lassen.

Die Spieße auf den Tellern anrichten und mit einem Löffel die Sauce verteilen. Mit frischen Kräutern bestreuen.

Zutaten für 4 Personen

400 g	*Krokodilfleisch*
	Salz
	Pfeffer
½ TL	*Zitronengraspulver*
4	*Limetten*
200 ml	*Hühnerbrühe*
6 EL	*Honig*
40 g	*Zucker, braun*
1½ TL	*Ingwerpulver*
40 ml	*Olivenöl*
	Mehl
	Salz
	Pfeffer

Krokodilsteak

» *Crokodile Steak*

Zutaten für 4 Personen

4	*Krokodilsteaks*
2 kleine	*Auberginen*
4 kleine	*Zucchini*
20	*Walnüsse*
200 ml	*Sahne*
2 EL	*Akazienhonig*
125 g	*Butter*
2 kleine	*Zwiebeln*
1	*Schalotte*
2	*Limetten*
50 ml	*Chardonay*
2 EL	*Angostura*
	Kreuzkümmel
	Safran
	Pfeffer
	Salz

Zubereitung:

Das Gemüse:
Die Aubergine waschen und in dünne Scheiben schneiden. Die Auberginenscheiben von beiden Seiten mit reichlich Salz bestreuen und auf ein in einem Topf liegendes Gitter legen. Etwa 20 Minuten „weinen" lassen, d. h. das Salz entzieht der Aubergine die Flüssigkeit und die Bitterstoffe. Inzwischen die Zwiebeln, die Schalotte und die Zucchinis waschen und in dünne Scheiben schneiden.
Die Hälfte der Butter in eine große Pfanne geben, schmelzen lassen und das Gemüse bei mittlerer Temperatur garen. Dann den Chardonay angießen und den Honig unterrühren. Zugedeckt etwa 15 Minuten köcheln lassen, dann die Sahne unterziehen.

Das Fleisch:
In einer Pfanne den Rest der Butter schmelzen und das Fleisch hineingeben, annähernd fertig braten, dann mit dem Saft einer der Limetten ablöschen und nochmals wenden. Den Pfeffer, den Kreuzkümmel und den Safran hinzugeben, durchrühren und nochmals wenden. Kurz vor dem Servieren salzen und auf den Tellern verteilen. Die Gemüsesauce hinzugeben und sehr grob gehackte Walnussstücke darüberstreuen. Mit Limettenscheiben garnieren.
Dazu Reis servieren.

Warnhinweis bei Darwin

Krokodil Spieße

» *Crokodile Spits*

Zubereitung:

Zutaten für 4 Personen

Die Spieße:

Das Krokodilfleisch in kleine Würfel schneiden und quer zur Faser auf feuchte Holzspieße stecken. Das Papaya-fleisch in einer flachen Schüssel zerdrücken, etwas Olivenöl, das Angostura und den Wein hinzugeben und verrühren. Die Spieße hineingeben, wenden undmit der Sauce abdecken. Frischhaltefolie luftdicht daraufgeben und die Schüssel etwa 40 Minuten im Kühlschrank aufbewahren.
Dann die Spieße herausnehmen und in einer Pfanne auf mittlerer Hitze anbraten bis das Fleisch zu bräunen beginnt. Abdecken, warmhalten und beiseite stellen.

Spieße

400 g	*Krokodilschwanz, ohne Knochen*
1	*Papaya, reif*
250 ml	*Weißwein*
2 TL	*Angostura*
	Olivenöl

Die Bananen:

Die verwendeten Bananen sollten noch ein wenig grünlich aber auf keinen Fall weich sein.
Die Bananen hinlegen und von oben einen länglichen je bis 3 cm an das Ende reichenden, 1 - 2 cm tiefen Schlitz einschneiden und diesen etwas aufbiegen.
In einen Mörser etwas Muskatnuss hineinreiben, den Zucker, das Ingwerpulver und die Minzblätter zugeben und zu einem feinen Pulver verarbeiten. Dieses Pulver zu gleichen Teilen in die aufgebogenen Schlitze der Bananen geben und diese auf einen Rost legen. Den Grill im Backofen anschalten und die Bananen auf zweitoberster Schiene grillen bis der Zucker karamellisiert und die Bananen weich geworden sind. Die Bananen nicht wenden.

Bananen

4	*Bananen*
1 Prise	*Muskatnuss*
1 TL	*Ingwerpulver*
4 EL	*Zucker, braun*
¼ TL	*Minze, getrocknet*

Die Bananen und die Spieße auf einem Teller anrichten, schwarzen Pfeffer darüber streuen und mit gesalzenen Gurkenscheiben und Joghurt servieren.

1	*Salatgurke*
1 Becher	*Joghurt*

Krokodil auf nordaustralische Art

» *Crokodile Northern Style*

Zutaten für 4 Personen

400 g	*Krokodilfilet*
100 g	*Butter, gesalzen*
2	*Limetten*
350 ml	*Sahne*
50 ml	*Weißwein, trocken*
2	*Knoblauchzehen*

Zubereitung:

Das Fleisch:

Das Filetfleisch in Medaillons schneiden, wobei der Schnitt in Faserrichtung verlaufen sollte. Etwa 1,5 cm dicke Scheiben schneiden.

Die Butter in einer großen Pfanne schmelzen und die Medaillons hineingeben. Von jeder Seite 2 Minuten anbraten und im auf 70°C vorgeheizten Backofen zugedeckt warm halten. Den Saft der Limetten in die noch heiße Pfanne geben und dann die Sahne und den Weißwein angießen. Während die Mischung beginnt aufzuwallen, den Knoblauch fein wiegen und hinzugeben. Auf mittlerer Flamme einreduzieren lassen, bis die Sauce cremig wird.

Das Fleisch auf den Tellern mit etwas Salat anrichten und die Sauce darüber geben, dann mit etwas Weißbrot servieren.

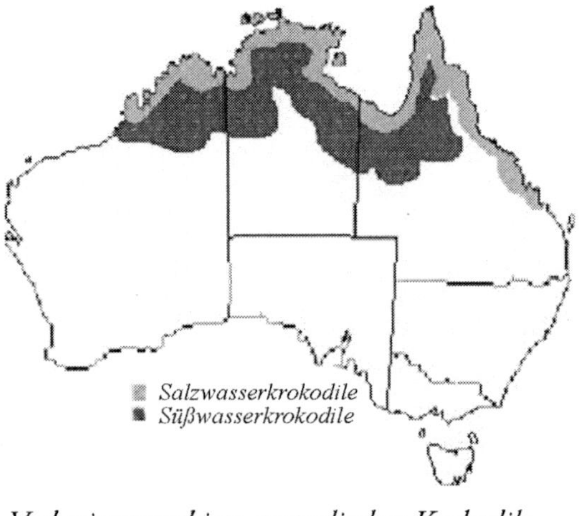

Verbreitungsgebiete australischer Krokodile

Krokodilteaks vom Holzkohlengrill

» *Grilled Crokodile*

Zubereitung:

Zutaten für 4 Personen

Die Marinade:

Den Ingwer schälen, hacken und fein wiegen, den Knoblauch zerpressen, die Pfefferkörner etwas zerdrücken und alles mit dem Olivenöl vermischen. Mit einem Pinsel die Marinade auf den Steaks verteilen und zugedeckt über Nacht im Kühlschrank aufbewahren.

Marinade

3 cm	*Ingwer*
3	*Knoblauchzehen*
1 EL	*Pfefferkörner, eingelegt,*
2 EL	*Olivenöl*

Das Fleisch:

Die Steaks gut abtropfen lassen und auf einem Holzkohlengrill auf einer der unteren Ebenen halb durchbraten, warmhalten.

Fleisch

4	*Krokodilsteaks*
½ Bund	*Petersilie*

Der Champignonsud:

Die Champignons waschen, putzen und mit einem Wiegemesser sehr fein schneiden. In einem kleinen Topf die Butter schmelzen, den Saft der Limetten hinzufügen, durchrühren und die Champignons einrühren. Den Deckel aufsetzen und 20 Minuten unter zeitweisem rühren, auf kleiner Flamme köcheln lassen.

Champignonsud

250 g	*Champignons, braun*
65 g	*Butter*
2	*Limetten*

Sauerampfersauce:

Den Sauerampfer waschen, putzen und grob hacken. Anschließend im kleinen Topf in der geschmolzenen Butter andünsten. Den Champignonsud unterrühren und aufkochen lassen., dann den Weißweinessig, den Chardonay und den Honig zugeben und mit dem Pürierstab alles glatt verarbeiten. Nochmals kurz aufkochen lassen, dann die Crème Fraîche unterziehen und mit Salz abschmecken.

Sauce

220 g	*Sauerampfer*
200 ml	*Gemüsebrühe*
1 EL	*Weißweinessig*
175 ml	*Chardonay*
65 g	*Butter, gesalzen*
2 TL	*Honig*
3 EL	*Crème Fraîche*

Das Fleisch auf den Tellern anrichten, die Sauce angießen und mit der feingehackten Petersilie bestreuen.

Krokodilsteaks auf Paprikanestern

» *Crokodile on Capsicum Nests*

Zutaten für 4 Personen

4	*Krokodilsteaks (à 200 g)*
10	*Paprikaschoten gelb, rot, grün*
200 ml	*Sahne*
1 EL	*Noilly Prat*
50 ml	*Weißwein, trocken*
2	*Zitrone*
200 g	*Butter*
1	*Schalotte*
	Salz
1 EL	*Pfefferkörner, grün, eingelegt*
1 EL	*Paprikapulver, rot*
½ Bund	*Schnittlauch*

Zubereitung:

Das Gemüse:

Die Paprika halbieren, Kerne und helles Fleisch entfernen, abspülen und in Streifen schneiden. In einem Topf Salzwasser zum kochen bringen und die Paprikastreifen kurz darin blanchieren. Anschließend die Butter in der Pfanne schmelzen lassen, die Paprikastücke andünsten, mit Salz und Pfeffer abschmecken. Im Backofen bei etwa 70°C zugedeckt warmhalten.

Die Sauce:

Die Schalotten putzen und in kleine Ringe schneiden, in der Butter schwenken, jedoch nicht bräunen lassen. Mit dem Weißwein ablöschen, Noilly Prat hinzugeben und

auf kleiner Flamme etwa 8 Minuten kochen lassen. Dann 150 ml Sahne hinzugeben undsolange reduzieren lassen, bis die Sauce beginnt cremig zu werden. Den Saft einer Zitrone hinzugeben und gut unterrühren, dann den Rest der Sahne unterziehen. Warm stellen.

Das Fleisch:
In einer Pfanne den Rest der Butter schmelzen und das Fleisch hineingeben, fast fertig braten, dann mit dem Saft der Zitrone ablöschen und nochmals wenden. Den Pfeffer und das Paprikapulver hinzugeben, durchrühren und nochmals wenden. Kurz vor dem servieren salzen und auf den Tellern verteilen.

Auf den Tellern kleine Nester aus den Paprikastreifen anrichten und in deren Mitte die Krokodilsteaks legen. Die Sauce darüber geben und locker mit Schnittlauchröllchen bestreuen. Wilden Reis oder schalenlose Ofenkartoffeln dazu servieren.

In freier Wildbahn aufgewachsene Krokodile schmecken mehr nach Fisch, während Tiere, die aus einer Zucht stammen helleres Fleisch haben und mehr an Hühner oder Pferdefleisch erinnern. Fleisch wild lebender Tiere sollte vor der Zubereitung auch doppelt solange in Milch eingelegt werden wie das der gezüchteten Tiere.

Gratinierte Krokodilkoteletts

» *Roaasted Crokodile Cutlets*

Zutaten für 4 Personen

4	*Krokodilkoteletts (á 180 g)*
4	*Markknochen*
1 EL	*Essig*
1 EL	*Rosmarin, frisch*
1 EL	*Basilikum, frisch*
1 TL	*Thymian, frisch*
1 EL	*Koriander, frisch*
4 EL	*Paniermehl*
	Salz
	Pfeffer
4	*Knoblauchzehen*
65 g	*Butter*
	Olivenöl
	Koriander

Zubereitung:

Die Paste:
Die Knochen grob hacken, in eine Schüssel geben und mit kaltem Salzwasser bedecken. Den Essig hinzugeben und vermischen. Etwa 30 Minuten im Kühlschrank belassen, dann das Wasser abgießen, die Knochen abtropfen lassen und das Knochenmark herausdrücken. Dieses in eine Rührschüssel geben und mit den fein gehackten Kräutern vermengen, dabei mit einer Gabel alles gut zerdrücken, sodass eine homogene Mischung entsteht. Das Paniermehl mit der Gabel unterrühren und Pfeffer und Salz hinzugeben. Die Knoblauchzehen fein wiegen und in die Schüssel geben. Alles gut vermischen.

Die Koteletts:
Die Butter in einer Pfanne schmelzen, etwas Öl angießen und die Koteletts von jeder Seite etwa 3-4 Minuten scharf anbraten bis sie zu bräunen beginnen. Anschließend die Steaks aus der Pfanne nehmeb und in eine Auflaufform nebeneinander legen. Salz und Pfeffer darüber streuen und das Bratfett darüber gießen. Nun mit der Paste auf den Koteletts gleichmäßig bestreichen. Im auf 250°C vorgeheizten Backofen etwa 6-8 Minuten überbacken. Mit Korianderblättern bestreuen, dazu Reis oder Spinatnudeln reichen.

Hinweisschild im Kakadu Nationalpark

Krokodilfrikadellen

» *Crokodile Burger*

Zubereitung:

Das Krokodilfleisch würfeln und durch einen Fleischwolf in eine Schüssel drehen. Das Hackfleisch hinzugeben, mit dem Krokodilfleisch vermengen und die Mischung nochmals durch den Wolf geben. Die Eier und soviel Paniermehl hinzugeben, wie die Masse aufnehmen kann ohne trocken zu werden. Das Salz, den Pfeffer, die gehackte Zwiebel, die zerdrückte Knoblauchzehe und die gehackte Petersilie hineinkneten und daraus kleine Frikadellen formen. Die Butter schmelzen und die Frikadellen bei mittlerer Temperatur beidseitig bräunen.

Zutaten für 4 Personen

500 g	*Krokodilsteaks*
100 g	*Hackfleisch, vom Schwein*
2	*Eier*
	Paniermehl
	Salz
	Pfeffer
1 kleine	*Zwiebel,*
1	*Knoblauchzehe*
½ Bund	*Petersilie, großblättrig*
50 g	*Butter*

Krokodileintopf

» *Alligator Stew*

Zubereitung:

Die Marinade:
Das Krokodilfleisch in etwa 3 cm große Stücke schneiden. Diese in eine Schüssel geben und das Salz darüber geben, dann den Zitronensaft angießen. Alles verrühren und soviel Wasser angießen, bis das Fleisch bedeckt ist. Etwa 1 Stunde kühl stellen, dann durch ein Sieb gießen und abtropfen lassen. Das Fleisch wieder in den Topf geben und mit der Milch und dem Joghurt übergießen, durchrühren und wieder eine Stunde kalt stellen. Wieder abseihen und abtropfen lassen. Das Macadamianussöl hoch erhitzen und die Fleischstücke darin anbraten, bis diese bräunen, beiseite stellen und die in Streifen geschnittenen Zwiebeln dazu geben. Wenn diese beginnen glasig zu werden alle anderen Zutaten bis auf das Mehl hinzufügen und verrühren. Alles etwa 90 Minunten auf kleiner Flamme köcheln lassen, wobei die Flüssigkeit um 1/3 einreduzieren sollte. Hin und wieder umrühren und nach dem Ende der Garzeit mit etwas Mehl andicken.

Zutaten für 4 Personen

1½ kg	*Krokodilfleisch, Schwanz*
2 EL	*Meersalz*
½	*Zitrone*
100 ml	*Joghurt*
500 ml	*Milch*
50 ml	*Macadamianussöl*
650 ml	*Gemüsebrühe*
2 kleine	*Zwiebeln*
6	*Knoblauchzehen*
1 TL	*Pfeffer, weiß*
1 TL	*Kreuzkümmel*
1 TL	*Oregano*
10	*Chilischoten, rot, mild*
2	*Chilischoten rot, scharf*
1 cm	*Ingwerwurzel*
1	*Tomaten*
2 EL	*Mehl*
	Salz

Macadamianüsse

Die Nüsse aus dem Regenwald

Etwa um 1820 bemerkten die Europäer in Australien zum ersten Mal die seltsam runden Nüsse in den Regenwäldern des östlichen Queensland. Den Aborigines waren sie schon damals längst bekannt, und die Europäer nannten sie zunächst „Buschnüsse“ oder „Queenslandnüsse“. Erst viel später erhielten sie zu Ehren des berühmten Forschers Dr. John Macadam, ihren heutigen Namen.

Die Macadamiabäume sind in Australien heimische Gewächse, die schon früh, beispielsweise nach Hawaii, exportiert wurden um Plantagen dort einzurichten. Sie verkauften sich dort gut und mit großer Interesse beobachtete man im Heimatland der Nuss die wirtschaftlichen Erfolge des Auswanderers. Vor etwas mehr als 30 Jahren schufen staatliche australische Förderprogramme den Anreiz auch im Mutterland der Nuss Plantagen anzulegen.
Zunächst fanden sich nur wenige Interressenten für die Förderprogramme, oft Enthusiasten oder Senioren, die sich ein lukratives Hobby suchten. Erst zögerlich bemerkten die Menschen das wirtschaftliche Potential der Nuss.

Macadamiazweig

Auch heute noch ist ein großer Teil der Farmen kleiner als 12 Hektar, das heißt einige wenige tausend Bäume pro Farm. Die Farmer schließen sich in Kooperativen zusammen um ihre Vermarktungschancen zu verbessern. Das Zentrum des australischen Macadamia-Anbaus befindet sich in Lismore, hier befindet sich auch eine der größten Kooperativen, in die zahlreiche Plantageneigner ihre Nüsse liefern.

Die Pflanzungen bestehen aus Nussbaumreihen im Abstand von etwa 4 Metern, der Abstand der Bäume in der Reihe zueinander etwa 8 Meter. Durch den breiteren Abstand zwischen den Bäumen ist eine maschinelle Pflege und Ernte möglich. Nach der Ernte trocknen die einzelnen Farmer ihre Nüsse zunächst in Silos vor, bevor sie diese an die Kooperativen ausliefern.

Erntezeit ist zwischen März und September, dann erledigen die Sammelmaschinen jene Arbeiten, die noch vor wenigen Jahren von Hand ausgeführt wurden, als man die Nüsse noch aufwendig vom Boden aufsammeln musste.

Macadamiaplantage in Lismore

In der Nullarbor-Wüste, SA.

Fisch

„Der Morgen dämmerte bereits und er macht eine kleine Pause auf einer Anhöhe, etwas erhöht über einer mit Akazien bewaldeten Bucht. Er saß gerne an dieser Stelle und blickte über das weite Wasser hinaus und träumte von anderen Orten. Schon vor einer halben Stunde hatte er dieses leise Tuckern vernommen, dass von Seeseite zu ihm herüber drang und er wusste, es war einer der wenigen Fischer, die nach einer langen Nacht auf dem Heimweg waren. Plötzlich, als das Boot die Bucht zu kreuzen begann wurde der kleine Diesel lauter und auf den kleinen Punkt in der Ferne blickend stellte er sich vor, wie der Fischer in der Nacht die Lampen entflammte um die Fische in seine Netze zu locken. Was mochte er wohl an Bord haben?
Nur langsam entfernte sich das Geräusch des Schiffsdiesels wieder und es würde gewiss wieder eine halbe Stunde dauern, bis es nicht mehr zu vernehmen war.

Meerkarpfen mit Macadamiasauce

» *Red Snapper with Macadamia Sauce*

Zutaten für 4 Personen

4	*Red Snapper. Filets*
1 Pkg.	*Blätterteig, rund*
1	*Avocado*
250 g	*Spinat*
100 g	*Butter*
1 Prise	*Muskat*
125 g	*Macadamianüsse*
½	*Avocado*
1 EL	*Chilisauce, süß*
1 EL	*Zitronensaft*

Zubereitung:

In einem kleinen Topf die Butter zerlassen. Eine Blätterteigscheibe auf einem leicht bemehlten Untergrund ausrollen. Eine weitere darauf geben und diese mit Butter bestreichen. Das erste Fischfilet in die Mitte des Teiges legen und den überstehenden Teig zum Fisch hin leicht aufrollen und dann dicht daran vorsichtig fest drücken, sodass der Teig ein wenig hochsteht. Die Avocado und die Tomaten würfeln, dabei die weichen Tomatenteile beiseite legen. Den Spinat putzen, grob hacken und andünsten, dann mit den Tomaten, dem Muskat und den Avocadostückchen vermischen und gleichmäßig auf den Fischfilets verteilen. Die Teigränder mit Butter bepinseln und im auf 180°C vorgeheizten Backofen ca. 10 Minuten backen.

Inzwischen die Macadamianüsse grob hacken, die Avocado fein würfeln und den Zitronensaft unterrühren. Mit dem Mixer schlagen und vor dem Servieren auf den Fisch geben.

Meerkarpfen mit Tomatensauce

» *Red Snapper with Tomato Sauce*

Zubereitung:

Zutaten für 4 Personen

ca. 1,1 kg	*Red Snapper (Meerkarpfen)*
140 ml	*Olivenöl*
4	*Knoblauchzehen*
6	*Sardellenfilets, gehackt*
100 ml	*Chardonay*
300 g	*Dosentomaten*
250 g	*Tomaten, frisch*
1 EL	*Butter*
12	*Oliven, schwarz*
1 EL	*Kapern*
2	*Zitronen*
3	*Lorbeerblätter*
1 Bund	*Petersilie*
1 Zweig	*Thymian*
1 mittlere	*Zwiebel*
	Salz
	Pfeffer

In einem Bräter das Olivenöl erhitzen und zunächst die gehackten Knoblauchzehen, Sardellenfilets und die grob gehackte Petersilie anbraten und mit dem Chardonay ablöschen. Alles heiß werden lassen und die zerkleinerten Dosen- und Frischtomaten hinzugeben. Etwa 20 Minuten unter zeitweisen Rühren köcheln lassen und darauf achten, dass nichts am Boden des Bräters ansetzt.

Die Fische waschen, abtrocknen und mit einer halben Zitrone von beiden Seiten einreiben. Dann beide von innen und außen salzen, pfeffern und zusammen mit den Lorbeerblättern und dem Thymianzweig in den Bräter geben. Dabei den Thymianzweig gut in die Tomatensauce drücken.

Im auf 200°C vorgeheizten Backofen etwa 20 Minuten bei geschlossenem Topf garen. Nach dem Ende der Garzeit die Fische aus dem Bräter nehmen, den Thymianzweig und die Lorbeerblätter entfernen und die Sauce in einen kleineren Topf umgießen. Die Fische warm halten.

Die Sauce erhitzen, die entsteinten Oliven und die Kapern hinzugeben. Am besten schmecken in Salz eingelegte Kapern, die man über Nacht gewässert hat. Den Saft der beiden Zitronen einrühren und mit Pfeffer und Salz abschmecken. Abschließend mit einer Gabel die Butter unterziehen. Die Sauce sollte nicht kochen.

Vor dem Servieren die Sauce auf die Teller geben, die Fische vom Kamm her filetieren und je eine Hälfte auf die Teller legen. Dazu Reis reichen.

Filet im Bierteigmantel

» *Aussie Beer Batter Fish*

Zutaten für 4 Personen

4 x 175 g	*Fischfilets*
	Maismehl
200 g	*Mehl*
	Salz
	Pfeffer
310 ml	*Bier*
	Öl zum Frittieren

Zubereitung:

Die Fischfilets waschen, trockentupfen und dann mit Maismehl von beiden Seiten bestäuben. In einer Rührschüssel das Mehl, Salz, Pfeffer und das Bier verrühren bis ein gleichmäßiger Teig entsteht. Dann die Filets in den Teig tauchen und im siedenden Öl frittieren bis sie goldbraun sind. Auf Küchenkrepp legen und dabei mehrmals wenden. Mit Zitronenspalten und Tartarsauce servieren.

Tasmanischer Lachs mit Limettenmayonaise

» *Tasmanian Atlantic Salmon with Lime Mayonnaise*

Zubereitung:

Die Mayonnaise:
Die Eigelbe und den Essig in eine Rührschüssel geben, dann die Zitronen und Limetten ausdrücken und den Saft hinzufügen. Alles gut schlagen und dann in einem sehr feinen Strahl langsam das Olivenöl einarbeiten. Etwas Salz und Pfeffer hinzugeben und weiterschlagen, bis die Mayonnaise etwas dickt. Anschließend kalt stellen.

Der Spargel:
Falls nötig ein wenig von den hinteren Spargelstangen abschneiden und diese in kochendem Salzwasser blanchieren.

Der Lachs:
Etwas Olivenöl in der Pfanne erhitzen und die Lachssteaks von beiden Seiten darin anbraten. Den Lachs mit Salz und Pfeffer würzen, dann in auf 200°C vorgeheizten Backofen etwa 3 - 4 Minuten backen.

Die Lachssteaks auf einem Teller anrichten, den Spargel platzieren und mit der Limettenmayonaise garnieren.

Zutaten für 4 Personen

4 x 300 g	*Lachssteaks*
16 Stangen	*Spargel, grün*
8	*Eigelb*
600 ml	*Olivenöl*
4	*Zitronen*
4	*Limetten*
2 EL	*Weinessig, weiß*
	Salz
	Pfeffer

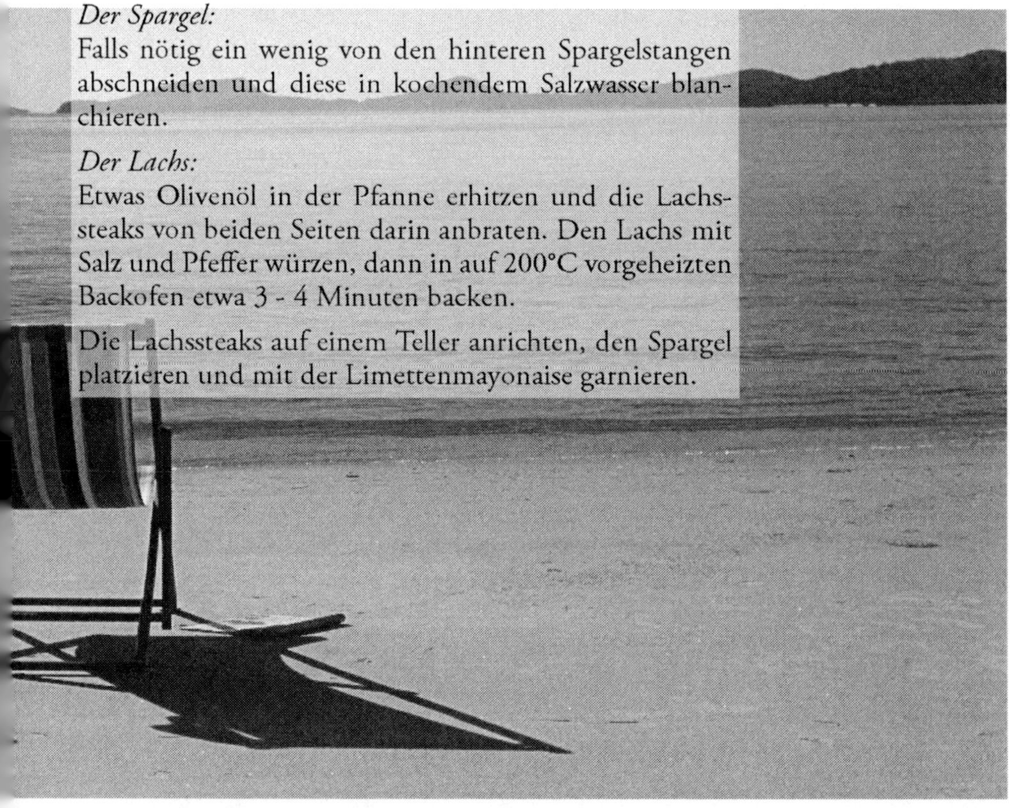

Kammmuscheln mit Knoblauch

» *Garlic Scallops of Batemans Bay*

Zutaten für 4 Personen

500 g	*Kammmuscheln*
1 mittlere	*Zwiebel*
4 - 6	*Knoblauchzehen*
1 EL	*Olivenöl*
100 ml	*Crème Fraîche*
4	*Schalotten, längs geschnitten*
50 ml	*Weißwein, trocken*
1 Zweig	*Petersilie*

Zubereitung:

In einer Pfanne das Olivenöl erhitzen und den feingewürfelten Knoblauch mit den Zwiebeln etwa 2 Minuten sautieren. Nun die Kammmuscheln hinzugeben und von jeder Seite 20 Sekunden anbraten, dann sofort herausnehmen und beiseite stellen.
Bei mittlerer Hitze den Weißwein angießen und 2 Minuten einreduzieren lassen, dann die Crème Fraîche unterrühren und alles einreduzieren, bis es die Konsistenz einer Sauce erhält.
Nun die Schalotten putzen, in drei Teile schneiden und diese längs vierteln. Die Schalotten und die Muscheln nun mit in die Pfanne geben, unterrühren und etwa 1 Minute aufwallen lassen.
Mit Reis auf den Tellern eine Mulde formen und die Muscheln darin anrichten. Mit Petersilie bestreuen.

Rochenflügel mit Brokkoliröschen

» *Stingray Wings with Brokkoli*

Zutaten für 4 Personen

800 g	*Rochenflügel*
250 g	*Brokkoli*
4	*Schalotten*
4 EL	*Mandeln, gehobelt*
1 Bund	*Petersilie*
65 g	*Butter, gesalzen*
125 ml	*Chardonay*
4 EL	*Crème Fraîche*
	Salz
	Pfeffer, weiß

Zubereitung:

Den Brokkoli in Röschen schneiden, zu große Stücke halbieren und in kochendem Salzwasser blanchieren, abtropfen lassen und warmhalten.
Die Rochenflügel säubern und die Haut abziehen. Eine Auflaufform mit Butter ausstreichen und die in Scheiben geschnittenen Schalotten und die grob gehackte Petersilie darin verteilen. Dann die Brokkoliröschen und die Rochenflügel auflegen. Den Chardonay darüber gießen und etwa die Hälfte der zuvor in dünne Streifen geschnittenen Butter über den Flügeln verteilen. Die Auflaufform in den auf 230°C vorgeheizten Backofen schieben und etwa 12 Minuten backen.

Die Auflaufform aus dem Ofen nehmen und die Rochenflügel mit der zuvor glattgerührten Crème Fraîche begießen. Dann die Restlichen Butterstreifen darüber verteilen, salzen, pfeffern und für weitere 8 Minuten bei gleicher Temperatur backen.

Meeresfrüchte „Mornay“

» *Seafood Mornay*

Zutaten für 4 Personen

200 g	*Garnelen, frisch*
200 g	*Muschelfleisch*
100 g	*Tintenfisch, in Ringe geschnitten*
350 g	*Fisch mit hellem Fleisch z.B. Snapper*
1 L	*Wasser*
1	*Zitrone*
0,5 L	*Milch*
50 g	*Cheddar, gerieben*
50 g	*Parmesan, ger.*
1	*Zwiebel*
2	*Knoblauchzehen*
200 ml	*Riesling*
1 Prise	*Meersalz*
1 Prise	*Pfeffer, weiß*
1 EL	*Olivenöl*
2	*Stangensellerie in Scheiben*
2	*Schalotten*
1 Zweig	*Dill*

Zubereitung:

Die Meeresfrüchte:
Das Wasser in einem großen Topf sprudelnd zum Kochen bringen, den Weißwein, das Salz und den Saft einer halben Zitrone hinzugeben. Nacheinander de Meeresfrüchte pochieren, herausnehmen und in kaltem Wasser abkühlen, dann abtropfen lassen.

Die Mornay Sauce:
Das Wasser weiter kochen lassen und die Milch hineingießen. Die Flüssigkeit wie eine Bechamelsauce mit Mehl andicken. In einer großen Pfanne das Olivenöl erhitzen und die kleingehackten Zwiebeln zusammen mit dem gepressten Knoblauch und dem Sellerie sautieren.
Wenn die erste Bräunung einsetzt die Meeresfrüchte mit in die Pfanne geben und soviel von der Mornay Sauce angießen bis alles in der Pfanne gut damit bedeckt ist. Die Hälfte des geriebenen Käses und der fein geschnittenen Schalotten darüber streuen und alles vorsichtig durchheben, bis an der Oberfläche kein Käse mehr zu sehen ist. Die Masse anschließend in eine Auflaufform geben und den restlichen geriebenen Käse darüber verteilen. Im auf 175°C vorgeheizten Backofen etwa 30 - 40 Minuten garen bis die Oberfläche goldbraun erscheint. Vor dem Servieren den frischen Dill zupfen und darüber streuen. Dazu Reis servieren.

Red Curry Kammmuscheln mit Mango-Minz Sauce

» *Red Curry Scallops with Mango-Mint-Sauce*

Zutaten für 6 Personen

1 EL	*Olivenöl*
1 EL	*Rote Curry Paste*
1 cm	*Ingwer*
150 ml	*Kokusnusscreme*
2 EL	*Palmzucker*
6	*Kammmuscheln, auf halber Schale*
24	*Kammmuscheln, ohne Schale (400 g)*
2	*Mangos*
2 EL	*Minze, frisch*
2 EL	*Limettensaft*

Zubereitung:

Zunächst das Öl in einer kleinen Pfanne erhitzen und die Curry Paste mit dem geriebenen Ingwer erhitzen bis diese zu duften beginnt. Diese Mischung in eine kleine Schüssel geben und mit der Kokosnusscreme und dem Palmzucker vermischen.

Die Muscheln aus ihren Schalen lösen, die Schalen reinigen und beiseite legen. Die Kammmuscheln waschen, abtupfen und in die Schüssel zur Currymischung geben und dann etwa eine Stunde stehen lassen.

Die Muscheln aus der Currymischung nehmen, auf ein mit Backpapier ausgelegtes Backblech legen und unter den Grill des Backofens schieben. Von jeder Seite etwa 1 - 2 Minuten grillen.

Für die Sauce die Mangos klein schneiden, die Minze zupfen, den Limettensaft angießen und dann zu einer glatten Sauce pürieren. Als Variante kann statt den Mangos auch frische Ananas oder grüne Papaya verwandt werden.

Die Muschelschalen auf den Tellern verteilen, etwas Sauce darüber geben und die Muscheln darüber anrichten. Mit Reis oder Brot servieren.

Batemans Bay

Orangen-Schwertfisch mit Humus und Fladenbrot

» *Orange Spiced Swordfish with Hommous and Turkish Bread*

Zubereitung:

Das Humus:
Die Kükenerbsen in Wasser einweichen, abtropfen lassen und das Wasser aufheben. Die Kükenerbsen zusammen mit den Knoblauchzehen und etwas Zitronensaft in einer Küchenmaschine zu einer glatten Masse verarbeiten. Das Tahini und etwas Zitronensaft hinzugeben und wieder glatt verarbeiten. Die Masse sollte dick und cremig sein, aber nicht vom Löffel reißen. Abschließend mit Salz und Pfeffer abschmecken.

Der Schwertfisch:
In einer ausreichend großen Schüssel den Kreuzkümmel, den Zimt, das Chilipulver, den geriebenen Ingwer, die abgeriebene Orangenhaut, den Saft und den Zucker verrühren bis sich der Zucker aufgelöst hat. Die Schwertfischsteaks in dieser Marinade wenden und darin etwa 30 Minuten kalt stellen.
In einer Pfanne etwas Öl erhitzen und die Schwertfischsteaks darin von jeder Seite etwa 2 Minuten braten bis sie gar sind.

Gleichzeitig:
Das Fladenbrot in 12 Teile schneiden und die Schnittflächen mit einem Gemisch aus Olivenöl und Knoblauch bestreichen, auf einen Rost geben und im auf 200°C vorgeheizten Backofen backen bis sie beginnen cross zu werden. Das Brot aus dem Ofen nehmen, mit etwas Humus bestreichen und mit den Schwertfischsteaks auf Tellern anrichten.

Zutaten für 6 Personen

Humus	
425 g	*Kükenerbsen*
2	*Knoblauchzehen*
1	*Zitrone, Saft*
110g	*Tahini (Knoblauch-Sesamsauce)*
	Salz
	Pfeffer
Schwertfisch	
6 x 175 g	*Schwertfisch-steaks*
1 Laib	*Fladenbrot*
280 ml	*Olivenöl*
2	*Knoblauchzehen*
2 TL	*Kreuzkümmel*
1 TL	*Zimtpulver*
1 TL	*Chilipulver, rot*
2 cm	*Ingwerwurzel*
1 TL	*Orangenhaut, gerieben*
140 ml	*Orangensaft*
2 EL	*Zucker, braun*

Heilbutt unter Korianderkruste

» *Coriander Crusted Halibut*

Zutaten für 4 Personen

125 g	*Koriander, frisch*
	Salz
4 x 175 g	*Heilbuttfilet*
	Macadamianussöl
2 cm	*Ingwer*
2 Stangen	*Lauch*
1 EL	*Fischsauce*
1½ l	*Gemüsebrühe*
2	*Limetten, Saft*
1 EL	*Korianderblätter*
225 g	*Reisnudeln*
4 Zweige	*Koriander zum garnieren*

Zubereitung:

Die Reisnudeln etwa 20 Minuten in warmen Wasser weichziehen lassen.
Den Koriander putzen, hacken und auf einem flachen Teller verteilen. Die Fischfilets wachen, trockentupfen und von allen Seiten mit Salz einreiben. Das Filet einseitig 2 - 3 mal auf den Teller mit dem Koriander drücken und in eine Pfanne mit dem heißen Macadamianussöl geben. Dabei die Seite mit dem Koriander zuerst solange anbraten bis sie beginnt zu bräunen. Nun die Filets wenden und die Pfanne für 8 - 10 Minuten in den auf 150°C vorgeheizten Backofen geben.
Inzwischen etwas Öl in einem kleinen Topf erhitzen und den in Scheiben geschnittenen Lauch mit dem geriebenen Ingwer etwa 4 Minuten weichdünsten, dann mit der Fischsauce ablöschen und die Gemüsebrühe angießen. Bei mittlerer Hitze auf etwa 20 % der Flüssigkeit einreduzieren. Mit dem Limettensaft und den Korianderblättern abschmecken. Kurz vor dem Servieren die Reisnudeln unterrühren und ein wenig erhitzen.

Fischcurry

» *Fish Curry*

Zubereitung:

Zunächst die Fischfilets waschen, trockentupfen und in kleine Stücke schneiden. Die Stücke in eine Schüssel geben und den Saft der Zitrone hinzugeben, alles gut durchheben, sodass der Saft jedes Fischstückchen erreicht.
In einer großen Pfanne die Butter schmelzen und den gehobelten Knoblauch mit den Zwiebeln glasig braten. Die roten Chilischoten putzen und fein wiegen, dann mit der in kleine Würfel geschnittene Paprika zu den Zwiebeln geben und einige Minuten mitbraten. Anschließend die Kokosmilch angießen und das Currypulver einrühren. Die Korianderblätter von den Zweigen zupfen, grob hacken und dann mit in die Pfanne geben. Salz und etwas Zitronensaft hinzugeben und auf mittlerer Flamme solange köcheln lassen, bis die Konsistenz einer Sauce erreicht ist.
Nun die Fischstücke hinzugeben und etwa 7 Minuten garen. Abschließend in eine vorgewärmte Schüssel geben und mit gezupften Korianderblättern bestreuen, dazu Reis servieren.

Zutaten für 4 Personen

750 g	*Fischfilet*
4 EL	*Butter, gesalzen*
1 mittlere	*Zwiebel*
3	*Knoblauchzehen*
2 Zweige	*Koriander, frisch*
2 TL	*Currypulver, rot*
1	*Paprikaschote, rot*
2	*Chilischoten, rot*
425 ml	*Kokosmilch*
1 kleine	*Zitrone, Saft*
	Salz
	Pfeffer
	Korianderblätter

Lachs in Kokosmilch

» *Salmon in Coconut Milk*

Zutaten für 4 Personen

5	*Lachssteaks*
3 cm	*Ingwer*
3	*Knoblauchzehen*
0,25 TL	*Zitronengraspulver*
1 TL	*Senf*
450 g	*Tomaten*
1	*Chilischote, rot*
1	*Paprika, rot*
1-2 EL	*Olivenöl*
½ TL	*Kardamompulver*
500 ml	*Kokosmilch*
1 EL	*Korianderblätter*
1 TL	*Meersalz*
	Pfeffer, weiß
1	*Limette, Saft*
1 Zweig	*Minze*

Zubereitung:

Die Tomaten oben kreuzweise einschneiden, mit kochendem Wasser übergießen und dann enthäuten. Die Tomaten grob würfeln und dabei die Kerne entfernen.
Den Ingwer schälen, reiben und in einem Mörser zusammen mit dem Senf, den Zitronengraspulver, dem Knoblauch und dem feingeschnittenen Chili zu einer glatten Paste zerreiben. Mit dieser die Lachssteaks beidseitig einreiben und in eine mit Olivenöl ausgestrichene Auflaufform hineingeben.
Die Paprika putzen, in 1 cm breite Streifen schneiden und über dem Fisch verteilen. Das Kardamompulver in kleinen Prisen darüberstreuen und zuletzt die Tomatenstückchen daraufgeben.
In einer Rührschüssel die Kokosmilch mit dem Salz vermischen und die sehr feingehackten Korianderblätter einrühren. Die Flüssigkeit in dünnem Strahl gleichmäßig über den Tomaten verteilen.
Im auf 175°C vorgeheizten Backofen etwa 50 - 60 Minuten garen. Die Minze zupfen, grob hacken und 5 Minuten vor dem Ende der Garzeit über der Auflaufform verstreuen. Dazu Reis reichen.

Geräucherter Lachs mit grünem Spargel

» *Smoked Salmon with green Asparagus*

Zutaten für 6 Personen

Lachs

6 x 210 g	*Lachsfilets mit Haut*
1 TL	*Thymian*
2 TL	*Oregano*
1 EL	*Koriander*
1 Halm	*Zitronengras*
1½ TL	*Paprikapulver*
½ TL	*Pfeffer, schwarz*
	Salz
2	*Knoblauchzehen*
2 EL	*Mehl*
2-3 EL	*Erdnussöl*
2 EL	*Olivenöl*

Spargel

750 g	*Spargel, grün*
1	*Zitrone*
1	*Orange*
3 EL	*Zucker, braun*
1 EL	*Akazienhonig*
2 EL	*Olivenöl*
1 EL	*Sesamöl*
2 TL	*Sesamkörner*
2 EL	*Butter*
	Salz
	Pfeffer, weiß

Zubereitung:

Der Lachs:

Zunächst die Kräuter waschen, gut ausschütteln und von den Stielen zupfen. Dann alles sehr fein hacken und in einer kleinen Schüssel mit dem Mehl und den Gewürzen vermischen. Mit dem Erdnussöl die Lachsfilets bestreichen und dann mehrmals in die Kräuterschüssel drücken, sodass die der Hautseite gegenüberliegende Seite vollkommen mit den Kräutern bedeckt ist.

In einer großen Pfanne das Olivenöl erhitzen und den Lachs auf der Kräuterseite stark anbraten, bis er beginnt dunkel zu werden. Dann die Filets umdrehen und auf der Hautseite ca 3 Minuten fertig garen, dann warm stellen.

Der Spargel:

Den grünen Spargel putzen und in 4 Teile je Stange schneiden. Die Schalen der Zitrone und der Orange abreiben, den Saft auspressen und beiseite stellen. In einer anderen Pfanne das Olivenöl stark erhitzen und das Sesamöl hinzugeben. Den Spargel darin unter rühren etwa 1 Minute anbraten. Dann die Butter, den Zucker, die abgeriebenen Orangenschalen und den Honig einrühren. Alles langsam karamellisieren lassen und dann mit den Zitrussäften ablöschen. Weitere 4 Minuten garen, jedoch sollte der Spargel nicht zu weich werden. Nun den Spargel mit einem Schaumlöffel herausheben und in einer Schüssel mit Sesamkörnern mehrmals verrühren, bis die Körner sich überall gleichmäßig verteilt haben. Die Sauce durch ein grobes Sieb in einen Topf geben, mit Salz und Pfeffer abschmecken und einreduzieren lassen bis sie eine fast ölige Konsistenz annimmt. Den Lachs mit dem Spargel auf den Tellern anrichten und mit einer dünnen Saucenspirale übergießen. Dazu Reis reichen.

Murray Dorsch mit Zitrone, Tomaten und Zwiebeln

» *Murray Cod with Lemon, Tomato and Onions*

Zubereitung:

Die Butter schmelzen, in eine Auflaufform geben und dort gleichmäßig verteilen. Den Fisch waschen, trockentupfen, mit Salz einreiben und dann in die Auflaufform geben. Auf den Fischstücken je zwei Scheiben der Zitrone, der Tomate und der Zwiebel verteilen, danach den Wein angießen und mit etwas Pfeffer bestreuen. Im auf 180°C vorgeheizten Backofen etwa 5 Minuten backen, dann die Sahne und den gehackten Dill über dem Fisch verteilen und etwa 10 Minuten weiterbacken. Dazu Reis oder Kartoffeln reichen.

Zutaten für 4 Personen

2 EL	*Butter, gesalzen*
4 Scheiben	*Dorsch, dick*
8 Scheiben	*Zwiebel*
8 Scheiben	*Tomate*
8 Scheiben	*Zitrone (3 mm)*
85 ml	*Weißwein*
85 ml	*Sahne*
2 EL	*Dill, feingehackt*
	Salz
	Pfeffer

Schnepfenmesserfische mit Spinat und Zitronenvinaigrette

» *Seared Razor Fish with Spinach and Lemonvinaigrette*

Zutaten für 4 Personen

4	*Schnepfenmesserfische*
2	*Spinatblätter*
4 EL	*Olivenöl*
1 EL	*Butter*
6 EL	*Zitronensaft*
	Salz
	Pfefferkörner

Zubereitung:

Die Pfeffer körner in einen Mörser geben und grob zerstoßen. Die Hälfte des Zitronensaftes und das Öl verrühren und damit die Fische bestreichen. In einem Topf etwas Wasser zum Kochen bringen und die Spinatblätter darin kurz blanchieren.

Die Blätter in Hälften schneiden, in kleine Bündel rollen, und im Backofen bei 75°C warm halten.

Die Butter in einer Pfanne erhitzen und die Schnepfenmesserfische darin etwa 1 Minute anbraten. Den Fisch auf die Teller geben und einige Tropfen Butter aus der Pfanne darüber laufen lassen. Das restliche Öl mit dem Zitronensaft vermischen und über die Fische geben, den gestoßenen Pfeffer darüber streuen und Servieren.

Schnepfenmesserfische

Australische Bouillabaise

» *Australian Bouillabaise*

Zubereitung:

Die grünen Stücke des Lauchs abschneiden und beiseite legen. Den weißen Teil putzen und in dünne Scheiben schneiden. Nun das Öl in einem großen Topf erhitzen und den Lauch zusammen mit dem zerdrückten Knoblauch etw 5 Minuten anbraten. Die Dosentomaten zerdrücken und mit ihrem Saft zum Lauch in die Pfanne geben, aufkochen und auf kleiner Flamme köcheln lassen.

Großzügig mit frisch gemahlenem schwarzen Pfeffer würzen, den Fischfond, Wasser, die Fenchelsamen und die Orangenschale hinzugeben, dann langsam zum kochen bringen. Etwa 10 Minuten kräftig aufwallen lassen und den entstehenden Schaum abschöpfen.

Nun die Temeratur bis zum leichten köcheln senken und den Fisch, die geschälten Garnelen und die Muscheln hinzugeben. Den Topf mit dem Deckel verschließen und auf kleiner Flamme kochen lassen, bis sich die Muscheln öffnen. Dann die Kammmuscheln hinzugeben und eine weitere Minute köcheln lassen.

Mit Salz abschmecken, die grob gehackte Petersilie und die Basilikumblätter einrühren und nach gründlichem Durchrühren auf Suppentellern verteilen.

Dazu das Baguette und Knoblauchmayonaise reichen.

Zutaten für 6 Personen

3 Stangen	*Lauch*
3 EL	*Olivenöl*
3	*Knoblauchzehen*
425 g	*Dosentomaten*
2 x 50 g	*Tomatenmark*
½ TL	*Pfeffer, schwarz*
1 l	*Fischfond*
1 l	*Wasser*
2 TL	*Fenchelsamen*
1 Streifen	*Orangenschale mit einem Kartoffelschäler abziehen*
1 kg	*Fischfilet, mit festem Fleisch*
1 kg	*Riesengarnelen, roh*
1 kg	*Miesmuscheln*
250 g	*Kammmuscheln,*
2 Bund	*Petersilie, frisch*
50 g	*Basilikumblätter*
1 großes	*Baguette*
	Knoblauchmayonaise

Schalen- und Krustentiere

„Ihr Vater berichtete ihr gerne von seinen Kindertagen, als er mit seinem Bruder draußen am Fluss auf Krebsfang ging.
Unterarmlang sollen sie damals gewesen sein, bevor die grausame Pest fast alle Bestände dahin raffte.
Sie saß auf dem kleinen Steg, über den der vom Dorf her kommende Weg zum Gehöft führte und spielte mit ihrem Fuß im kühlen Wasser des Frühsommers. Mit einem kleinen, dünnen Ast, der gerade lang genug war, dass sie sich nicht über den Fluss beugen musste, sondern bequem auf einem Arm gestützt sitzen konnte, trieb sie einen kleinen Krebs im seichten Wasser von einer Seite des Baches zur anderen. Immer wenn dieser versuchte auszuweichen stellte sich ihr Stock ihm erneut in den Weg.
Er mochte gut zehn Zentimeter messen, doch unterarmlang war noch weit entfernt. Womöglich war allerdings der Unterarm ihres Vaters in seinen Kindertagen etwas kleiner.“

Kingfisher

Austern, Muscheln & Co.

Gedämpfte Muscheln mit Zitronengras und Chili

» *Steamed Mussels with Lemongrass & Chilli*

Zutaten für 4 Personen

3 TL	*Olivenöl*
3	*Knoblauchzehen*
2 cm	*Ingwer*
3 Halme	*Zitronengras*
2	*Chilis, rot*
1 Bund	*Petersilie,*
1 TL	*abgeriebene Zitrone*
1 kg	*Miesmuscheln*
150 ml	*Muscadet*

Zubereitung:

Die Knoblauchzehen, die Ingwerwurzel,, das Zitronengras, die Chilis und die Petersilie fein hacken, dann die Zitronenschale abreiben und alles im sehr heißen Olivenöl in einem großen Topf anbraten.
Die Muscheln säubern, alle in den Topf geben und bei großer Hitze den Deckel auf den Topf setzen. Nach zwei Minuten den Wein angießen und den Topf wieder abdecken. Schon nach wenigen Minuten werden sich die Muscheln im Dampf öffnen und durch leichtes Schwenken mit der Pfanne erleichter man dieses. Geschlossene Muscheln aussortieren und mit Brot servieren.

Austern in Champagner Sauce

» *Oysters in Champagne Sauce*

Zubereitung:

Die Austern aus den Schalen lösen reinigen und die Schalen beiseite legen. Den Champagner in eine kleine Pfanne geben und zum kochen bringen. Den Lauch putzen, kleinschneiden, einrühren und die Austern hinzugeben, nur etwa 30 Sekunden ziehen lassen und dabei umrühren. Die Austern herausnehmen und beiseite legen.
Die Sahne hinzugeben und aufkochen lassen, dann Salz, Pfeffer, den Limettensaft und die Butter gleichmäßig einrühren und wieder die Austern hinzufügen. Ziehen lassen, bis die Muscheln heiß sind.
Salatblätter auf den Tellern verteilen und darauf je vier Austernschalen verteilen. Jede Austernschale mit einer Auster füllen und die Sauce darüber geben. Die Limette in Spalten schneiden und auf den Tellern garnieren.

Zutaten für 4 Personen

16	*Austern*
100 ml	*Champagner*
2 EL	*Lauch*
75 ml	*Sahne*
	Salz
	Pfeffer
	Limettensaft
3 EL	*Butter*
1	*Limette*
	Salatblätter
	Weißbrot

Gefüllte Muscheln mit Zuckererbsen

» *Filled Mussels with Sweet Peas*

Zutaten für 4 Personen

12	*Miesmuscheln o.ä.*
1	*Schalotte*
100 g	*Garnelen*
4 TL	*Sherry, dry*
1 EL	*Sojasauce*
100 g	*Mehl*
500 ml	*Erdnussöl*
100 g	*Zuckererbsen*
1 TL	*Ingwer*
2 Halme	*Zitronengras*
170 ml	*Weißwein*
½ TL	*Geflügelbrühe, gek.*

Zubereitung:

Die Muscheln unter fließendem Wasser abbürsten, jedoch nicht unter Wasser setzen. Dann im geschlossenen Topf dämpfen bis sie sich öffnen, herausnehmen und die geschlossenen Muscheln aussortieren. Die übrigen Muscheln aus der Schale nehmen und beiseite stellen. Die hellen Stücke der Schalotte mit einem Wiegemesser sehr fein schneiden, die grünen Teile etwas gröber hacken und getrennt beiseite stellen. Die Garnelen mit 2 TL Sherry, die Sojasauce und die feingewiegten hellen Schalottenstückchen in einer Schüssel vermischen. 2 TL Mehl hinzufügen und gut unterrühren, dann die Muscheln durch die Sauce ziehen, und im Mehl wälzen. Das Erdnussöl erhitzen und die Muscheln darin anbraten, bis sie goldgelb sind, anschließend aus der Pfanne nehmen und auf einem Teller im Backofen warmhalten. Das restliche Öl aus der Pfanne gießen und die Pfanne säubern, dann erneut Erdnussöl hineingeben und die Zuckererbsen mit dem grün der Schalotte und dem fein geriebenen Ingwer andünsten. Die gekörnte Geflügelbrühe, den restlichen Sherry, das feingewiegte Zitronengras, 2 TL Mehl sowie

Pelikane im Sydney Harbour

die restliche Sojasauce mit dem Weißwein mischen und angießen. Die Schoten und die leicht angedickte Sauce über die Muscheln geben und servieren.

Austern & Seeigelrogen

» *Oysters & Urchin Roe*

Zubereitung:

Die Austern öffnen, unter fließendem Wasser abspülen und auf jedem Teller 2 Stück platzieren.
Die Eier, das Meersalz und das Eiswasser in eine Rührschüssel geben. Alles mit einer Gabel zu einer gleichförmigen Masse schlagen. In einer kleinen Pfanne die Butter schmelzen, die Eimasse hineingeben und bei kleiner Hitze garen. Wenn das Ei fast überall fest geworden ist, vom Herd nehmen und den Deckel auf die Pfanne setzen. Den Rogen aus dem Seeigel entfernen und beiseite stellen. Mit einem Esslöffel Nocken aus dem Ei ausstechen und zu gleichen Teilen auf den Tellern verteilen, gleichmäßig den Seeigelrogen darüber geben.

Zutaten für 4 Personen

Austern:

8	*Austern*

Rührei:

2	*Eier*
1 TL	*Meersalz*
1 EL	*Eiswasser*
4 TL	*Seeigelrogen*
1 TL	*Butter*

Austern im Mantel

» *Coated Oysters*

Zubereitung:

Die Austern zunächst öffnen, lösen und reinigen. Das Muschelfleisch mit Zitronensaft beträufeln und mit Pfeffer und Salz einreiben. Ein Korianderblatt auf jede Muschel legen, dann die Schinkenscheiben halbieren, je eine Hälfte um eine Auster schlagen und mit einem Zahnstocher befestigen. Die Austern auf einen Teller geben und im auf 180°C vorgeheizten Backofen backen, bis der Schinken knusprig wird. Eine Pfanne mit der halbierten Knoblauchzehe einreiben und die Weißbrote darin anrösten. Die Muscheln heiß auf dem Brot servieren.

Zutaten für 4 Personen

12	*Austern*
6 Scheiben	*Schinken, roh*
12 Blätter	*Koriander*
1	*Knoblauchzehe*
12 Scheiben	*Baguette*

Austern Kilpatrick

» *Oysters Kilpatrick*

Zutaten für 4 Personen

12	*Austern*
2	*Zitronen*
300 g	*grobes Meersalz*
6 TL	*Butter*
etwas	*Worcestersauce*
6 Scheiben	*Schinken, roh*
	Pfeffer, schwarz

Zubereitung:

Zunächst die Austern öffnen und unter fließendem Wasser abspülen. Auf einer flachen, feuerfesten Form das Meersalz etwa 1 cm dick verteilen und die Muschelhälften darauf arrangieren. Je einen halben TL Butter auf die Muscheln setzen und einige Spritzer Worcestersauce über die darüber geben.

Den Schinken sehr fein schneiden und über die Muscheln streuen, dann mit Pfeffer würzen. Im vorgeheizten Grill etwa 6 Minuten auf oberer Schiene garen. Mit Zitronenspalten servieren.

Gratinierte Austern

» *Oven Lovers*

Zutaten für 6 Personen

24	*Austern*
2	*Schalotten*
4	*Kumquats*
2	*Eigelb*
100 ml	*Chardonay*
4 EL	*Butter*
2 EL	*Mandeln*
3 EL	*Zitronensaft*
	Salz
	Pfeffer

Zubereitung:

Die Austern über einem Sieb öffnen und das Wasser in einen Topf fließen lassen. Die Schalotten waschen und in dünne Scheiben schneiden, dann zusammen mit dem Weißwein in den Topf geben. Die Kumquats waschen und trockenreiben, dann halbieren und ebenfalls in den Topf geben. Die Mischung zum Kochen bringen und auf etwa 4 EL Flüssigkeit einreduzieren.

Nun die Eigelbe in den etwas abgekühlten Topf geben und schlagen, bis eine glatte Sauce entsteht. Dann die Butter Esslöffelweise hinzugeben und jedesmal dazwischen rühren, bis sie sich aufgelöst hat.

Die Mandeln sehr grob hacken, pfeffern und mit dem Zitronensaft verrühren. Nun die rohen Austern wieder in ihre Schalen geben, mit der Sauce überziehen, mit den Mandelstückchen bestreuen und im auf 225°C vorgeheizten Backofen etwa 5 Minuten gratinieren.

Krebse & Co.

Frazer Island

Flusskrebssalat mit Frühlingsgemüse

» *Yabby Salad with Spring Vegetables*

Zutaten für 4 Personen

Gemüse Vinaigrette:

100 ml	*Verjus*
350 ml	*Olivenöl*
4 TL	*Dillspitzen*
½	*Paprika, rot*
30 g	*Sellerie*
2 kleine	*Karotten*
3 Schoten	*Zuckererbsen*
3 Stangen	*Spargel, grün*
6	*Salbeiblätter*

Yabby Mousse:

350 g	*Krebsfleisch (ca. 12 Stück)*
50 g	*Sellerie*
2 EL	*Butter, gesalzen*
1 EL	*Thai-Fischsauce*
2 TL	*Gemüsebrühe, gekörnt*
400 ml	*Wasser*
2 Blätter	*Gelatine*
250 ml	*Schlagsahne*

12 mittlere	*Kartoffeln, jung, festkochend*
8	*Salbeiblätter*

Zubereitung:

Gemüse Vinaigrette:

Die Dillspitzen und Salbeiblätter fein wiegen, den Paprika, die Sellerie, die geschälten Karotten, die Zuckererbsenschoten und den Spargel sehr fein schneiden, dann mit dem Olivenöl und dem Verjus vermischen.

Yabby Mousse:

Die Krebse in kochendes Wasser geben, schälen und das Schwanz und Zangenfleisch getrennt von einander beiseite stellen.
Die Butter in eine Pfanne geben und die Krebsschalen darin scharf anbraten. Den klein geschnittenen Sellerie hinzugeben und mit dem Wasser ablöschen, dann die Fischsauce und die Gemüsebrühe hinzugeben, 20 Minuten kräftig kochen lassen und dann alles durch ein mit einem Tuch ausgeschlagenen Sieb gießen. Die Flüssigkeit zurück in den Topf geben und auf etwa 350 ml einreduzieren lassen. Die Krebsschwänze hinzugeben, warm werden lassen und mit dem Pürierstab sehr fein zerkleinern. Die Gelatine brechen und einstreuen, unter Rühren auflösen und nach weiteren 5 Minuten vom Herd nehmen. Die Sahne steif schlagen und anschließend unter die etwas abgekühlte, gelierende Krebsmasse heben.
Die Kartoffeln in der Schale kochen, halbieren und mit einem Teelöffel ovale Vertiefungen hineinstechen. Das Yabby Mousse in die Vertiefungen füllen und auf den Salbeiblättern anrichten, die Vinaigrette über den Flusskrebssalat geben.

Verjus

Französisch für den Saft unreifer Trauben. Das Wort ist zusammengesetzt aus „vert“ für grün und „jus“ für Saft.

Knoblauch Garnelen

» *Garlic Prawns*

Zubereitung:

Die Garnelen aufbrechen, von der Schale befreien, abspülen und trocken tupfen. Das Olivenöl in eine Pfanne geben und erhitzen, dann die Garnelen in die Pfanne geben und frittieren bis sie gar sind. Nun die Butter hinzugeben und schmelzen lassen, dann die fein gehackte Petersilie und die gewiegten Knoblauchzehen hinzugeben. Durchrühren und nach zwei Minuten die Crème Fraîche unterrühren. Ein wenig einreduzieren lassen und auf einem Reisbett servieren.

Zutaten für 1 Person

10	*Tiger Prawns, roh*
2 EL	*Olivenöl*
2 EL	*Butter*
4	*Knoblauchzehen*
½ Bund	*Petersilie*
140 ml	*Crème Fraîche*

Perlen der Südsee

» *Southern Ocen Pearls*

Zutaten für 6 Personen:

Spinat & Petersilienöl:

1 Bund	*Spinat ohne Stängel*
1 Bund	*Petersilie großblättrig*
1 TL	*Meersalz*
	Pfeffer, schwarz
200 ml	*Olivenöl*

Krebsbrühe:

100 ml	*Olivenöl*
1 kg	*Krabbenschalen oder Krebse*
1 kleine	*Zwiebel, rot*
1 kleine	*Karotte, feinges.*
2	*Knoblauchzehen*
3 kleine	*Lauchstangen*
125 ml	*Malt Whisky*
125 ml	*Portwein*
250 ml	*Chardonay*
250 ml	*Geflügelbrühe*
4	*Rispentomaten*
½ Bund	*Thymianblätter*
55 g	*Liebstöckelblätter*
½ Bund	*Estragon*

Selleriepüree:

30 ml	*Olivenöl*
2 EL	*Schweineschmalz*
50 g	*Butter*
½	*Zwiebel*
1	*Knoblauchzehe*
1 Prise	*Meersalz*
	Pfeffer, weiß

Zubereitung:

Spinat- & Petersilienöl:

Die Spinatblätter und die Petersilienstängel einige Minuten im Sieb über stark kochendem Wasser dämpfen und dann das überschüssige Wasser herausdrücken. Beides klein hacken und in einem hohen Gefäß pürieren, mit Salz und den Pfeffer abschmecken und das Olivenöl angießen. Dann alles pürieren bis eine glatte Masse entsteht. Etwa 1 Stunde durchziehen lassen und dann durch einen mehrlagigen Gazestoff drücken. Das Öl bei Zimmertemperatur aufbewahren.

Krebsbrühe:

In einem großen Topf das Olivenöl stark erhitzen und die Krabben oder Krebsreste darin anbraten, etwa 5 Minuten ständig rühren. Dann die fein geschnittene Zwiebel, die in Scheiben geschnittene Karotte, den gehobelten Knoblauch und den gehackten Lauch hinzugeben und weitere 5 Minuten braten. Den Whisky angießen und einreduzieren, bis die Flüssigkeit fast verdampft ist. Das gleiche mit dem Portwein wiederholen und ebenso mit dem Weiswein. Die Gemüsebrühe angießen, die fein geschnittenen, blanchierten und enthäuteten Tomatenstückchen und die Gewürze hinzufügen. Gründlich umrühren und die Hitze reduzieren, auf keinen Fall nochmals kochen lassen. 20 Minuten auf kleiner Flamme simmern lassen. Mit dem Pürierstab zerkleinern und durch ein Tuch filtern, ausdrücken.

Selleriepüree:

Das Olivenöl, das Schweineschmalz und die Butter in einen Topf geben und erhitzen, bis die Butter zu schmelzen beginnt. Die feingeschnittene Zwiebel, den zerdrückten Knoblauch und etwas Salz hineingeben, weich dünsten. Die Sellerie schälen und klein würfeln, dann in den Topf geben und unter rühren mitdünsten. Die Hühnerbrühe angießen und bei kleiner Hitze etwa 30 Minuten köcheln lassen. Hin und wieder umrühren, besonders gegen Ende der Kochzeit, wenn die Flüssigkeit verkocht ist. Alles mit einem Pürierstab zu einer feinen Masse pürieren, dann den Saft einer Zitrone und das Olivenöl einrühren um die Konsistenz der Masse etwas leichter werden zu lassen. Auf Zimmertemperatur abkühlen lassen.

1 mittlere	*Sellerie*
200 ml	*Hühnerbrühe*
1	*Zitrone, Saft*
120 ml	*Olivenöl*

Krebskuchen:

Die Eier schlagen und in die Krebsbrühe solange einrühren, bis eine glatte Flüssigkeit entstanden ist, dann die Fischsauce und den geschmolzenen Palmzucker unterrühren. Entstehenden Schaum abschöpfen.

Die Masse in 6 kleine mit Mandelöl ausgepinselte Pastetenformen geben, diese mit Aluminiumfolie abdecken und auf ein tiefes Backblech stellen. Kochendes Wasser in das Backblech geben, bis die Pastetenformen etwa zur Hälfte im Wasser stehen und dann 35-40 Minuten im auf 200°C vorgeheizten Backofen garen. Außen wird der Krebskuchen fest und fertig aussehen, doch innen wird er noch immer etwas flüssig sein. Abkühlen lassen und im Kühlschrank aufbewahren bis er gebraucht wird.

Krebskuchen:

4	*Eier*
250 ml	*Krebsbrühe*
1 TL	*Thai-Fischsauce*
1 TL	*Palmzucker, dunkel*
	Mandelöl

Anrichten:

Auf die Mitte der Teller einen größeren Löffel Selleriepüree anrichten. Mit einem spitzen Messer an den Rändern der Pastetenform entlang fahren um den Krebskuchen zu lösen und dann vorsichtig stürzen. Das Spinatöl auf den Tellern verteilen und mit dem Meerforellenrogen verzieren. Dazu Weißbrot reichen.

180 g	*Meerforellenrogen*

Geräucherter Rotbarsch mit Krebsmousse

» *Smoked Native Perch with Yabby Mousse and Olive Salsa*

Zutaten für 2 Personen

Filet

2	*Rotbarschfilets, geräuchert*

Olivensauce

150 g	*Zwiebeln*
4 EL	*Butter*
80 g	*Oliven, schwarz*
2 EL	*Petersilie, fein*
½	*Limette, Schale*
1	*Knoblauchzehe, gehobelt*
1 EL	*Koriander*
1 TL	*Kreuzkümmel geröstet*
	Olivenöl
	Salz
	Pfeffer

Krebsmousse

50 g	*Krebsfleisch*
10 g	*Butter*
1 EL	*Olivenöl*
20 ml	*Limettensaft*
20 ml	*Weißwein*
½ Blatt	*Gelatine*
50 g	*Sahne*
1 TL	*Petersilie*
	Salz
	Pfeffer

Zubereitung:

Das Filet:

Das geräucherte Rotbarschfilet im auf 180°C vorgeheizten Backofen 5 - 10 Minuten backen.

Olivensauce:

Die Zwiebeln fein schneiden und in der Butter andünsten. Die fein geschnittenen Oliven hinzufügen und 2 Minuten weiterdünsten. Dann vom Herd nehmen und alle andere Zutaten hinzufügen. Alles mit dem Pürierstab zu einer feinen Sauce verarbeiten.

Krebsmousse:

Das Krebsfleisch aus den Schalen lösen und die Gelatine in kaltem Wasser auflösen. Die Butter in einer Pfanne schmelzen und das Krebsfleisch hinzufügen, anbraten bis das Fleisch Farbe bekommt und dann mit Limettensaft und Wein ablöschen. Das Krebsfleisch herausnehmen, in Stücke schneiden und mit feingewiegter Petersilie vermischen.

Nun die aufgelöste Gelatine in die Pfanne einrühren und abkühlen lassen. Die Sahne steif schlagen und unter das abgekühlte Krebsfleisch in der Pfanne rühren. Anschließend 20 Minuten kalt stellen.

Den Rotbarsch in dünne Streifen schneiden, das Krebsmousse anrichten und die Olivensauce darüber geben.

Mango Balmain Bugs

» *Mango Balmain Bugs*

Zubereitung:

Salzwasser in einem großen Topf zum Kochen bringen und die Krebse hineingeben. Geöffnet etwa 5 Minuten garen, bis die Schalen eine orange Färbung annehmen. Vorsichtig die Köpfe von den Körpern mit einer Schere trennen, mit einem Messer an der Unterseite des Krebses entlangschneiden und das Fleisch herausnehmen.

Die Sauce:
Die Mangos schälen und in kleine Stücke schneiden, dann zusammen mit der sauren Sahne dem Zitronensaft, dem Zucker und der Chilisauce in einer Küchenmaschine zu einer glatten Sauce verarbeiten.
Alles anschließend in einem Topf erhitzen und mit Salz und Pfeffer abschmecken.

Die Balmain Bugs auf den Tellern anrichten und die Sauce darüber geben und mit Weißbrot servieren.

Zutaten für 2 Personen

8	*Balmain Bugs*
	Salz
	Pfeffer
2	*Mangos*
3 EL	*Saure Sahne*
70 ml	*Zitronensaft*
1 TL	*Zucker, braun*
2 TL	*Süße Chili Sauce*

Shellfisch

„Balmain Bugs" oder „Moreton Bay Bugs" findet man an der Küste in Queensland. Ihr Fleisch ist weitaus zarter als das des Shellfischs den man allerdings ersatzweise zur Zubereitung benutzen kann.

Balmain Bug

Pazifikgarnelen mit Fischsauce

» *King Prawns with Fish Sauce*

Ein Queensländer Gericht, das den asiatischen Einfluss auf die Küche verdeutlicht.

Zutaten für 4 Personen

500 g	*Pazifikgarnelen (Riesengarnelen) geschält*
2 cm	*Ingwer*
1	*Paprika, rot*
1	*Zwiebel*
2	*Tomaten*
100 ml	*Wasser*
350 ml	*Fischfond*
1 EL	*Thai-Fischsauce*
2	*Chilischoten*
200 ml	*Kokosmilch, Dose*
2 EL	*Korianderblätter*
1 EL	*Petersilie, großblättrig*
1 EL	*Tomatenmark*

Zubereitung:

Zunächst den frischen Ingwer schälen und grob hacken, dann die Zwiebel ebenso grob hacken und die Paprika und die Tomaten in mittelgroße Stückchen schneiden. Alles in ein hohes Gefäß geben und mit einem Pürierstab zerkleinern.
Das pürierte Gemüse zusammen mit dem Wasser aufwallen lassen, bei starker Hitze 4 Minuten kochen, dabei gelegentlich umrühren.
Den Fischfond, die Thai-Fischsauce und die feingehackten Chilischoten einrühren und bei geringer Hitzezufuhr etwa 12 Minuten sieden lassen. Die Kokosmilch, das Tomatenmark und die Pazifikgarnelen hineingeben und unter gelegentlichem Rühren bei großer Hitze 2 - 4 Minuten kochen.
Inzwischen die Korianderblätter und die Petersilie fein wiegen, die Garnelen mit dem Schaumlöffel in tiefe Teller heben und etwas Sauce darüber geben. Mit den Kräutern bestreuen. Dazu Reis oder Brot reichen.

Arrow Squid

Lasagnepastete mit Krebsfleisch und Jakobsmuscheln

» *Lasagne Paté with Crab Meat and Scallops*

Zutaten für 4 Personen

4-6 Platten	*Lasagne*
50 g	*Fischfilet*
2	*Champignons*
100 ml	*Sahne*
20 g	*Butter*
4 Blätter	*Spinat, frisch*
	Muskatnuss
120 ml	*Riesling*
2	*Taschenkrebse*
40 ml	*Wermut*
0,25 Stg.	*Lauch*
1 kleine	*Karrotte*
1 kleine	*Selleriescheibe, dünn*
1 kleine	*Kohlrabischeibe, dünn*
1	*Tomate*
300 ml	*Fischfond*
1 EL	*Kerbel, gehackt*
1 TL	*Estragon*
1	*Zitrone, Saft*
2	*Schalotten*
300 ml	*Crème Fraîche*
	Salz
	Pfeffer
30 g	*Fischrogen, rot*
12	*Jakobsmuscheln*
100 g	*Spinat*
1	*Schalotte*
4	*40-50 cm lange Bastfäden*

Ein Geschenk des Meeres. Der Geschmack des feinen Krebsfleisches umspielt die harmonische Sauce mit Wein- und Wermutaromen.

Zubereitung:

Die Vorbereitung:

Die Lasagneplatten in einem großen Topf bissfest garen. Portionsgroße Pastetenformen (Ø 5 - 6 cm) buttern und mit den auf die richtige Größe gestutzten Lasagneplatten an der Außenwad entlang doppelt belegen.

Das rohe Fischfilet etwa 10 Minuten in den Tiefkühler legen, dann herausnehmen und fein wiegen. Einen Champignon putzen, fein wiegen und mit dem Fischfilet in eine Rührschüssel geben. Die Sahne angießen und mit dem Pürierstab alles glatt verarbeiten.

Die festen Stängel der Spinatblätter entfernen und diese kurz in kräftig kochendem Wasser blanchieren. Aus den Blättern 4 Kreise (Ø 10 cm) ausstechen und diese beiseite legen. Den Rest des Spinats in sehr dünne Streifen schneiden und fest auf den Boden der Förmchen drücken, etwas Muskatnuss darüber reiben.

In einem großen Topf Salzwasser zum Kochen bringen und die Taschenkrebse darin etwa 35 Minuten kochen. Dann das Fleisch herausnehmen und in dünne Streifen schneiden.

Das Lauch, die Karrotte und den Kohlrabi fein würfeln und eine Minute im kochenden Wasser blanchieren. Herausnehmen und zusammen mit dem etwas abgekühlten Krebsfleisch, dem Kerbel, dem Salz, dem Pfeffer und der Zitrone in die Rührschüssel zum Fischfilet-Champignonmousse geben. Alles gut vermengen, abschmecken und mit einem Löffel in die mit Lasagne ausgekleideten Förmchen geben. Die runden Spinatblätter darüber spannen und mit den Bastfäden verschließen.

Die Sauce:
Die Schalotte und einen Champignon putzen und fein hacken, in Butter andünsten, dann mit Weißwein, Wermut und Fischfond angießen. Die Tomate filetieren und zusammen mit den gezupften Estragonblättchen hinzugeben. Auf mittlerer Flamme auf etwa 80 ml einreduzieren. Dann die Crème Fraîche einrühren und zu einer sämigen Sauce verkochen. Diese mit etwas Salz und Pfeffer abschmecken.

Die Muscheln:
Jakobsmuscheln erhält man bei uns meist küchenfertig tiefgefroren. Diese in warmen Salzwasser auftauen und mit Küchenkrepp gut abtupfen. Mit Salz und Pfeffer würzen und im Öl scharf anbraten.

Jakobsmuschel

Die Schalotten putzen und fein schneiden und zusammen mit den Spinatplättern in ausreichend Butter andünsten. Mit Salz, Pfeffer und Muskat abschmecken.

Den Fischrogen mit einigen Löffeln der Sauce verrühren und in 4 Portionen aufteilen. Den Rest der Sauce mit einem Mixer luftig schlagen.

Das Arrangement:
Die Pastetenformen in einen Topf mit einem Dämpfeinsatz platzieren und zugedeckt im heißen Dampf etwa 10 Minuten dämpfen.
Die Sauce als Spiegel auf den Tellern verteilen und alle Zutaten darüber anrichten. Mit Pfeffer bestreuen, Sekt dazu reichen.

Gerillter Eisfisch und Königskrabbe

» *Grilled Ice Fish and King Crab*

Zutaten für 4 Personen

1 große	*Königskrabbe*
6	*Eisfischfilets*
3 TL	*Forellenrogen*
250 g	*Erdbeeren*
1	*Chili, rot*
200 g	*Zucker, weiß*
2	*Zitronen*
1	*Limette*
1	*Orange*
100 ml	*Olivenöl*
1 Bund	*Koriander*
1	*Lorbeerblatt*
200 ml	*Weißwein*
1 Stange	*Lauch*
	Olivenöl
	Pfeffer, schwarz

Zubereitung:

Die Marinade:
Von einer Zitrone, der Limette und der Orange jeweils die Haut abreiben und anschließend den Saft auspressen. Mit dem Weißwein in einem kleinen Topf verrühren. Die Pfefferkörner, das Lorbeerblatt und den gezupften und gewiegten Koriander hinzufügen und langsam zum Kochen bringen. Alles 5 Minuten kochen und dann im Kühlschrank kühlen. Das Fischfilet in die Marinade geben und wieder kühlen.

Die Krabbe:
In einem großen Topf Salzwasser zum Kochen bringen und die Königskrabbe für 20 Minuten hineingeben. Danach in kaltem Wasser abschrecken und 30 Minuten kalt stellen. Das Fleisch herauslösen und wieder kühlen.

Das Erdbeercoulis:
Die Erdbeeren, 100 g Zucker, etwas Wasser und die feingewiegte rote Chili in einen kleinen Topf geben und mit der Hälfte des Safran etwa 15 Minuten kochen lassen. Dann noch heiß durch ein feines Sieb streichen und im Kühlschrank kalt stellen.

Das Zitronencoulis:
Die Schale der letzten Zitrone abreiben und dann die Zitrone auspressen. Beides mit dem verbleibenden Zucker und 150 ml Wasser in einem Topf mit dem restlichen Safran zum Kochen bringen und 15 Minuten auf kleiner Flamme köcheln lassen. Vom Herd nehmen und das Pfeilwurzmehl einrühren. Nach 2 Minuten durch ein feines Sieb streichen und kalt stellen.

Anrichten:
Das grüne Ende des Lauchs abschneiden und in Längsstreifen schneiden. Für 30 Minuten in kochendem Wasser blanchieren und dann abschrecken.

Die Fischfilets rollen und mit einem Zahnstocher fixieren. Dann auf einem Backblech platzieren, mit Olivenöl und schwarzem Pfeffer beträufeln und dann im Backofen gar grillen. Die Fischröllchen mit dem Krebsmousse füllen und mit den restlichen Zutaten auf dem Teller anrichten. Mit Forellenrogen garnieren.

Bei Rockhampton

Surf & Turf

„Lange schlängelte sich der Fluss durch das Land, zunächst dünn und wasserarm, doch dann schnell anschwellend und breit werdend. Wenn sich der braune Fluss dann seinem jähen Ende nähert, dort, wo die Mangroven emporwachsen und die Uferstellen seltener werden und sich jene Stellen zu mehren beginnen, an denen man sich nicht mehr sicher ist, ob dies noch Fluss oder schon Meer, dann bewegt man seinen Kahn zwischen den Welten. Jenen des vermeintlich sicheren Festlandes, dessen tausend Augenpaare einen gerade durch die Mangroven hindurch anstarren und der gefährlichen Freiheit und Offenheit des Meeres, dessen brandende Wellen bereits in die sich öffnende Flussmündung hineinschlagen."

Salzwasserbissen

» *Saltwater Bites*

Zutaten für 4 Personen

200 g	*Haifischfilet*
200 g	*Krokodilfilet*
1 rote	*Paprika*
1 TL	*Salz*
	Pfeffer
2 EL	*Martini*
	Maccadamia-nussöl
	Limettensaft
1	*Zwiebel*
¼	*Honigmelone*
2	*Lauchstangen*
50 g	*Zuckerschoten*
20 g	*Butter*
	Mandeln, gehobelt
1 TL	*Dill, frisch*
	Mangochutney

Zubereitung:

Das Haifisch- und das Krokodilfilet in etwa 3 cm große Würfel und die Honigmelone in etwa 4 cm große Würfel schneiden, beiseite stellen. Die Paprika in sehr kleine Würfelchen schneiden und alles zusammen mit dem Martini, dem Salz und etwas Pfeffer in eine Schüssel geben. Nur soviel Macadamianussöl hinzugeben, das nach einem gründlichen Durchheben alles ein wenig damit benetzt ist.

Eine Pfanne erhitzen und die gehobelten Mandeln darin etwas rösten, dann beiseite stellen Den frischen Dill fein wiegen und unter die Mandeln mischen. Nun das Fleischgemisch bei mittlerer Hitze von allen Seiten bräunen. Hin und wieder mit etwas Limettensaft ablöschen. Unterdessen in einem anderen Topf die Butter schmelzen. Den Lauch und die Zwiebel fein schneiden, in die Butter geben, dann anschwitzen, bis sie beginnen glasig zu werden.

Das Fleisch mit dem Gemüse auf den Tellern anrichten, die Mandeln darüber geben und servieren. Dazu ein scharfes Mangochutney reichen.

Apfellamm mit Langustinen

» *Apple Lamb with Langustines*

Zubereitung:

Zutaten für 4 Personen

3	*Äpfel, Braeburn*
1 EL	*Zitronensaft*
1 TL	*Ingwerpulver*
3	*Schalotten*
2	*Knoblauchzehen*
	Butter
	Olivenöl
1 EL	*Currypulver, rot*
1 EL	*Kokosflocken*
400 ml	*Gemüsebrühe*
	Salz & Pfeffer
200 ml	*Sahne*
600 g	*Lammschulter*
8	*Langustinen geschält*

Einen der Äpfel schälen, halbieren und vom Gehäuse befreien. Die beiden anderen Äpfel gründlich waschen, ausschließlich halbieren und das Gehäuse herausschneiden. Die ungeschälten Hälften in je 6 Spalten schneiden und mit dem Zitronensaft und dem Ingwerpulver in einer kleinen Schüssel gründlich verrühren.

Das Lammfleisch in dünne Streifen schneiden, die Zwiebeln grob hacken und den Knoblauch in feine Scheiben hobeln. Die Butter in einer großen Pfanne schmelzen und einen Schuss Olivenöl hinzugeben. Nun das Gemüse kurz andünsten und mit dem roten Currypulver bestreuen, alls durchrühren und 3 Minuten zugedeckt köcheln lassen. Nun die Kokosflocken hinzufügen und die Gemüsebrühe angießen. Den geschälten Apfel fein reiben und in die Pfanne geben. Anschließend mit Pfeffer und Salz abschmecken und etwa 20 Minuten auf mittlerer Hitze kochen lassen und dann in ein hohes Gefäß geben und glatt pürieren. Das Püree zurück in die Pfanne gießen, die Sahne angießen und verrühren. Dann die Lammstreifen hinzugeben, durchrühren, aufwallen lassen und auf kleiner Flamme 5 Minuten köcheln lassen.

In einer Pfanne die Butter schmelzen, die Langustinen hinzugeben und zusammen mit den Apfelschnitzen garbraten. Zunächst das Fleisch mit der Schalottensauce auf die Teller geben, dann die Langustinen mit den Apfelschnitzen darüber anrichten und nochmals Salz und Pfeffer darüber geben.

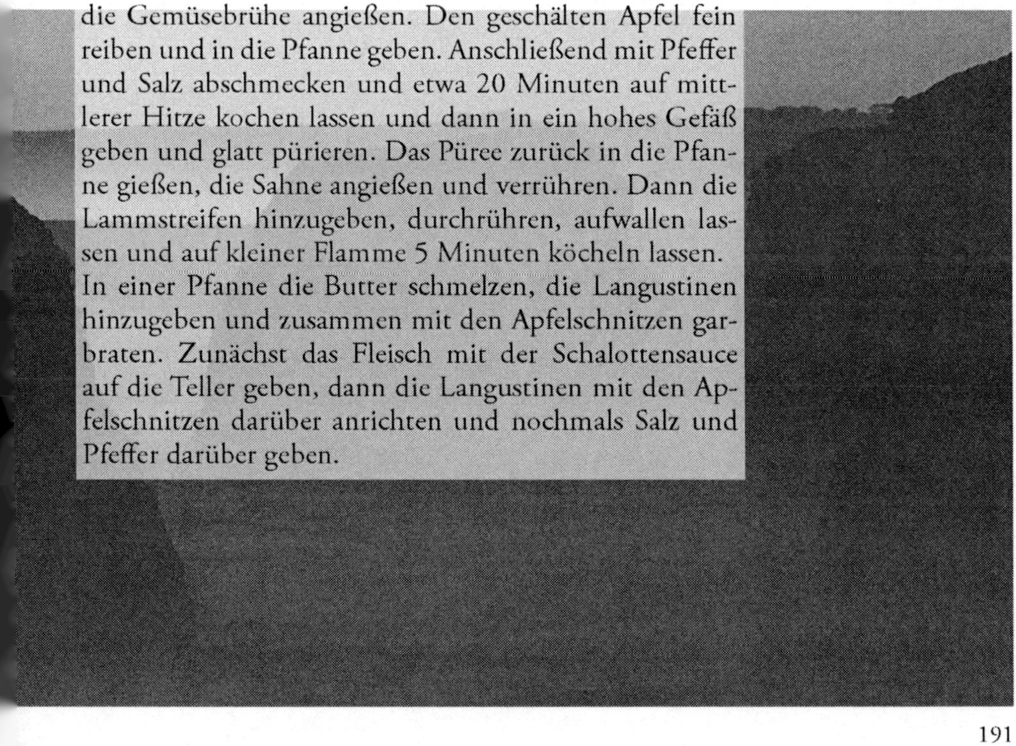

Austern in der Reisetasche

» *Carpetbag Steak*

Zutaten für 4 Personen

4 große	*Filetsteaks etwa 800 g*
12	*Austern*
3	*Knoblauchzehen*
3 EL.	*Olivenöl*
120 g	*Weißbrot*
1 EL	*Butter, gesalzen*
125 g	*Champignons*
2 EL	*Petersilie*
1 EL	*Koriander*
½	*Limette*
1	*Ei*
	Pfeffer
	Salz

Zubereitung:

Den Knoblauch schälen, fein hacken und in 2 EL des Olivenöls anbraten. Das Weißbrot fein zerreiben und zum Knoblauch geben, unter Rühren goldbraun werden lassen und beiseite stellen.

In einer weiteren Pfanne die gesalzene Butter zusammen mit dem restlichen Olivenöl zum schmelzen bringen. Während dessen die gewaschenen Champignons fein hacken und dann darin andünsten.

Die Austern öffnen, aus der Schale lösen und säubern. Mit zu den Pilzen geben und bei mittlerer Hitze etwa 1 Minute von jeder Seite anbraten, dann die Pfanne beiseite stellen.

Die Petersilie und den Koriander zupfen und fein wiegen, zusammen mit der abgeriebenen Schale der Limette und dem Ei verrühren. Die Semmelbrösel und die Austernmischung hinzufügen, vorsichtig vermischen.

Mit einem scharfen Messer von der Seite her Vertiefungen in die Filetsteaks schneiden, sodass eine Tasche entsteht. Das Innere der Tasche mit Salz und Pfeffer ausreiben, dann mit einem Teil der Mischung füllen. Die Öffnung dann mit einem langen Fleischspieß wie eine Naht verschließen. Nun auch von außen mit Pfeffer und Salz einreiben, dann in der Pfanne mit Butter oder auf dem Holzkohlegrill anbraten.

Seteufel und Lamm

» *Angler Fish meets Lamb*

Zubereitung:

Zutaten für 4 Personen

200 g	*Lammfilet*
200 g	*Seeteufelfilet*
	Limettensaft
	Sesamöl, hell
7	*Frühlingszwiebeln*
30 g	*Butter*
80 g	*rote Linsen*
125 ml	*Tomaten, pass.*
300 ml	*Chardonay*
2 EL	*Balsamico*
65 g	*Schinken, roh*
1 große	*Zwiebel,*
150 g	*Kartoffeln, festkochend*
125 g	*Prinzessbohnen*
3 EL	*Senf*
2 EL	*Balsamico*
1 EL	*Zucker*
2 EL	*Sahne*
1 EL	*Sesamöl, hell*
300 g	*Salat, gemischt*
	Salz
	Pfeffer

Das Lammfilet und das Seeteufelfilet waschen, mit Küchenkrepp trocken tupfen und mit Pfeffer und Salz würzen. Den Seeteufel zuvor mit Limettensaft beträufeln.
In einer Pfanne das Sesamöl auf mittlere Temperatur bringen und das Lamm und den Seeteufel darin braten. Achtung, das Sesamöl darf nicht zu heiß werden, lieber noch etwas davon nachgießen. Abgedeckt beiseite stellen.
Die Frühlingszwiebeln würfeln und in Butter andünsten, die gewaschenen Linsen, die passierten Tomaten und den Wein hinzufügen. Alles 7 Minuten kochen und dann abkühlen lassen. Nun den Balsamico und 2 EL Sesamöl einrühren.
Den rohen Schinken und die Zwiebel würfeln und ebenfalls in Sesamöl auf kleiner Hitze anbraten, bis die Zwiebeln glasig sind. Dann die in dünne Streifen geschnittenen Kartoffeln und die Bohnen dazugeben, hin und wieder mit einem flachen Holzlöffel wenden und dabei den Satz lösen. Alles etwa 10 Minuten dünsten, dabei immer wieder das Sesamöl ggf. ersetzen.
In einer kleinen Schüssel den Senf mit dem Salz, dem Pfeffer, dem Zucker, der Sahne und dem Balsamico vermischen, dann das Öl hinzufügen. Etwa 1/3 der Sauce unter die Kartoffeln und Bohnen rühren.
Den Salat auf den Tellern anrichten und mit der restlichen Sauce übergießen. Den Seeteufel und das Lamm darauf anrichten, das Gemüse darum garnieren.

Enteneintopf mit Flusskrebsen

» *Duck Stew with Yabbies*

Zutaten für 4 Personen

	Salzwasser
200 ml	*Weißwein*
1 EL	*Gemüsebrühe*
2	*Entenbrüste*
8	*Flusskrebse*
1	*Zwiebel*
1	*Paprikaschote,*
rot	
150 g	*Zuckerschoten*
250 ml	*Entenfond*
2 EL	*Erdnussöl*
2 EL	*Butter*
1 EL	*Öl*
3 Zweige	*Thymian*
1 TL	*Rosmarin*
	Salz
	Pfeffer
2 EL	*Mehl*
2 EL	*Butter, gesalzen*

Zubereitung:

In einem großen Topf Salzwasser, Weißwein und Gemüsebrühe zum Kochen bringen und die Flusskrebse darin etwa 12 Minuten garen. Dann das Fleisch aus der Schale lösen und beiseite legen.

Die Entenbrüste halbieren und mit Salz und Pfeffer einreiben, dann in einer Pfanne das Erdnussöl erhitzen und die Entenbrüste darin etwa 15 Minuten braten.

Die Paprika und die Zwiebel in kleine Würfel schneiden, den Knoblauch dünn hobeln. Aus der Pfanne das Entenfett abgießen, 1 EL Butter hinzugeben und die Paprika, den Knoblauch und die Zwiebeln darin unter Rühren etwa 5 Minuten dünsten.

Inzwischen die Entenbrust würfeln und zusammen mit den in Stücke geschnittenen Zuckerschoten zum Gemüse in die Pfanne geben. Hin und wieder wenden, dann scharf anbraten und sofort mit dem Entenfond ablöschen. Den Thymian und den Rosmarin hinzugeben und 20 Minuten auf kleiner Flamme köcheln lassen.

Nach der Garzeit die Thymianzweige aus der Pfanne nehmen und zunächst die Butter, dann das Mehl einsieben und gründlich verrühren. Einmal aufwallen lassen und die Flusskrebse hinzugeben. Mit Salz und Pfeffer abschmecken. Reis dazu reichen.

Rinderfilet mit Riesengarnelen

» *Fillet of Beef with Kingprawns*

Zubereitung:

Zunächst den Backofen auf 75°C vorheizen und zum erwärmen eine Servierplatte und die Teller mit in den Ofen geben. Das Rinderfilet putzen, waschen und in 12 etwa 2cm dicke Medaillons schneiden. Diese mit Salz und Pfeffer würzen und im erhitzten Olivenöl auf jeder Seite etwa 1½ bis 2 Minuten anbraten. Anschließend die Medaillons gleich auf die vorgewärmte Platte in den Backofen geben, mit Aluminiumfolie abdecken und 12 Minuten ruhen lassen.

Inzwischen die Riesengarnelen abspülen und trocken tupfen. Etwas Olivenöl zum Bratensatz geben und die Garnelen darin von jeder Seite etwa eine Minute anbraten, anschließen mit auf die Servierplatte im Backofen geben.

Die Zitrone auspressen und mit dem Saft den Bratensatz loskochen. Die Temperatur reduzieren und zusammen mit dem Thymianblättern, dem Tomatenmark, dem Cayennepfeffer und dem Bratensaft von der Servierplatte einige Minuten köcheln lassen und nach Geschmack binden.

Die Medaillons auf den vorgewärmten Tellern anrichten und die Riesengarnelen darauf setzen. Nun die Sauce darüber geben und mit einigen Thymianblättchen garnieren.

Zutaten für 6 Personen:

850 g	*Rinderfilet*
7 EL	*Olivenöl*
2 EL	*Tomatenmark*
1 TL	*Zucker*
18	*Riesencrevetten*
1	*Limette, Saft*
1 Zweig	*Thymian*
1 TL	*Cayennepfeffer*
	Salz
	Pfeffer

Surfers Paradise - Eingang

Küste bei Newcastle, NSW

Saucen, Dips & Marinaden

„Man muss dem Braten eine Seele geben, eine die ihn erweckt, die ihn dazu verführt seine reizvollsten Düfte preiszugeben, durch leises Zischen zu locken und sich von seiner gebräunten Seite zu zeigen.
Der verzaubernde Saft rinnt aus den Poren hinab auf das Blech und wartet darauf in Kürze mit ein wenig Knoblauch, Salz und Sahne auf dem nahen Herd Hochzeit zu feiern, ein wenig Port – ein rauschendes Fest der Sinne."

Cassissauce zu Wild

» *Cassis Sauce for Game Dishes*

Zutaten:

500 g	*Rehknochen*
50 g	*Karotten*
75 g	*Lauch*
75 g	*Sellerie*
1 mittlere	*Zwiebel*
75 g	*Butter*
40 g	*Champignons, klein*
8	*Wacholderbeeren*
225 ml	*Rotwein*
25 ml	*Gin*
250 ml	*Wildfond*
1 Zweig	*Rosmarin*
1 TL	*Thymian*
	Zucker, braun
200 ml	*Cassis*
35 g	*Butter, kalt*

Zubereitung:

Die Rehknochen kleinhacken und in einem großen Topf anrösten. Das Gemüse putzen und klein würfeln, dann ebenfalls im Topf mitrösten bis dieses zu bräunen beginnt. Nun die geviertelten Pilze und die Gewürze hinzugeben und mit dem Rotwein ablöschen. Dann den Wildfond angießen und 90 Minuten bei mittlerer Hitze kochen lassen. Den Saucenfond durch ein Sieb geben, ausdrücken und zurück auf dem Herd auf 250 ml einreduzeiren lassen. In einem anderen Topf den Cassis erhitzen und ein wenig reduzieren lassen, dann zum Fond angießen und verrühren. Alles nochmals aufkochen und die kalten Butterstückchen einrühren.

Rote Curry Sauce

» *Thai Red Curry Paste*

Zutaten:

2 EL	*Koriandersamen*
4 TL	*Kümmel (Cumin)*
2 TL	*Pfefferkörner, schwarz*
2 TL	*Kurkuma*
4 TL	*Shrimps-Paste, getrocknet*
20	*Chilischoten, rot*
1	*Paprika, rot*
150 g	*Schalotten*
4	*Knoblauchzehen*
4 Halme	*Zitronengras*
2 EL	*Galgant*
2 Zweige	*Koriander*
2 TL	*Limettenschale*
8	*Kafirlimettenblätter*
4 - 8 EL	*Olivenöl*

Zubereitung:

Einen kleinen Topf erhitzen und die Koriandersamen anrösten bis sie golden werden und zu duften beginnen, dann in einen Mörser geben. Im gleichen Topf den Kümmel und anschließend die Pfefferkörner anrösten und zu den Koriandersamen geben. Nun alles zu einem feinen Pulver verarbeiten. Die Paprika putzen und grob zerkleinern, dann zusammen mit dem Kurkuma, der Shrimps-Paste, den Chilis, den gehackten Schalotten, den Knoblauchzehen, dem Zitronengras, dem Galgant, den Korianderzweigen, der Limettenschale und den Kafirlimettenblättern in eine Küchenmaschine geben. Alles zu einer glatten, feinen Paste verarbeiten. Etwas Öl in die laufende Maschine geben um die Sauce so in die gewünschte, schwerverlaufende, ölige Konsistenz zu bringen. Vor dem Gebrauch 2 Tage ziehen lassen.

~MENU~
bed of rice
$25
Atlantic Salmon Burger
SAUCES:-

Lammfond

» *Lamb Fond*

Zutaten:

1,2 kg	*Lammknochen, in kleine Stücke gehackt*
1	*Lorbeerblatt*
1	*Zwiebel*
2 große	*Karotten*
500 g	*Sellerie*
1 Stange	*Lauch*
12	*Schalotten*
2	*Stangensellerie*
3	*Tomaten*
	Pfefferkörner, schwarz
	Wasser

Zubereitung:

Die Lammknochen abspülen und in einem geschlossenen Bräter verteilen und diesen im auf 200°C vorgeheizten Backofen etwa 60 Minuten braten.
Anschließend die in kleine Stücke geschnittenen Karotten, Sellerie, Staudensellerie, Schalotten und Tomaten in den Bräter geben und etwa 20 Minuten weitergaren. Dann den zerkleinerten Lauch und die Gewürze hinzugeben und im auf 150°C heißen Herd nochmals 15 Minuten mitgaren lassen.
Den Bräter aus dem Ofen nehmen und alles in einen großen Topf umfüllen. Mit etwas Wasser den Satz aus dem Bräter lösen und auch in den Topf geben. Dann soviel kaltes Wasser angießen, bis alles knapp abgedeckt ist. Nun den Topf erhitzen und etwa 5 Stunden auf mittlerer Hitze köcheln lassen. Ein Tuch in ein großes Passiersieb legen und den Fond hindurch in eine Schüssel seihen, dabei mit einem Holzlöffel möglichst viel Flüssiggeit aus dem Ansatz pressen. Zum Schluss das Tuch zusammendrehen und nochmals pressen.
Den Fon kalt stellen und das Fett abschöpfen.

Macadamia Pesto

» *Macadamia Pesto*

Zutaten:

150 g	*Macadamianüsse*
150 g	*Basilikum*
1 Zweig	*Koriander*
2	*Knoblauchzehen*
150 ml	*Olivenöl*
50 ml	*Macadamianussöl*
50 g	*Parmesan, reif*
	Salz
	Pfeffer

Zubereitung:

Die Macadamianüsse grob hacken und zusammen mit dem Knoblauch, den gezupften Korianderblättern und dem Basilikum in einer Küchenmaschine zerkleinern. In einem dünnen Strahl das Olivenöl in die laufende Küchenmaschine geben und weiterarbeiten lassen, bis sich alles zu einer recht glatten Masse verbunden hat. Abschließend den geriebenen Parmesan dazugeben, nochmalz kurz in der Maschine verarbeiten und dann in eine Rührschüssel gießen. Mit Salz und Pfeffer abschmecken.

Stockenten

Hagebuttensauce zu Wild

» *Rosehip Sauce*

Zubereitung:

Die Hagebutten vom Ansatz befreien und längs dazu aufschneiden. Die Kerne und die Härchen herausnehmen und das übergebliebene Fruchtfleisch waschen, trockentupfen und sehr grob hacken. Die Stückchen in einen Topf geben und mit Zimt, Zitronengras, und Zitronenschalenstückchen bestreuen. Mit einem Holzlöffel alles gut durchrühren bis sich alle Gewürze gleichmäßig verteilt haben. 15 Minuten ziehen lassen, dann mit Wasser bedecken und langsam zum Kochen bringen. Nach 30 Minuten Kochzeit die oben schwimmenden Zitronenschalenstückchen herausnehmen und dann weitere 90 Minuten köcheln lassen. Die Masse in ein Passiersieb geben und in einen Topf streichen, dann den Weißwein, den Zucker und das Salz einrühren und zu einer Sauce einreduzieren lassen.

Zutaten:

500 g	*Hagebutten, frisch*
1 TL	*Zimtpulver*
1 TL	*Zitronengraspulver*
2 TL	*Zitronenschale*
125 ml	*Weißwein*
50 g	*Zucker*
1 Prise	*Salz*

Chili-Bananen Chutney

» *Chili Banana Chutney*

Zutaten:

6	*Bananen, fest*
3 cm	*Ingwer*
¼ TL	*Zitronengraspulver*
30 g	*Rohrzucker*
15 ml	*Cognac*
200 ml	*Apfelsaft*
100 ml	*Orangensaft*
1	*Chilischote, rot*
1	*Zitrone*
	Pfeffer, schwarz

Zubereitung:

Zunächst die Bananen in Scheiben schneiden und zusammen mit dem Saft der ausgepressten Zitrone und der sehr feingewiegten Chilischote in eine kleine Schüssel geben und durchrühren, bis alle Bananenstücke damit benetzt sind und die Chilistückchen sich verteilt haben. Etwa 20 Minuten im Kühlschrank ziehen lassen.
Inwischen den Ingwer schälen, feinhacken und beiseite stellen. Den Zucker in einen Topf geben, langsam erhitzen und karamellisieren lassen. Wenn er seinen Duft richtig entfaltet mit Apfelsaft ablöschen, den Cognac hinzugeben, aufwallen lassen und mit Orangensaft angießen. Jetzt mit einem Schaumlöffel die Bananen aus der Marinade nehmen und in den Topf geben. Unter zeitweisem umrühren etwa 15 - 20 Minuten auf kleiner Flamme köcheln lassen. Die Bananen sollten dabei nicht ganz zerfallen.

Preiselbeersauce zu Wild

» *Cranberry Sauce*

Zubereitung:

Die Schalotten putzen, fein schneiden und in der Butter zusammen mit der in Scheiben geschnittenen Karotte und der zerpressten Knoblauchzehe anbraten. Alles mit dem Rotwein ablöschen und dann den Fond hinzugeben. Aufkochen lassen und solange reduzieren bis die Sauce beginnt einzudicken. Dann die Preiselbeeren einrühren und mit Salz, Pfeffer und Piment abschmecken.

Zutaten:

3	*Schalotten*
1	*Knoblauchzehe*
1	*Karotte*
30 g	*Butter*
100 ml	*Rotwein*
250 ml	*Wildfond*
8 EL	*Preiselbeeren*
	Salz
	Pfeffer, schwarz
	Piment

Tomaten-Ananas Konfitüre

» *Tomato and Pineapple Jam*

Zubereitung:

Zunächst die Tomaten waschen, in kleine Stücke würfeln und in einen Topf geben. Die Ananasstücke und 1 kg Zucker hinzugeben und aufkochen. Anschließend etwa 90 Minuten unter gelegentlichem Umrühren köcheln lassen. Dann den restlichen Zucker einstreuen und weiterkochen bis alles eindickt (1 EL der Sauce auf einen Unterteller geben. Nach 60 - 90 Minuten sollte diese Menge festgeworden sein). In Ausgekochte Gläser füllen und noch heiß verschließen.

Zutaten:

3 kg	*Rispentomaten*
1 gr. Dose	*Ananasstücke*
2 kg	*Zucker*

Outback Bier Sauce

» *Outback Beer Sauce*

Zubereitung:

Die Tomaten zunächst etwas zerdrücken, dann mit allen restlichen Zutaten in einem Topf verrühren, langsam erhitzen und dann aufwallen lassen. Die Temperatur zurücknehmen und bei niedriger Hitze etwa 30 Minuten köcheln lassen, dabei gelegentlich umrühren.

Zutaten:

425 g	*Dosentomaten*
6 EL	*Worcestersauce*
330 ml	*Bier*
70 ml	*Apfelessig*
1 TL	*Paprikarpulver*
1 TL	*Salz*
½ TL	*Pfeffer, schwarz*

Avocado Dip

» *Avocado Dip*

Zutaten:

1 große	*Avocado*
1 kleine	*Zwiebel*
3 TL	*Limettensaft*
0,25 TL	*Chilipulver*
	Salz
	Pfeffer

Zubereitung:

Die Avocado schälen, vom Kern befreien und klein schneiden, dann die Zwiebel zerkleinern und zusammen mit allen Zutaten in der Küchenmaschine zu einer glatten Creme verarbeiten. Mit Pfeffer und Salz abschmecken und in das Serviergeschirr umfüllen, dann im Kühlschrank mindestens 90 Minuten abgedeckt ziehen lassen. Am gleichen Tag verzehren.

Grillsauce

» *Barbeque Dip*

Zutaten:

250 g	*Frischkäse*
0,5	*Paprika, rot*
70 g	*Petersilie*
1 große	*Essiggurke*
3	*Oliven, schwarz*
1	*Frühlingszwiebel*
1 EL	*Worcestersauce*
	Salz
	Pfeffer

Zubereitung:

Den Frischkäse in kleine Portionen teilen, die Paprika grob hacken, ebenso die Essiggurke und die Frühlingszwiebel. Dann alles in der Küchenmaschine zu einer glatten Creme verarbeiten. Mit Salz, Pfeffer und Worcestersauce abschmecken. In die Sauciere umfüllen, dann im Kühlschrank mindestens 90 Minuten abgedeckt ziehen lassen.

Kakifrucht Chutney

» *Persimmon Chutney*

Zutaten:

420 ml	*Apfelessig*
125 g	*Zwiebeln*
1 großer	*Apfel*
90 g	*Rosinen*
170 g	*Zucker*
70 ml	*Zitronensaft*
1 große	*Chili, rot*
2 cm	*Ingwer*
1 EL	*Zitronenschale*
1 TL	*Koriandersamen*
4 mittlere	*Kakifrüchte*

Zubereitung:

Die Zwiebeln und den Apfel schälen, hacken und den Ingwer reiben. Alle Zutaten außer den Kakifrüchten in eine große Pfanne geben und bei mittlerer Hitze zum kochen bringen. Unter gelegentlichem Rühren etwa 30 Minuten einkochen lassen, bis die Flüssigkeit eindickt. Dann die Kakifrüchte hinzugeben und fünf Minuten mitkochen bis diese weiche werden. Die Pfanne vom Herd nehmen und bei Zimmertemperatur vollkommen abkühlen lassen und dann abgedeckt kühlen.

Tomaten-Kürbis Chutney

» *Pumpkin Tomato Chutney*

Zubereitung:

Den Kürbis schälen, putzen und würfeln. Die Tomaten oben kreuzweise einritzen und mit kochendem Wasser übergießen und dann enthäuten. Die Tomaten achteln und etwas abtropfen lassen. Den Ingwer reiben, die Pfefferkörner zerstoßen und die Knoblauchzehen zerdrücken. Dann alle Zutaten in eine große Pfanne geben und bei mittlerer Hitze zum Kochen bringen. Zeitweise umrühren, dann die Hitze zurücknehmen und etwa 40 Minuten köcheln lassen bis die Masse einzudicken beginnt. Immer wieder umrühren, damit nichts anhängt. Achtung: Nicht schon in die Konsistenz des Chutneys einkochen, da die Masse sich beim erkalten nochmals verfestigt. Noch heiß in die Gläser füllen, fest verschließen und umgekehrt auf den Deckel stellen.

Zutaten:

400 g	*Kürbis*
400 g	*Tomaten*
2 große	*Zwiebeln*
3	*Knoblauchzehen*
1 TL	*Senfpulver*
2 cm	*Ingwer*
1 TL	*Pfefferkörner*
1 Stange	*Zimt*
275 ml	*Essig*
225 g	*Zucker, braun*

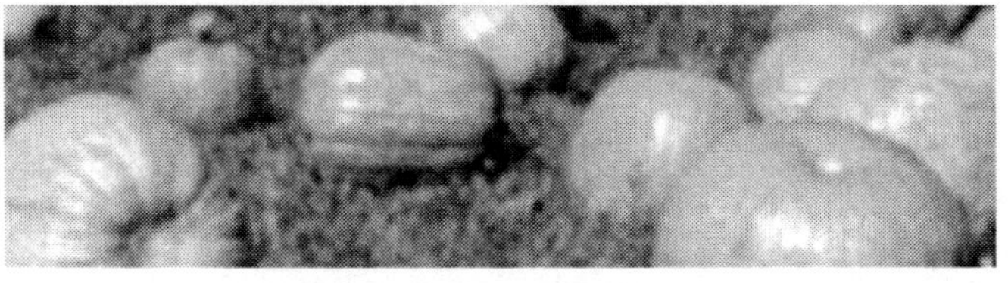

Kürbis-Aprikosen Chutney

» *Pumpkin Chutney with Apricots*

Zubereitung:

Die Zwiebeln grob würfeln, den Kürbis schälen, putzen und würfeln, die Aprikosen sehr grob hacken, die Ingwer reiben, dann alle Zutaten in einer großen Pfanne zum kochen bringen und bei schwacher Hitze 70 Minuten köcheln lassen, bis der Kürbis weich ist und die Masse andickt. Die Nelke herausnehmen und alles noch heiß in Gläser abfüllen und fest verschließen.

Zutaten:

1 kg	*Kürbis*
2 große	*Zwiebeln*
250 g	*Aprikosen, getrocknet*
2 cm	*Ingwer*
125 g	*Sultaninen*
125 g	*Korinthen*
1 TL	*Salz*
1 TL	*Pfefferkörner*
1 Stange	*Zimt*
1	*Gewürznelke*
250 g	*Rohrzucker*
750 ml	*Weisweinessig*

Pfirsich-Tomaten Chutney

» *Peach and Tomato Chutney*

Zutaten:

400g	*Pfirsiche, entsteint*
400 g	*Tomaten*
1 Bund	*Schalotten*
200 ml	*Apfelessig*
125 ml	*Apfelsaft*
100 g	*Rosinen*
275 g	*Gelierzucker*
1 TL	*Curry, rot*
1 TL	*Paprikapulver*
1 TL	*Zimt*
	Salz, Pfeffer

Zubereitung:

Die Tomaten an der Oberseite einritzen und mit kochendem Wasser übergießen, dann die Häute entfernen. Die Pfirsiche, die Schalotten und die Tomaten in Würfel schneiden, in eine große Pfanne geben und den Essig, den Apfelsaft, die Rosinen und den Gelierzucker untermischen. Dann alle Gewürze hinzugeben und die Pfanne erhitzen. Etwa 15 Minuten stark kochen lassen, die Hitze reduzieren und auf kleiner Flamme weitere 25 Minuten köcheln lassen. Noch heiß in die Gläser füllen und fest verschließen.

Brombeersauce

» *Blackberry Sauce*

Zutaten:

250 g	*Brombeeren*
100 ml	*Wasser*
30 g	*Zucker, braun*
1½ TL	*Pfeilwurzelmehl*
3 TL	*Portwein, rot*
1	*Zimtstange*
4	*Pfefferkörner, schwarz*

Zubereitung:

Die Brombeeren mit dem Zucker und dem Wasser in einen Topf geben, zum Kochen bringen und köcheln lassen bis der Zucker geschmolzen ist. Währenddessen das Pfeilwurzelmehl mit einigen TL Wasser zu einer gleichmäßigen Creme verrühren und zu den Brombeeren geben. Alles gut miteinander verrühren, dann den Portwein und die Gewürze hinzugeben. Etwa fünf Minuten köcheln lassen, dann die Zimtstange und die Pfefferkörner entfernen. Bei Bedarf noch Zucker hinzugeben. Soll die Sauce gleich zum Fleisch verwendet werden, weitere 2 TL Pfeilwurzelmehl mit dem Bratensaft vermengen und unterrühren. Mit Pfeffer und Salz abschmecken.

Rhabarber-Erdbeer Chutney

» *Rhubarb and Strawberry Chutney*

Zubereitung:

Die Koriandersamen, den Kreuzkümmel und die beiden Nelken in einen kleinen Topf geben und anrösten, bis sie alle ihren Duft entfalten, dann gleich aus dem Topf nehmen und beiseite stellen.
Den Rhabarber und die Erdbeeren waschen und in Stücke schneiden. Die Zwiebeln würfeln und die Aprikosen zerkleinern. Den Ingwer schälen und fein hacken, alles in eine große Pfanne geben, aufwallen lassen und bei kleiner Hitze unter regelmäßigem Umrühren köcheln lassen.
Noch heiß in die Gläser füllen und fest verschließen.

Zutaten:

500 g	*Rhabarber*
300 g	*Erdbeeren*
3 mittlere	*Zwiebeln*
50 g	*Aprikosen, getrocknet*
2 cm	*Ingwer*
350 g	*Rohrzucker*
200 ml	*Rotweinessig*
1 TL	*Tabasco*
½ TL	*Salz*
½ TL	*Koriandersamen*
½ TL	*Kreuzkümmel*
2	*Nelken*

Apfel-Korinthen Chutney

» *Apple Chutney*

Zubereitung:

Die Pfefferkörner mit den Senfkörnern in einen kleinen Topf geben und anrösten bis diese duften, dann in einen Mörser umfüllen und zerstoßen.
Die Äpfel schälen, vom Kerngehäuse befreien und in dünne Scheiben schneiden. Die Zwiebeln grob hacken, den Knoblauch zerpressen und mit den Äpfeln in eine große Pfanne geben. Die Pfanne erhitzen und wenn die Apfelstücke zu zischen beginnen den Essig, den Zucker, den Ingwer und den Inhalt des Mörsers mit in die Pfanne geben. Gut vermischen und kräftig aufwallen lassen, dann die Hitze reduzieren und auf kleiner Flamme etwa 60 Minuten köcheln lassen, dabei hin und wieder umrühren.
Die Korinthen hinzugeben und nochmals etwa 20 Minuten weiter köcheln, bis alles andickt und mehr eine breiige als eine flüssige Konsistenz hat.
Noch heiß in die Gläser füllen und fest verschließen.

Zutaten:

1,2 kg	*Granny Smith*
300 g	*Zwiebeln*
2	*Knoblauchzehen*
450 ml	*Essig*
600 g	*Zucker, braun*
4 EL	*Senfkörner*
3 cm	*Ingwer*
2 TL	*Pfefferkörner, schwarz*
300 g	*Korinthen*

Tomaten-Paprika Chutney

» *Tomato and Sweet Pepper Chutney*

Zutaten:

1	*Paprika, rot*
1	*Paprika, grün*
500 g	*Tomaten*
250 g	*Zwiebeln*
6 EL	*Weißweinessig*
200 g	*Rohrzucker*
½ TL	*Meersalz*
½ TL	*Paprikapulver*
2	*Nelken*
½ TL	*Senfkörner*
¼ TL	*Kreuzkümmel*
½ TL	*Pfefferkörner, schwarz*

Zubereitung:

Die Pfefferkörner und den Kreuzkümmel mit den Senfkörnern in einen kleinen Topf geben und anrösten bis diese duften, dann in einen Mörser umfüllen und zerstoßen. Die Paprikaschoten waschen, halbieren entkernen und dann sehr grob hacken. Die Zwiebeln würfeln und die Tomaten nach dem Enthäuten grob zerkleinern. Alle Zutaten in einer großen Pfanne kräftig aufkochen und bei mittlerer Hitze etwa 40 Minuten köcheln lassen. Umgehend in Gläser füllen und verschließen.

Perth

Illawarra-Pflaumen-Chutney

» *Illawarra Plum Chutney*

Zutaten:

500 g	*Granny-Smith*
1½ kg	*Illawarra-Pflaumen*
3	*Knoblauchzehen*
100 g	*Rosinen*
500 ml	*Apfelessig*
300 g	*Rohrzucker*
2 cm	*Ingwer*
1	*Chilischote, rot*

Zubereitung:

Die Äpfel schälen und vom Kerngehäuse befreien, die Pflaumen halbieren, die Knoblauchzehen, die Chilischote und die Ingwer fein hacken. Alle Zutaten in eine große Pfanne geben und kräftig aufkochen lassen, dann die Hitze reduzieren und bei kleiner Flamme etwa 30 Minuten köcheln lassen, bis das Chutney eindickt.
Noch heiß in die Gläser füllen und fest verschließen.

Aprikosen-Apfel Chutney

» *Apricot Apple Chutney*

Zubereitung:

Die Pfefferkörner, den Kreuzkümmel, die Kardamomkapseln, die Zimtstange, die Nelken mit dem Kreuzkümmel in einen kleinen Topf geben und anrösten bis diese duften, dann die Nelken und die Zimtstange herausnehmen und die anderen Zutaten in einen Mörser geben und zerstoßen. Die Aprikosen waschen, halbieren, vom Stein befreien und in dünne Streifen schneiden. Die Äpfel ebenfalls waschen, vom Kerngehäuse befreien und in etwa 1 cm dicke Streifen schneiden. Die Zwiebeln schälen, halbieren und dann in dünne Scheiben schneiden. Den Knoblauch, die getrockneten Aprikosen und den Ingwer grob hacken. Alles in eine große Pfanne geben und kräftig aufwallen lassen, dann bei mittlerer Hitze etwa 90 Minuten lang köcheln lassen, bis das Chutney eindickt, dabei gelegentlich rühren. Abschließend die Gewürze aus dem Mörser, die Zimtstange sowie die Nelken einrühren und alles in Gläser füllen.

Zutaten:

1 kg	*Aprikosen*
25 g	*Aprikosen, getrocknet*
300 g	*Äpfel, Granny Smith*
300 g	*Zwiebeln*
3	*Knoblauchzehen*
5 cm	*Ingwer*
500 ml	*Apfelessig*
250 g	*Zucker, braun*
3	*Nelken*
1 TL	*Kardamomkapseln*
1	*Zimtstange*
½ TL	*Pfefferkörner, schwarz*
2 TL	*Kreuzkümmel*

Ananas-Ingwer-Chutney

» *Pinapple Ginger Chutney*

Zubereitung:

Die Ananas schälen, in Stücke schneiden und in eine Schüssel geben. Das Salz darüber streuen, alles gut durchheben und etwa 45 Minuten im Kühlschrank stehen lassen. Nun den Knoblauch, den zuvor gehackten Ingwer und die Rosinen zusammen mit den Ananasstücken in der Küchenmaschine zu einer glatten Masse pürieren. Diese Masse zusammen mit dem Essig, dem Zucker und der sehr feingehackten Chilischote in eine Pfanne geben und zum Chutney einreduzieren, dabei gelegentlich umrühren. Mit Pfeffer und Salz abschmecken, dann umgehend in Gläser füllen und verschließen.

Zutaten:

1	*Ananas, frisch*
3 TL	*Salz*
2	*Knoblauchzehen*
5 cm	*Ingwer*
200 g	*Rosinen*
500 ml	*Weißweinessig*
125 g	*Rohrzucker*
1	*Chilischote*

Aufgeständerte Häuser in Currumbin, Qld.

Gemüsegerichte und Gemüsebeilagen

„Dass Gemüse lebendig ist, weiß jeder, ja man kann es sogar hören. Jedes Gemüse hat sogar sein eigenes Geräusch. Wenn es frisch ist und lebendige Zellen hat, dann hört man richtig, wie es knackt. Das gilt für alle, für die Artischocken genauso wie für den Spinat, die Gurken und die Karotten und erst recht für die Paprika."

Backofengemüse

» *Oven Roots*

Zutaten für 6 Personen

750 g	*Petersilien-wurzeln*
750 g	*Möhren,*
750 g	*Kartoffeln*
375 g	*Zwiebeln*
125 g	*Butter*
100 g	*Cashewnüsse*
75 g	*Zucker, braun*
	Muskatnuss
2 Bund.	*Petersilie*
1 Zweig	*Rosmarin*
3 TL	*Zitronensaft*
	Salz
	Pfeffer

Zubereitung:

Die Kartoffeln, die Möhren und die Petersilienwurzeln schälen und in kleine Stücke schneiden. In einen mit Salzwasser gefüllten Topf geben und 5 Minuten kochen lassen, dann die Cashews hinzugeben und weitere 3 Minuten sieden. Das Wasser abgießen und abtropfen lassen.

In einer Pfanne die Butter schmelzen lassen und die Zwiebeln darin andünsten. Während dessen das Gemüse in eine große Schüssel geben und mit dem Zucker bestreuen, dann die Zwiebeln mit der Butter und der fein gewiegten Petersilie hinzugeben und alles vermischen.

Die Mischung mit dem Rosmarinzweig in eine Auflaufform geben, mit Pfeffer, Salz und Muskatnuss würzen und im auf 175°C vorgeheizten Backofen etwa 30 Minuten garen. Einige feine Petersilienblätter mit dem Zitronensaft vermischen und über den Auflauf geben.

Kürbisgratin

» *Gratinated Pumpkin*

Zubereitung:

Den Knoblauch schälen, fein wiegen und dann zusammen mit der gehackten Petersilie, den gezupften Thymian- und Korianderblättchen, dem Mehl und dem geriebenen Käse in eine große Rührschüssel geben. Alles gut miteinander vermischen.
Den Kürbis in Würfel schneiden und gut durch die Mischung heben. Mit dem Salz, dem Pfeffer und der Muskatnuss würzen, dann den Ingwer hinzugeben.
Eine Auflaufform mit dem Macadamianussöl ausstreichen und darin die Kürbiswürfel verteilen. Das Mehl darüber geben und wieder mit reichlich Öl beträufeln
Im auf 175°C vorgeheizten Backofen auf der unteren Schiene etwa 70 Minuten backen.

Zutaten für 6 Personen

800 g	*Kürbis*
4	*Knoblauchzehen*
1 Bund	*Petersilie*
1 TL	*Thymianblätter*
1 EL	*Korianderblätter*
50 g	*Mehl*
50 g	*Hartkäse, würzig*
	Salz
	Pfeffer
2 TL	*Ingerwurzel gerieben*
	Muskatnuss
	Macadamianussöl
4 TL	*Mehl*

Apfelscheiben

» *Apple Slices*

Zutaten für 6 Personen:

6	*große*	*Äpfel*
120	*g*	*Butter*
6-8	*TL*	*Zitronensaft*
6	*TL*	*Zucker, braun*
		Salz
		Pfeffer

Zubereitung (am Vortag)

Die Äpfel schälen, vom Kerngehäuse befreien und in etwa ½ cm dicke, gleichmäßige Scheiben schneiden. Diese gründlich mit Zitronensaft beträufeln, beiseite stellen und etwas ziehen lassen.
Nun die Butter in einer Pfanne zerlassen und den Zucker einstreuen. Mehrmals umrühren bis der Zucker beginnt sich aufzulösen, dann die Apfelscheiben kurz darin anbraten bis diese beginnen weich zu werden.

Kartoffeltaler mit Frischkäse

» *Potato Coins with Cream cheese*

Zutaten für 6 Personen:

400	*g*	*Kartoffeln*
60	*g*	*Frischkäse*
4		*Eigelbe*
3-4	*EL*	*Butter*
1	*Bund*	*Schnittlauch, fein gehackt*
		Salz
		Pfeffer

Zubereitung (am Vortag)

Den Backofen auf 175 °C vorheizen. Die Kartoffeln auf einen Rost legen und im Backofen je nach Größe etwa 45 Minuten backen, bis sie weich sind. Nun die Kartoffeln etwas abkühlen lassen und die Haut entfernen.
Die Kartoffeln durch eine Kartoffelpresse geben und mit dem Frischkäse, dem fein gehackten Schnittlauch und den Eigelben zu einer glatten Masse verarbeiten. Diese mit Salz und Pfeffer abschmecken, zu kleinen Talern portionieren und in Butter ausbraten. Die Fertigen Kartoffeltalern bis zum Servieren warm halten.

Spargelflan

» *Asparagus Flan*

Zubereitung:

Grüner Spargel muss nicht aufwendig geschält werden, deshalb nur den hinteren Teil der Wurzel schälen. Von 24 Spargeln die Köpfe abschneiden und beiseite legen.
In einem großen Topf Salzwasser zum Kochen bringen, dann die Spargel weichkochen und auf einem Handtuch abtropfen lassen. Den Spargel in Stücke schneiden und in eine hohe Rührschüssel geben, dort glatt pürieren. Das Spargelmouse in die Pfanne zurückgeben und bei mittlerer Flamme auf 2/3 der Masse einreduzieren lassen. Anschließend vom Herd nehmen und abkühlen lassen.
In einer Schüssel die Eier, die Eigelbe, das Salz, den Pfeffer, das Muskat, die Sesamkörner und das Ingwerpulver verrühren und unter kräftigen Rühren langsam in die Spargelmasse einarbeiten. In reichlich gebutterte Portionsförmchen geben und mit Aluminiumfolie verschließen. In eine große feuerfeste Form stellen und soviel kochendes Wasser angießen, dass die Formen zur Hälfte darin stehen.
Im auf 175°C vorgeheizten Backofen etwa 40 Minuten garen. Während dessen die Spargelspitzen kurz garen und aus dem Wasser nehmen, wenn sie leuchtend grün sind. Mit Eiswasser abschrecken und beiseite legen.
Die Spargelflans aus dem Ofen nehmen und auf große Teller stürzen. Mit den Spargelspitzen und einigen Kerbelblättern garnieren.

Zutaten für 6 Personen

1½ kg	*Spargel, grün*
3	*Eier*
3	*Eigelb*
	Salz
	Pfeffer
	Muskat
1 TL	*Ingwerpulver*
1 EL	*Sesamkörner*
	Kerbelblätter

Desserts und süße Speisen

„Es war ein wunderbares Essen, zugegeben vielleicht etwas spät und auch die Menge war wohl mehr als ausreichend für ein spätes Abendessen und nun war es Zeit, sich einmal kurz zurückzulehnen um den Abend nochmals an sich vorbei ziehen zu lassen. Die Zickaden hatten ihr lärmendes Werben mit der inzwischen alles einnehmenden Dunkelheit weitgehend eingestellt und mein Gegenüber deutete lächelnd auf meinen deutlich sichtbaren, unter dem Hemd spannenden Bauch.
Auch ich musste lächeln und erklärte, dass ich wohl etwas in die Jahre gekommen war, doch ein kleiner Kolonialbauch sei schließlich der Stolz eines jedem Mannes.
Die Dame des Hauses betrat wieder die Veranda und hielt die Sünde in ihren schlanken Händen. Der Duft der Passionsfrucht breitete sich aus und ich richtete mich wieder voller Erwartung auf und betrachtete den königlich-süßen Abschluss des Abendessens.
Vergessen war das drückende Gefühl, die Völle und doch würde die Gewissheit bleiben, dass ich das nächste mal mit Kummerbund erscheinen würde und könnte wohl erklären, weshalb dieser seinen traurigen Namen trug."

Passionsfrucht Sorbet

» *Passion Fruit Sorbet*

Zutaten für 4 Personen

400 g	*Passionsfruchtmousse*
95 ml	*Limettensaft*
225 g	*Zucker*
2 EL	*Zucker extra*
2 TL	*Cointreau*
	Limettensaft
	Zucker

Zubereitung:

Das Mousse, den Limettensaft, den Zucker und den Cointreau zusammen in einen Mixer geben und zu einem feinen Püree verarbeiten. Dieses in eine flache Form geben und in den Tiefkühler stellen. Hin und wieder durchrühren, damit es luftig gefriert und nicht zu fest wird.

Etwas Limettensaft auf eine Untertasse geben und das Glas, in dem das Sorbet serviert werden soll umgekehrt in den Saft tauchen. Auf einer weiteren Untertasse etwas Zucker ausstreuen und das in den Limettensaft getauchte Glas in den Zucker tauchen, sodass ein ´gefrorener´ Rand entsteht.

Kurz vor dem Servieren in die vorbereiteten Gläser füllen.

Pfirsich Macadamia

» *Peaches, stuffed with Macadamia Nuts*

Zubereitung:

Die Pfirsiche halbieren und die Steine herausnehmen. Etwas vom Fruchtfleisch aus der Mitte herauslösen und sehr fein schneiden. Dieses mit dem Ei, dem Ricotta und den sehr grob gehackten Macadamianüssen vermischen und in die Pfirsichhälften einfüllen, mit einer Nuss je Pfirsichhälfte dekorieren.

Die Pfirsichhälften auf einer Muffinform verteilen und im auf 160°C vorgeheizten Backofen etwa 30 Minuten backen. Anschließend mit etwas Cointreau besprenkeln und zusammen mit der Schlagsahne servieren.

Zutaten

6	*Pfirsiche*
1	*Ei*
100 g	*Ricotta*
40 g	*Macadamianüsse*
	Cointreau
	Schlagsahne

Pfannkuchen „Wattlebush"

» *Pankakes „Wattlebush"*

Die fein zerstoßenen Samen des australischen Victoria Wattlebush bergen ein Aroma von Kakao, Kaffee und Haselnuss

Zubereitung:

Zunächst die Eier trennen und getrennt verrühren. In einer anderen Schüssel das Mehl, das Backpulver und die Wattleseeds vermischen und zusammen mit den Eigelben zu einer glatten Masse verrühren. Dann die saure Sahne einrühren, 8 EL der süßen Sahne und 6 EL Honig hinzufügen. Alles gut miteinander verrühren und etwa 40 Minuten ruhen lassen.

Nun eine Prise Salz zum Eiweiß geben und diese steif schlagen. In einem anderen Gefäß die restliche süße Sahne steif schlagen und dann beides unter den Teig heben. Etwas Butter in die Pfanne geben und wenn diese zu schäumen beginnt etwa 3 EL Teig in die Pfanne geben, verteilen und den Pfannkuchen auf jeder Seite goldbraun backen. Die Pfannkuchen im aufgeheizten Ofen (70°C) warm halten. Die Pfannkuchen werden mit Honig gegessen oder auch mit Golden Syrup.

Zutaten

6	*Eier*
3	*Eigelb*
125 g	*Mehl*
2 TL	*Backpulver*
3 EL	*Wattleseeds*
150 g	*saure Sahne*
200 ml	*süße Sahne*
	Honig
1 Prise	*Salz*
75 g	*Butter*

Honigstückchen

» *Honey Bunches*

Zutaten

8 EL	*Butter*
165 g	*Haferflocken*
60 g	*Kokosflocken*
75 g	*Walnüsse, grob gehackt*
30 g	*Mehl*
1 TL	*Backpulver*
150 g	*Honig*
24	*Walnusshälften*

Zubereitung:

Eine Muffinform mit Papierförmchen auslegen. In einem kleinen Topf langsam die Butter schmelzen lassen. Während dessen in einer großen Schüssel die Haferflocken, die Kokosflocken, die gehackten Walnüsse und das Mehl vermischen.
Den Honig in die geschmolzene Butter streichen und unter rühren aufwallen lassen. Das Butter-Honiggemisch in die Rührschüssel geben und alles gut vermischen.
Einen gehäuften Esslöffel in jede Muffinform drücken und im auf 180°C vorgeheizten Backofen etwa 15-20 Minuten backen, bis die Honigstückchen zu bräunen beginnen. Herausnehmen und sofort eine Walnusshälfte oben in den Teig drücken. 10 Minuten in der Form stehen lassen, dann auf ein Gitter zum Auskühlen heben.

Flambierte Bananen

» *Banana Flambé*

Zutaten

4	*Bananen*
	Zucker
	Mehl
1	*Ei*
8 EL	*Butter*
	Rum

Zubereitung:

Zunächst die Bananen schälen und der Länge nach halbieren. Die Bananenhälften mit der Schnittseite nach unten auf ein Brett legen und mit einem Küchenmesser zwei dicht nebeneinander liegende, etwa 2-3 mm tiefe Längsschnitte einschneiden.
Das Ei verquirlen und die Bananenhälften zunächst im Ei, dann im Mehl wenden. Das zwischen den Schnitten liegende Fruchtfleisch herauskratzen und die Vertiefung mit braunem Zucker füllen. Die Butter in einer großen Pfanne schmelzen und die bananen solange Braten, bis sie beginnen weich zu werden. Dann den Rum in einem kleinen Stieltopf erhitzen und unterdessen die Bananen auf einer feuerfesten Schale anrichten. Dann den Rum darübergießen und flambieren.

Ingwercreme

» *Gingercreme*

Zubereitung:

Zunächst die Trockenpflaumen im Portwein etwa 30 Minuten einweichen lassen.
Den Honig leicht erwärmen und zusammen mit dem Joghurt, dem Zimt und den Nelken cremig schlagen. Die Pflaumen aus dem Portwein nehmen und in dünne Scheiben schneiden. Die Birnen schälen, vierteln, das Gehäuse entfernen und dann fein würfeln. Alles unter die Creme rühren und kalt stellen. Die Walnüsse schälen, kurz überbrühen und von den dünnen Häutchen befreien. Dann fein hacken und über die Creme streuen.

Zutaten

600 g	*Joghurt*
5 EL	*Honig*
0,25 TL	*Zimt*
1	*Nelke, gemahlen*
12	*Trockenpflaumen*
	weißer Portwein
3	*Birnen*
1,5 TL	*Ingwer, gerieben*
6	*Walnüsse*

Surfers-Paradise

Schokoladencreme

» *Creamy Chocolate Whip*

Zubereitung:

Die Schokolade im Wasserbad schmelzen, dann den Frischkäse in eine Küchenmaschine geben und unter langsamen hinzufügen des Zuckers luftig schlagen. Den Likör, die abgeriebene Orangenschale und die etwas abgekühlte Schokolade hinzugeben und schlagen, bis eine gleichförmige Masse entstanden ist. Auf Tellern verteilen und mit groben Schokoladensplittern garnieren.

Zutaten

250 g	*Frischkäse, fett*
30 g	*Puderzucker*
3 Tl	*Grand Marnier*
1 TL	*Orangenschale*
60 g	*Zartbitterschokolade*
	Schokolade zum garnieren

Pavlova

Zweifelsohne ist dies eines der bekanntesten australischen Desserts. Pavlova wurde im Jahr 1935 von Bert Sachse kreiert, einem in Perth niedergelassenen Koch, der seine Dessertkreation der berühmten russischen Ballerina Anna Pavlova widmete, die in diesem Jahr Australien besuchte. Nach Sachses Orginalrezept wurde die Meringuemasse, die zuvor kunstvoll mit Spritztülle in Form gebracht worden war zwölf Stunden lang bei 90°C im Backofen getrocknet.
Damit es nicht zu trocken wird, serviert man auf dem Meringuerand gesüßte Schlagsahne, die mit dem Mark von Passionsfrüchten beträufelt wird, mit Erdbeeren, Himbeeren oder anderen Früchten.
Wie auch immer, Kalorien sollte man dabei nicht zählen wollen.

Zutaten:

Für die Meringuemasse:

3 große	*Eiweiße*
1 Prise	*Salz*
1 EL	*Speisestärke*
60 g	*Zucker*
1 TL	*Zitronensaft*
180 g	*Puderzucker*

Für die Füllung:

2	*Eigelb*
1 EL	*Wasser*
60 g	*Zucker*
1½ TL	*Gelatine*
250 ml	*heiße Milch*
1 EL	*Cognac*
125 ml	*Schlagsahne*

Zubereitung:

Meringuemasse:

Eiweiß zusammen mit einer Prise Salz sehr steif schlagen und langsam den Puderzucker hineinrieseln lassen, der Puderzucker muss sich vollkommen auflösen. Den Zucker mit der Speisestärke vermischen und zusammen mit dem Zitronensaft sehr vorsichtig unter die Baisermasse heben. Die Masse in einen Spritzbeutel geben und auf ein mit Backpapier ausgelegtes Backblech verteilen.
Zunächst einen Ring spritzen, dann die restliche Masse in kleinen, aneinandersitzenden Punkten auf den Ring spritzen, wobei der äußere Rand höher sein sollte als die mittlere Fläche. Im auf 130°C vorgeheizten Backofen etwa 40 Minuten backen, bis die Masse trocken ist. Die Ofentür sollte einen kleinen Spalt geöffnet bleiben, damit die Feuchtigkeit besser entweichen kann.

Füllung:

Die Gelatine im Wasser einweichen. Das Eigelb mit dem Zucker solange schlagen, bis dieser sich aufgelöst hat und eine dicke Masse entstanden ist, dann unter stetiger Zugabe von heißer Milch weiterschlagen. Jetzt die Gelatine hinzufügen und solange weiterrühren, bis diese sich aufgelöst hat. Die Sahne steif schlagen, den Cognac hinzugeben und unter die abgekühlte Eigelbmasse ziehen. Die Creme in die gebackenen Baisers füllen und kalt stellen., bis die Masse richtig fest geworden ist. Nun mit Früchten füllen und verzieren.

Eine gerne dargereichte Variante ist eine zwei- oder dreistöckige Pavlova, die aus zwei bis drei Ringen unterschiedlichen Durchmessers hergestellt wird. Der untere Ring, gefüllt mit der Creme wird dann gekühlt auf eine Tortenplatte gelegt und dünn mit Früchten gefüllt. Den nächsten bereits mit der Creme gefüllten Ring aufsetzen und ebenfalls mit Früchten füllen und garnieren.

Karamel-Nuss-Pudding

» *Karamell Nut Creme*

Zutaten

1	*Kakifrucht*
1 Pkg.	*Karamelpudding*
150 g	*Macadamianüsse*
150 ml	*Sahne*
1 Pkg.	*Vanillezucker*
4 cl	*Scotch*

Zubereitung:

Den Karamelpudding nach den Packungshinweisen zubereiten und beiseite stellen. Die Kakifrüchte waschen, halbieren, mit einem Teelöffel aushöhlen und mit der Karamelcreme befüllen, dann die Früchte kaltstellen.
Die Sahne in einen Topf geben und langsam erhitzen, köcheln lassen und etwa um ⅓ einreduzieren. Dann die inzwischen grob gehackten Macadamianüsse hinzugeben und den Zucker einrühren, bis er sich aufgelöst hat. Den Topf vom Herd nehmen und den Scotch in die etwas abgekühlte Sauce rühren. Das Fruchtfleisch der Kaki fein schneiden und neben der Frucht auf dem Teller anrichten. Die lauwarme Sauce über die kalte Kakifrucht geben und alles mit der sehr fein gewiegten Pfefferminze bestreuen.

Kürbispastete

» *Pumpkin Pastry*

Zutaten

750 g	*Kürbis geschält gewürfelt*
2 EL	*Zucker*
1 EL	*Sahne*
2 EL	*Honig*
1 TL	*Ingwer fein gerieben*
2 EL	*Vanillezucker*
1	*Eigelb*
500 g	*Mehl*
½ TL	*Salz*
1 EL	*Zucker*
1	*Ei*
2 TL	*Sahne*
100 ml	*Milch*

Zubereitung:

Das Mehl in eine Rührschüssel geben und eine Mulde in die Mitte drücken. Den Zucker, das Salz, das Ei, die Sahne und die Milch hinzugeben, verrühren und dann kneten bis ein glatter Teig entstanden ist.
Den Teig ausrollen und auf ein mit einem Backpapier ausgelegtes Backblech legen und beiseite stellen.
In einem großen Topf etwa 100 ml Wasser zum kochen bringen und den Honig und den fein geriebene Ingwer hineingeben. Inzwischen den Kürbis in etwa 1 - 2 cm große Würfel schneiden und unter ständigem rühren etwa 3- 6 Minuten im Topf andünsten, aber nicht zu weich werden lassen.
Die Kürbisstücke mit dem Schaumlöffel herausnehmen

und gut abtropfen lassen. Dann in gleichmäßigen Abständen auf dem Teig verteilen, jedoch eines der schmaleren Seiten etwa 5 cm ohne Kürbisstücke belassen. Die Kürbisstücke ein wenig andrücken. Die Sahne über den Kürbisstücken verteilen und den Zucker mit dem darin vermischten Vanillezucker darüber streuen.
Nun unter Zuhilfenahme des Backpapieres den Teig zum freigelassenen Ende aufrollen, das letzte Stück mit etwas Milch bestreichen und an die Rolle drücken. Die Enden auch mit Milch bestreichen und zur entstandenen Naht hin einfalten. Die Pastete auf die Naht legen und mit etwas Eigelb bepinseln.
Im auf 200°C vorgeheizten Backofen etwa 40-45 Minuten Backen, bis die Oberfläche goldbraun erscheint. Warm mit etwas Vanilleeis servieren.

Karamellisierte Birnen

» *Caramelized Pears*

Zutaten

30 g	*Butter*
110 g	*Zucker, weiß*
1 TL	*Brandy*
1 TL	*Zitronensaft*
2	*Birnen*

Zubereitung:

In einem mittleren Topf die Butter langsam schmelzen und den Zucker einrühren. Sieden lassen bis sich die Flüssigkeit goldbraun verfärbt und zu karamellisieren beginnt. Dann den Zitronensaft und den Brandy hinzugeben, einen Moment sieden lassen.
Inzwischen die Birnen schälen, halbieren, vom Kerngehäuse befreien und in 12 Scheiben je Birne schneiden. Die Birnenscheiben in den Topf geben auf mittlerer Hitze weich kochen und karamellisieren lassen.

Getrocknete Birnen Chips

» *Dried Pear Chips*

Zutaten

2	*Birnen*
280 ml	*Golden Syrup*

Zubereitung:

Die Birnen waschen und in sehr dünne Scheiben schneiden. Den Sirup auf einen Unterteller gießen und die Birnenscheiben kurz darin eintauchen.
Die Birnenscheiben auf ein mit Backpapier ausgelegtes Backblech legen und im auf 200°C vorgeheizten Backofen 40 - 60 Minuten austrocknen lassen.
Noch im heißen Zustand vom Backpapier lösen und auf einem Kuchengitter auskühlen lassen. In einem luftdichten Behälter aufbewahren.

Apfelauflauf

» *Apple Crumble*

Zutaten

1½ kg	*Äpfel*
2 EL	*Zucker, weiß*
2 EL	*Zitronensaft, frisch*
125 g	*Weizenmehl*
100 g	*Zucker, braun*
3 TL	*Zimt*
100 g	*Butter*

Zubereitung:

Die Äpfel schälen, halbieren und vom Kerngehäuse befreien. Mit der Schnittkante nach unten in einen großen Topf geben und soviel Wasser hinzugeben, dass sie fast bedeckt sind. Schnell aufkochen und sofort die Hitze reduzieren, sodass das Wasser gerade noch köchelt. Je nach Apfelgröße etwa 15 Minuten pochieren, bis die Äpfel weich sind. Aus dem Wasser nehmen und abtropfen lassen dann in einer Auflaufform schichten und schichtweise mit dem weißen Zucker bestreuen.
Nun das Mehl in eine Rührschüssel geben, den Zimt, den braunen Zucker und die weiche Butter hinzufügen und mit den Fingerspitzen zu feinen Streuseln verarbeiten. Die Streusel über den Äpfeln verteilen.
Im auf 180°C vorgeheizten Backofen etwa 45 Minuten backen.
Mit Walnuss- oder Macadamianusseis servieren.

Crème Brullée mit Vanille und Rhabarber

» *Vanilla and Rhubarb Crème Brullée*

Zubereitung:

Den Rhabarber grob zerschneiden und zusammen mit dem Zucker in einen Topf geben. Das Wasser hinzugeben und köcheln lassen bis der Rhabarber weich wird, dann gleich in Portionen aufteilen und in kleine Porzellanförmchen geben.
Die Vanilleschoten aufschneiden und auskratzen. Schote und Samen in einen Topf geben und zusammen mit der Milch und der Crème Double langsam zum Kochen bringen.
Die Eigelbe zusammen mit dem braunen Zucker cremig schlagen.
Wenn die Milch zu kochen beginnt, die Vanillestangen herausnehmen, vom Herd nehmen und ganz langsam das geschlagene Eigelb einrühren Die Flüssigkeit gleichmäßig in den mit den Rhabarberstückchen gefüllten Förmchen verteilen und die Förmchen auf ein tiefes, zur Hälfte mit heißem Wasser gefülltes Backblech stellen.
Im auf 150°C vorgeheizten Backofen etwa 25 Minuten backen. Dann die Förmchen herausnehmen und auf einem Gitter auf Zimmertemperatur abkühlen lassen. Erst dann im Kühlschrank kalt stellen und kurz vor dem Servieren mit Zucker bestreuen und mit einem Brenner karamellisieren.

Zutaten

300 g	*Rhabarber, frisch*
3 EL	*Feinzucker*
5 EL	*Wasser*
2	*Vanilleschoten*
300 ml	*Crème Double*
200 ml	*Milch, fett*
8	*Eigelb*
80 g	*Zucker, braun*

Bundaberg Bunya

» *Bundaberg Bunya*

Bunya-Nüsse sind die Früchte des „Bunya Pine Tree". Ihr Geschmack erinnert an Kartoffeln, Kastanien und Pinienkerne. Die Frucht wird von vielen Aboriginal-Tribes verwendet. „Bundaberg Bunyas" müssen mindestens 3 Monate trocken eingelagert werden, bevor man sie verzehren kann.

Zutaten

200 ml	*Wasser*
2 kg	*Bunya-Nüsse, gekocht und geschält*
2 EL	*Butter*
675 g	*Feinzucker*
1 L	*Bundaberg Rum*
500 ml	*Wasser*

Zubereitung:

Das Wasser aufkochen und den Zucker einrühren. Immer weiter rühren, bis die Mischung goldbraun wird. Die so entstandene Karamellcreme etwas abkühlen lassen. Die Bunya-Nüsse in Hälften schneiden und auf einem ausgebutterten Backblech verteilen. Über jede Nuss etwas karamellisierten Zucker geben, bis sie davon bedeckt ist, dann abkühlen lassen. In einem Topf das Wasser zusammen mit dem Rum zum leichten Sieden bringen. Mit einem langen Streichholz das erhitzte Gemisch entzünden und nach etwa 5 Sekunden mit dem Deckel des Topfes löschen und abkühlen lassen. Die abgekühlten Nüsse in ein Einmachglas geben und mit der auf Zimmertemperatur abgekühlten Flüssigkeit begießen, versiegeln und einlagern. Nach etwa einer Woche sind die Nüsse verzehrbereit und passen hervorragend zu Tee oder Kaffee.

Bunya-Nüsse

Sorbet von Honigmelone mit Chili

» Sorbet from Rockmelon and Chili

Zubereitung:

Die Honigmelone schälen, entkernen und das Fleisch pürieren. In einem großen Topf den Saft der ausgepressten Limetten, den Zucker sowie der nach dem pürieren auf dem Melonenpüree stehende Saft aufkochen. Auf kleiner Flamme köcheln lassen, bis der Zucker geschmolzen ist. Je nach Konsistenz noch etwas Wasser hinzugeben. Nun das Melonenpüree und die sehr fein gewiegte Chilischote unterrühren und abkühlen lassen.
Anschließend die Masse in eine flache Glasform geben und abgedeckt etwa 1-2 Stunden im Kühlschrank gefrieren lassen. Dabei sollte etwa alle 20 bis 30 Minuten umgerührt werden um die Bildung größerer Eiskristalle zu verhindern.

Zutaten für 4 Personen:

500 g	*Honigmelone, geschält*
110 g	*Zucker*
3-4	*Limetten*
1	*Chilischote*

Zitrus-Trifle mit Macadamiabrot

» *Citrus Trifle with Macadamia Bread*

Zutaten:

Orangengelee:

150 ml	*Orangensaft, frisch*
150 ml	*Wasser*
70 g	*Zucker, weiß*
½	*Zimtstange*
1 Zweig	*Koriander*
3	*Koriander Samen*
1	*Orange, abgerieb.*
12 g	*Blattgelatine*

Beerenlikörmarmelade:

250 g	*Himbeeren*
200 g	*Zucker, weiß*
100 ml	*Wasser*
50 ml	*Erdbeerlikör*
30 ml	*Mulberry Sirup*
1 EL	*Zitronensaft*

Macadamiabrot:

5	*Eiweiß*
140 g	*Zucker, weiß*
140 g	*Mehl*
140 g	*Macadamianüsse*

Teig:

2	*Eier*
60 g	*Zucker, weiß*
60 g	*Mehl*
25 g	*Butter, weich*

Zubereitung:

Das Orangengelee:

Das Wasser, den Zucker, den Zimt, den Korianderzweig und die Orangenschale der ganzen Orange in einen Topf geben und aufkochen. Dann vom Herd nehmen und im Topf langsam abkühlen lassen. Den Orangensaft und die Gelatine hinzugeben und solange rühren bis sie sich aufgelöst, weitere 3 Minuten stehen lassen. Alles durch ein sehr feines Sieb gießen und etwa ⅓ der abgegossenen Flüssigkeit in 6 Whiskeygläser füllen und in den Kühlschrank stellen. Den restlichen Gelee im Topf behalten.

Die Beerenlikörmarmelade:

Alle Zutaten in einen Topf geben und zum Kochen bringen. Dann auf kleiner Flamme köcheln lassen, bis die Konsistenz einer heißen Marmelade entsteht. Die Marmelade im Topf belassen und beiseite stellen.

Macadamiabrot:

Die Macadamianüsse in eine Pfanne geben und unter gelegentlichem Rühren anrösten, die Nüsse grob zerhacken. Das Eiweiß schlagen bis sich Spitzen bilden und unter weiterem Schlagen den Zucker hinein rieseln lassen, weiterschlagen bis er sich aufgelöst. Das Mehl einsieben und die Nüsse unterheben. In einer gefetteten Brotform im auf 180°C vorgeheizten Backofen etwa 30 Minuten backen, bis der Teig bräunt. Aus dem Ofen nehmen und 5 Minuten in der Form abkühlen lassen. Dann auf ein Kuchengitter stellen und auskühlen lassen.

Der Teig:

Die Eier mit dem Zucker im Wasserbad schlagen bis die Masse leicht, cremig und von dichter Konsistenz wird. Aus dem Bad nehmen und weiterschlagen bis die Masse abgekühlt ist. Unter Rühren das Mehl einsieben und stückchenweise die weiche Butter hinzufügen. Weiterschlagen, bis alles zu einer glatten Masse geworden ist.

Ein Backblech mit Backpapier auslegen und darauf eine etwa 3 mm dicke, rechteckige Schicht des Gemisches ausbreiten. Im auf 190°C vorgeheizten Backofen 5 Minuten backen und dabei die Umluftventilation einschalten. Dann mit dem Backpapier herausnehmen und auf einem Kuchengitter auskühlen lassen.

Limetten Brulée:
Die Sahne in einen Topf geben und langsam zum Kochen bringen. In einer Rührschüssel den Zucker, die Eigelbe, den Limettensaft und die abgeriebene Schale der Limette vermischen. Unter ständigem Rühren die einmal aufgekochte Sahne in einem dünnen Strahl hinzugießen und dann glatt rühren. Das Gemisch im Wasserbad etwa 5 Minuten weiter schlagen, dann schnell im Eiswasser abkühlen. Die Masse durch ein Sieb geben und in die bereits zu ⅓ mit Gelee gefüllten Whiskeygläser füllen, etwa soviel, dass sie zu zwei dritteln gefüllt sind. Die Gläser zurück in den Kühlschrank stellen.

Limetten Brulée:

300 ml	*Sahne*
3	*Eigelb*
15 g	*Zucker, weiß*
1	*Limette*
	Saft
	Schale abger.

Bisquitrolle:
Den Biskuitteig mit dem Backpapier nach oben auf eine ausgebreitete Frischhaltefolie legen. Das obere Papier lösen und den Teig mit einer 2 - 3 mm dicken Schicht der Beerenlikörmarmelade bestreichen. Unter Zuhilfenahme der unten liegenden Frischhaltefolie den Teig aufrollen, bis er fast den Durchmesser des Whiskeyglases hat. Fest rollen und an den Enden die Folie zusammendrehen. Im Kühlschrank fest werden lassen.

Trifle:
Die Folie entfernen und die Bisquitrolle in etwa 2-3 cm dicke Scheiben schneiden. Je eine Scheibe der Biskuitrolle in das letzte ⅓ der Whiskeygläser geben und leicht andrücken. Das restliche Orangengelee erhitzen und damit die Scheibe einpinseln. Für 5 Minuten zurück in den Kühlschrank stellen und zuvor bis zum Rand mit dem restlichen Gelee füllen. Kühlen bis der Gelee fest geworden ist. Das Macadamianussbrot aus dem Tiefkühler nehmen und mit einer Brotmaschine in dünne Scheiben schneiden, in der Pfanne anrösten und servieren.

Aprikosenauflauf

» *Apricot Crumble*

Zutaten

2 x 425 g	*Aprikosen, Dose*
60 g	*Sultaninen*
60 g	*Haferflocken*
20 g	*Mehl*
1 TL	*Backpulver*
1 EL	*Kokosnussflocken*
½ TL	*Mixed Spice (Koriandersamen, Muskatnuss Zimt, Ingwer)*
3 TL	*Pflanzenöl*
1½ EL	*Honig*

Zubereitung:

Eine Auflaufform (Porzellan oder Stein) mit Butter ausstreichen. Die Aprikosen abgießen und in einem Sieb abtropfen lassen, dann mit den Sultaninen vermischen und auf dem Boden der Form verteilen.
Die Haferflocken, das Mehl, das Backpulver, die Kokosnuss und Mixed Spice miteinander verrühren, dann das Öl und den Honig hinzugeben und wieder gut durchrühren. Die Masse über den Früchten verteilen und im auf 180°C vorgeheizten Backofen etwa 30 Minuten backen, bis die Oberfläche goldbraun erscheint. Lauwarm servieren, dazu Vanilleeis reichen.

Whisky Trüffel

» *Whisky Truffles*

Zubereitung:

Die Zwiebackbrösel, die Kokosnussflocken, den Puderzucker, den Kakao und die gehackten Sultaninen in einer Rührschüssel vermengen, dann den Likör, das Wasser und den Honig hinzugeben und gut verrühren.
Mit einem Esslöffel etwas von der Masse nehmen und zu einer Kugel formen. Genauso mit dem Rest der Masse verfahren. Mit einem sehr scharfen Messer die Trüffelkugeln in zwei Hälften schneiden und beiseite legen.
Die Zartbitterschokolade sehr fein hacken und in eine Schüssel geben. Die Kokosflocken in eine andere Schüssel geben und die Trüffelhälften jeweils abwechselnd entweder in den Schokoladensplittern oder in den Kokosflocken wälzen und leicht andrücken.
Zugedeckt im Kühlschrank einige Stunden kühlen.

Zutaten

70 g	*Zwiebackbrösel*
60 g	*Kokosnussflocken*
60 g	*Puderzucker*
1 EL	*Kakao*
35 g	*Sultaninen*
70 ml	*Irish Cream-Likör z.B. Baileys*
1 EL	*Wasser*
1 EL	*Honig*
75 g	*Zartbitter-Schokolade*
35 g	*Kokosnussflocken*

Süßer Dattel Pudding

» *Sweet Date Pudding*

Zutaten

200 ml	*Wasser*
280 g	*Datteln, entsteint gehackt*
2 TL	*Natron*
115 g	*Butter, weich*
290 g	*Zucker*
4	*Eier*
2 TL	*Vanilleextrakt*
330 g	*Mehl*
3 TL	*Backpulver*

Zubereitung:

Die Datteln klein schneiden und in einen Topf mit Wasser geben, langsam zum Kochen bringen, dann das Natron einrühren und beiseite stellen. Die Butter schlagen bis sie Spitzen zieht, dann den Zucker hinzugeben und weiterschlagen, bis dieser sich aufgelöst hat. Unter weiterem Rühren nach und nach die Eier hinzugeben und weiterschlagen, bis die Masse beginnt luftig zu werden. Dann das Vanilleextrakt einträufeln, das Mehl und das Backpulver einsieben. Zu einem glatten Teig schlagen und die Dattelstücke unterrühren. Die Masse auf ein mit gefettetem Backpapier ausgelegtes Backblech geben und im auf 170°C vorgeheizten Backofen etwa 40-45 Minuten backen. Mit dem Backpapier herausnehmen und auf einem Kuchengitter auskühlen lassen. Das Backpapier entfernen und abgedeckt kalt stellen. Vor dem servieren in Dreiecke schneiden und mit Vanillesauce und weichen Birnenscheiben servieren.

Bananen „Bundaberg“

» *Bananas „Bundaberg“ – „Bundies“*

Zutaten

4	*Bananen*
2 EL	*Rohrzucker*
200 ml	*Kokosmilch*
2 EL	*Rum*
5 EL	*Limettensaft*
50 g	*Johannisbeeren*
1 Prise	*Cayennepfeffer*
¼ TL	*Salz*

Zubereitung:

Die Bananen Schälen und längs halbieren. In einem kleinen Topf den Zitronensaft und den Rum erhitzen und darin den Zucker schmelzen lassen bis dieser zu karamellisieren beginnt. Nun vorsichtig die Bananenhälften hineingeben und in der Zuckermasse wenden. Die Kokosmilch angießen und die Bananen bei geringer Hitze etwa 5 Minuten ziehen lassen. Abschließend die Bananen herausnehmen und auf Tellern anrichten, etwas Sauce darüber geben und mit Johannisbeeren garnieren. Vor dem Servieren alles ganz leicht mit Cayennepfeffer bestreuen.

Semi Fredo mit Schokoladenhonigwabe

» *Semi Fredo with Chocolate Honeycomb*

Zubereitung:

Die Vanilleschote auskratzen und zusammen mit der Milch und der Sahne in einen Topf geben und langsam zum Kochen bringen.
Die Eigelbe in eine Schüssel geben und schlagen, dabei langsam den Zucker einrieseln lassen. Schlagen bis der Zucker sich aufgelöst hat. Durch ein Sieb das heiße Milchgemisch über die Eimasse gießen und miteinander im Wasserbad verrühren, bis sich alles verbunden hat und ein wenig eingedickt ist. Vom Herd nehmen und in eine Schüssel gießen. Die Masse abkühlen lassen
Für etwa 2 Stunden in den Tiefkühler geben und alle 20 Minuten umrühren, damit sich keine Eiskristalle bilden.
Die Dessertteller kühlen. Das Semi Fredo auf den Teller zylinderförmig anrichten und dabei in der Mitte eine Vertiefung formen. Etwas Likör in die Vertiefung gießen und vorsichtig mit Semi Fredo bedecken. Anschließend wieder einfrieren.
Die Schokolade im Wasserbad schmelzen und über die Honigwaben gießen. Dies wiederholen, bis alle Honigwaben bedeckt sind. Die Waben auf einem Kuchengitter auskühlen lassen.
Die Erdbeeren waschen und putzen, in dünne Scheiben schneiden und in eine kleine Schüssel geben. Den Sirup, den Brandy und etwas Zucker zugeben und dann mehrmals durchrühren. Die Honigwaben auf den Tellern verteilen, die Erdbeeren in die Mitte geben und die Semi Fredo Zylinder aus dem Tiefkühler darauf platzieren.

Zutaten

60 ml	*Honiglikör*
10	*Eigelb*
300 g	*Zucker, weiß*
1 L	*Sahne*
250 ml	*Milch*
1	*Vanilleschote*
1 EL	*Honig*
4 Scheiben	*Honigwaben*
100 g	*Bitterschokolade*
250 g	*Erdbeeren*
1 TL	*Golden Syrup*
1 TL	*Brandy*
1 Prise	*Zucker*

Kumquats

Ingwer Eis mit Safran, Honig und warmen Pfirsichen

» Honey Safrane Ice with warm Peaches

Zutaten:

Eis:

5	*Eigelb*
50 g	*Zucker, weiß*
200 ml	*Milch*
300 ml	*Sahne*
4 EL	*Honig*
1 TL	*Ingwerpulver*
1 Prise	*Safran*

Pfirsichkompott:

400 ml	*Rotwein*
50 g	*Zucker, braun*
1 Prise	*Salz*
1	*Vanillestange*
6	*Pfirsiche*
1	*Zitrone*
	Zitronenmelisse

Zubereitung:

Das Eis:

Das Eigelb mit dem Zucker zu einer luftigen, Creme schlagen, bis der Zucker sich aufgelöst hat. In einem Topf die Sahne, die Milch und den Honig unter ständigem Rühren langsam aufkochen und unter Schlagen zum Ei hinzufügen. Die Mischung zurück in den Topf geben und das Ingwerpulver und den Safran hinzufügen. Alles kurz aufwallen lassen, durch ein Sieb in eine Schüssel gießen und auskühlen lassen. Für etwa 4 Stunden in den Tiefkühler geben und halbstündlich umrühren, damit sich keine Eiskristalle bilden.

Den Kompott:

Den Rotwein mit dem Zucker, dem Salz und der ausgekratzten Vanillestange in einen Topf geben, kräftig aufkochen und 5 Minuten sieden lassen.

In einem großen Topf Wasser zum Kochen bringen und die Pfirsiche nacheinander auf einem Schaumlöffel kurz in das Wasser tauchen. Dann auch die Pfirsiche schälen, in Hälften schneiden, die Steine herausnehmen und je Hälfte in 6 Scheiben schneiden. In einer kleinen Schüssel gründlich mit dem Saft der Zitrone vermischen. Die Pfirsichscheiben in den Rotwein geben und etwa 5 Minuten auf kleinster Flamme mitsieden lassen. Danach herausnehmen und abtropfen lassen.

Den Rotwein stärker kochen und auf etwa ⅓ seiner Menge einreduzieren lassen und über die Pfirsiche geben. Auskühlen lassen.

Das Eis mit einem Löffel abstechen und mit den lauwarmen Pfirsichhälften und etwas Sud anrichten.

Die kleinen Blätter der Zitronenmelisse zupfen und darüber streuen.

Macadamia-Nuss-Pudding mit Butterscotch Sauce

» *Macadamia Nut Pudding with Butterscotch sauce*

Zubereitung:

Pudding:

Die Zartbitterschokolade im Wasserbad schmelzen, dann die Datteln fein schneiden und die Macadamianüsse grob hacken. Alles zusammen mit allen anderen Puddingzutaten in einer großen Rührschüssel zu einer glatten Masse verarbeiten. Eine große Auflaufform einfetten und die Masse hineingeben. Im auf 175°C vorgeheizten Backofen 40-50 Minuten backen, doch vorsicht, es sieht nicht wirklich fertig aus, wenn es gar ist.

Butterscotch Sauce:

Die Butter in einen Topf geben und langsam schmelzen lassen. Dann den Zucker hinzufügen und unter Rühren sich auflösen lassen. Die Sahne angießen und alles miteinander verrühren, bis es eine saucenartige Konsistenz bekommt. Schmeckt frisch aus dem Ofen genausogut wie Kühlschrank kalt und ist eine süße Nachspeise, die keiner Hauptspeise bedarf.

Zutaten:

Pudding:	
150 g	*Zartbitter-Schokolade*
220 g	*Mehl*
250 g	*Kakaopulver*
200 g	*Macadamianüsse*
2 TL	*Frischkäse*
1 TL	*Backpulver*
220 g	*Datteln*
225 g	*Zucker, braun*
6	*Eier*
300 g	*Butter, sehr weich*
140 ml	*Wasser*
Butterscotch-Sauce	
500 g	*Butter*
300 g	*Zucker, braun*
600 ml	*Sahne*

Süßer Feigenpudding mit Butterscotch Sauce

» *Sweet Fig Pudding with Butterscotch Sauce*

Zutaten

375 g	*Butter, weich*
450 ml	*Wasser*
375 g	*Mehl*
6	*Eier*
3 TL	*Backpulver*
150 ml	*Sahne*
450 g	*Datteln*
70 g	*Macadamianüsse*
225 g	*Zucker, braun*
3 TL	*Natron*
1,5 TL	*Vanillearoma*

Zubereitung:

Pudding:

Das Wasser in einem Topf zum Kochen bringen und das Natron darin auflösen, dann vom Herd nehmen. Die Feigen einige Male durchschneiden und im Topf etwa 10 Minuten einweichen, dann herausnehmen, abtropfen lassen und pürieren. Die Feigenmasse beiseite stellen.
50 g der Macadamianüsse grob hacken und zusammen mit dem Backpulver, dem Mehl, dem Zucker und der weichen Butter in eine Rührschüssel geben.
Mit der Maschine glatt rühren und nach und nach die Eier hinzufügen.
Kleine, portsionsweise Puddingformen mit weicher Butter einfetten und mit den restlichen 20 g, diesmal sehr fein gehackten Macadamianüssen ausstreuen. Die Masse in die Formen geben und in ein tiefes Backblech stellen. Dieses etwa zur Hälfte mit Wasser füllen und im auf 180°C vorgeheizten Backofen etwa 40 Minuten backen.

Butterscotch Sauce:

Die Butter in einen Topf geben und langsam schmelzen lassen. Dann den Zucker hinzufügen und unter Rühren auflösen. Die Sahne angießen, das Vanillearoma hinzufügen und alles miteinander verrühren, bis es eine saucenartige Konsistenz bekommt.
Zum Servieren den Pudding auf einen Teller stürzen und die Sauce darüber träufeln.

Honig

Australische Honigproduzenten werden zu den hochwertigsten der Welt gezählt, nicht zuletzt wegen den großflächigen, oft unberührten Landstrichen, auf denen die Bienen ihr fleißiges Handwerk verrichten. Der Honig ist inzwischen nicht nur ein beliebtes Mitbringsel geworden, sondern wurde schon vielfach auf sein medizinischen Wirkungsfeld untersucht, wo er inzwischen großen Bekanntheitsgrad erfuhr. Zutiefst überzeugt von Qualität und Gesundheit gehören die australischen Konsumenten dann wie ihre Bienen auch zu den fleißigsten der Welt, denn gemessen an Kopf und Kilo gibt es niemanden, der soviel flüssiges Gold verzehrt. So unterschiedlich wie die Klimazonen der Landstriche sind dann auch die zahllosen Honigarten des Landes.

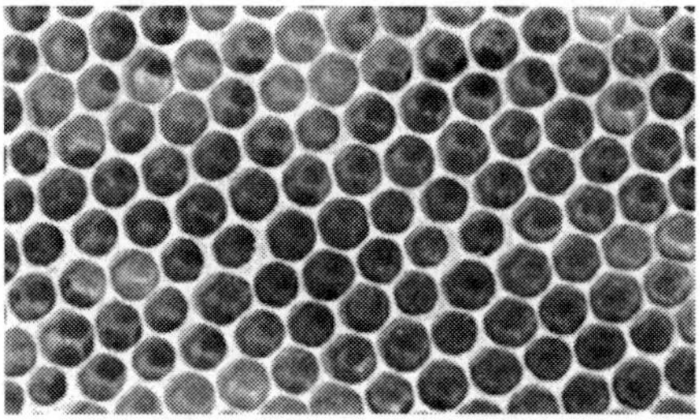

In den endlosen Wäldern Tasmaniens wächst der „Leatherwood-Tree", von dessen Blüten die Waldbienen den Nektar für den „Leather Wood Honey" sammeln. Er zeichnet sich durch seine intensive Gelbfärbung und sein besonderes cremiges Streichverhalten aus. Das einmalige Aroma ist von trockener, aber fruchtiger Süße. Der Honig ist auch in Europa erhältlich. Ein weiterer besonders cremiger und hocharomatischer Honig entsteht im südwesten Australiens, in Regionen, in denen die Bienenvölker in den großen Eukalyptuswäldern leben und die Eukalypten dem Honig eine sehr besondere Note geben. Weitere Produkte der einheimischen Imkereien sind beispielsweise die Honigweine, die hin und wieder sogar als trockene Varianten erhältlich sind, Honigeis und mit Honig überzogene oder kandierte Ingwerstücke, denen niemand widerstehen kann. In afrikanischen Ländern gehört Honig schon lange zur einheimischen Medizin und auch in Australien hat man die medizinischen Einsatzgebiete des Honigs erforscht. Besonders zum Einsatz kommt sogenannter „Aktivhonig" aus dem Nektar der Teebaumblüten. Dieser wird sogar unter dem Namen „Medihoney" in der offiziellen Medikamentenliste des Landes geführt. Aus dem Honig des Teebaumes etwickelten neuseeländische Forscher einen Honig, der im Bereich der Wundbehandlung eingesetzt wird. Inzwischen ist auch eine Variante auf dem Markt, die nicht äußerlich aufgetragen wird sondern zur Therapie von Hals- und Rachenbeschwerden, oral eingenommen werden kann – die Beliebtheit, auch unter Ärzten, die zunehmend mit Antibiotikaresistenzen zu kämpfen haben, steigt.

Backwaren

Pasteten, Pies, Kuchen & Co.

Brot

„Wisst ihr noch, wie gut das Wasser schmeckte, wenn wir als Kinder spielten, und uns heiß wurde und wir unseren Durst am Brunnen stillten ?
Wenn einem vom Brunnen dann das kühle Wasser in den Mund rann und der volle, gute, kalte Geschmack einnahm konnte es kaum etwas Besseres geben.
Beim Brot backen ist es ähnlich, wenn dann der frisch gebackene Laib aus dem Ofen kommt, duftend den Raum einnehmend und man aus der Erfahrung das heiße innere Brotherz erwartet - was kann es schöneres geben, los schneid ihn an!“

Buschbrot
» *Damper*

Der Damper ist ein Klassiker unter den australischen Broten und war und ist wohl noch immer in allen Geschmacksvarianten zwischen angenehm- würzig bis fade-flach zu finden – je nach Kunst seines Bäckers, der immer nur das verwenden konnte, was er mit sich führte. Der Damper ist einfach herzustellen und variabel und deshalb gibt es kein wirklich einheitliches Rezept für das Buschbrot.

Traditionell (Bushstyle) wird der Damper in einem Campoven, einem etwa 6 Liter fassenden gusseisernen Topf mit Deckel, zubereitet. Alle Zutaten werden einfach miteinander vermischt, wobei in Australien hauptsächlich selbsttreibendes Mehl verwendet wird, zu einem Teig verarbeitet und dieser in den Campoven gelegt.

Mit einer Schaufel wird in glühende Kohlen eine Mulde gefertigt, in die der Topf gestellt wird. Auf den Deckel des Topfes wird ebenfalls eine Schaufel Kohle gegeben. Nach etwa 75 Minuten ist das Brot dann fertig.

Buschbrot I
» *Australian Damper I*

Ein einfaches Grundrezept

Zutaten:

300 g	*Mehl*
2 TL	*Backpulver*
1 Prise	*Salz*
125 ml	*Milch oder Wasser*

Zubereitung:

Das Mehl mit dem Backpulver und dem Salz vermischen, die Milch hineinrühren und alles zu einem Teig verkneten. In einer gefetteten Kastenbrotform im auf 200°C vorgeheizten Backofen etwa 50 - 60 Minuten backen.

Buschbrot II
» *Australien Damper II*

Zutaten:

300 g	*Mehl*
2 TL	*Backpulver*
50 g	*Macadamianüsse*
30 g	*Rosinen*
1 Prise	*Salz*
125 ml	*Milch*

Zubereitung:

Das Mehl mit dem Backpulver und dem Salz vermischen, dann die Macadamianüsse grob hacken und zusammen mit den Rosinen oder anderen getrockneten Früchten unter das Mehl mischen. Nun die Milch hinzugeben und zu einem Teig verkneten. In einer gefetteten Kastenbrotform im auf 200°C vorgeheizten Backofen etwa 60 Minuten backen.

Buschbrot III

» *Aussie Damper III*

Zubereitung:

Das Mehl zusammen mit dem Salz und dem Backpulver in eine große Rührschüssel geben und gut vermischen. In einem kleinen Topf die Butter zum Schmelzen bringen, dann die Milch und das Wasser einrühren. In das Mehlgemisch eine Vertiefung drücken und die Flüssigkeit hineingeben, dann zunächst von der Mitte ausgehend gründlich miteinander verrühren. Anschließend gut verkneten und einen Moment beiseite stellen.
Ein Backblech und den Rand einer Springform mit Butter einfetten. Den Springformrand auf das Blech setzen und den Teig sanft hineindrücken, dann den Rand lösen und mit einem spitzen Messer den Teig 4 mal Sternförmig einritzen, sodass 8 gleiche Teile entstehen. Mit etwas Milch bestreichen und mit Mehl bestreuen.
Im auf 210°C vorgeheizten Backofen 10 Minuten backen, dann die Hitze auf 180°C reduzieren und weitere 15 Minuten backen. Mit Butter und Golden Syrup servieren

Zutaten:

330 g	*Mehl*
2 EL	*Backpulver*
2 TL	*Salz*
90 g	*Butter,*
140 ml	*Wasser*
140 ml	*Milch*
	Extra:
	Milch, bestreichen
	Mehl, bestäuben
	Butter, servieren
	Golden Syrup

Campoven

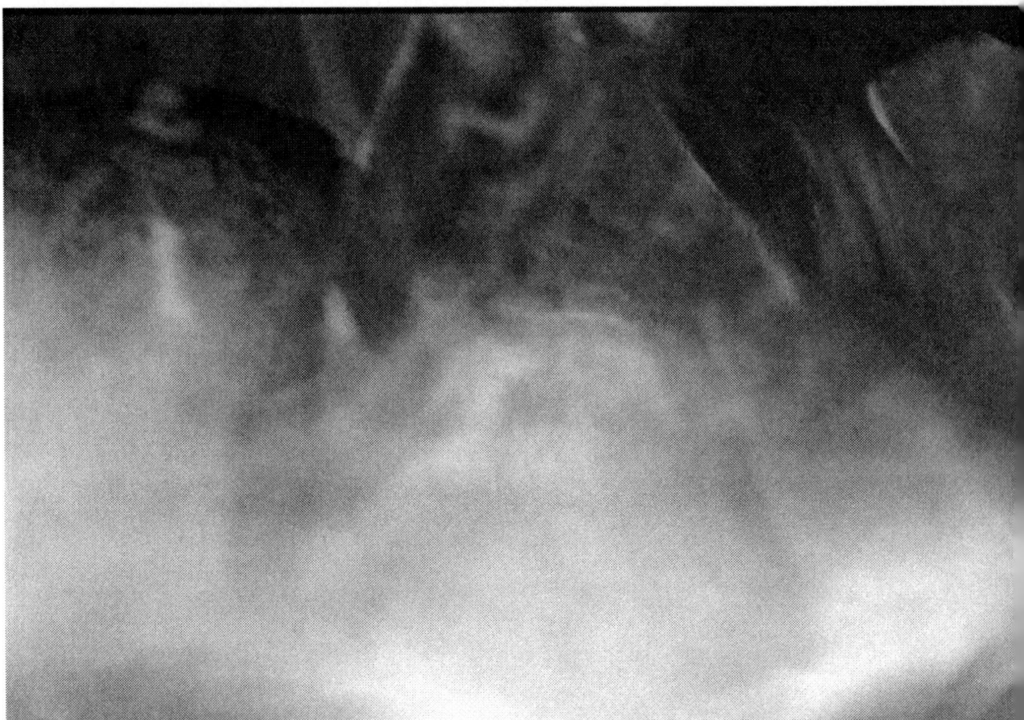

Aprikosen-Hafer-Brot

» Apricot & Bran Loaf

Zutaten:

110 g	*Haferkleie*
200 g	*Aprikosen, getr.*
225 g	*Zucker, braun*
110 g	*Mehl*
3 TL	*Backpulver*
1 TL	*Honig*
280 ml	*Milch*

Zubereitung:

Zunächst das Mehl mit dem Backpulver vermischen, dann die Haferkleie, den Zucker und die in kleine Stücke geschnittenen getrockneten Aprikosen hinzufügen. Den Honig und die Milch dazugeben und zu einem glatten Teig verrühren.
In eine gefettete Backform geben und im auf 180°C vorgeheizten Backofen 45 Minuten backen.

Macadamia-Brot

» *Macadamia Bread*

Zubereitung:

Das Wasser in einem Topf erhitzen, die Milch und die Butter hinzufügen. Unter gelegentlichem Rühren die Butter schmelzen lassen. Dann den Honig hinzugeben und kurz aufwallen lassen, dann abkühlen.
Das Mehl, das Backpulver, Salz und die gehackten Macadamianüsse in die Flüssigkeit geben und zu einem glatten Teig verarbeiten.
Eine Kastenbrotform gut einfetten, den Teig hinein geben und im vorgeheizten Backofen bei 220°C etwa 35 - 40 Minuten backen.

Zutaten:

140 ml	*Wasser*
140 ml	*Milch*
30 g	*Butter*
1 TL	*Honig*
440 g	*Vollkornmehl*
3 TL	*Backpulver*
1 TL	*Salz*
120 g	*Macadamianüsse grob gehackt*

Kastanienkuchen

» *Chestnut Cake*

Zutaten:

500 g	*Kastanienmehl*
3 EL	*Zucker*
	Macadamianussöl
	Milch
3 EL	*Pinienkerne*
2 EL	*Rosinen*
	Fenchelsamen
	Salz
¼ TL	*Honig*
3 EL	*Milch*

Zubereitung:

Das Kastanienmehl mit dem Salz und dem Zucker vermischen und in eine große Rührschüssel sieben. Unter Rühren Macadamianussöl hinzugeben, dann kneten und nur soviel Öl hinzugeben, das ein fester Teig entsteht. Nun die Milch hinzugeben und weiterkneten, bis ein etwas zähflüssiger Teig entsteht. Dann die Pinienkerne und Rosinen unterrühren und zu einem runden Fladen formen. Den Honig erwärmen und mit der Milch verrühren, dann den Teig damit bestreichen und mit einigen Fenchelsamen bestreuen. Im auf 180°C vorgeheizten Backofen etwa 45 Minuten backen.
Statt mit dem Fenchelsamen kann das Brot auch mit Rosmarin gewürzt werden.

Kokosnuss-Brot

» *Coconut Loaf*

Zutaten:

2 TL (7 g)	*Trockenhefe*
140 ml	*Milch, warm*
3	*Eier, leicht geschlagen*
½ TL	*Kokosnussaroma*
300 g	*Kokosraspel*
110 g	*Zucker*
125 g	*Butter, weich*
	Puderzucker

Zubereitung:

In eine Schüssel die Hefe, einen Teelöffel Zucker und die warme Milch geben und für 15 Minuten abgedeckt an einem warmen Ort stehen lassen, anschließend die Eier einrühren. In einer großen Rührschüssel das Mehl, die Kokosnussaroma und den Zucker miteinander gründlich vermischen. Das Hefegemisch hinzugeben und alles zu einem gleichmäßigen Teig verkneten. Etwa eine Stunde zugedeckt an einem warmen Ort gehen lassen, bis sich die Teigmenge verdoppelt hat. Nun nochmals gut durchkneten und immer wieder kleine Stücke der weichen Butter hineinkneten.
Eine Kastenbrotform einfetten und den Teig hineingeben, nochmals für 45 Minuten an einem warmen Ort gehen lassen.

Im auf 200°C vorgeheizten Ofen 20 Minuten backen, dann die Hitze auf 180°C reduzieren und weitere 40 Minuten backen lassen. Sollte das Brot zu dunkel werden mit einer Aluminiumfolie abdecken. Aus dem Ofen nehmen und fünf Minuten ruhen lassen, dann auf ein Kuchengitter zum Auskühlen stürzen.
Wenn das Brot auf Zimmertemperatur ausgekühlt ist mit etwas Puderzucker bestäuben.

Thunfisch-Oliven-Brot

» *Tuna Olive Bread*

Zubereitung:

In einer großen Schüssel das Mehl mit dem Salz, dem Pfeffer und dem Käse vermischen, dann die Eier hineingeben und zu einer gleichmäßigen Masse schlagen. Den Thunfisch in kleine Stücke zupfen und zusammen mit der Créme Fraîche und dem Backpulver zu Eiermasse geben und gut verrühren.
Die Oliven entsteinen und halbieren, dann in den Teig einrühren und solange rühren bis alles zu einem gleichmäßigen Teig geworden ist. Den Teig in eine gefettete Kastenform geben und im auf 200°C vorgeheizten Backofen etwa 40 Minuten backen.

Zutaten:

300 g	*Thunfisch, frisch*
100 g	*Gruyere, gerieben*
1 kg	*Mehl*
3	*Eier*
250 ml	*Crème Fraîche*
1 Pkg	*Backpulver*
20 g	*Butter*
	Salz
	Pfeffer
20	*Oliven, schwarz*

Scones

Kekse, Scones Muffins und Plätzchen

„Wir wussten genau, wenn unsere Mutter die Küche verließ um etwas anderes zu erledigen und wir wussten auch, dass sie stets den Schlüssel zur Speisekammer mit sich trug, damit wir nicht heimlich uns an den Vorräten zu schaffen machten.
Selbstverständlich war es streng verboten sich etwas ungefragt zu nehmen wenn es in der Küche lag und doch, so hatte es den Anschein als gab es so etwas wie eine stille, verbotene Übereinkunft: Die Keksdose. Ich war stets der festen Überzeugung, dass Kekse ohnehin nur für Kinder gemacht waren, denn nie hatte ich einen Erwachsenen einen Keks essen sehen. Und so kletterten wir auf den Schrank oder an das Regal um die immer an anderen Orten stehende Keksdose zu erreichen. Unsere Mutter war wenn sie es merkte sehr böse, doch glaubte ich später, dass sie nur so tat, denn im Grunde ihres Herzens freute sie sich, wenn sie sah, wie wir uns an jenem Gebäck freuten, das sie nur für uns gebacken hatte.“

Betrunkene Muffins

» *Drunken Holiday Muffins*

Zutaten:

150 g	*Trockenfrüchte*
	Brandy
35 g	*Apfelringe, getr.*
140 ml	*Orangensaft, frisch*
110 g	*Mehl*
1 EL	*Backpulver*
1 TL	*Natron*
1 Prise	*Salz*
130 g	*Zucker, braun*
1 Prise	*Muskatnuss*
110 g	*Haferflocken*
75 g	*Butter*

Zubereitung:

Die Trockenfrüchte etwa 1 Stunde im Brandy einweichen und dann abtropfen lassen. Zusammen mit den klein geschnittenen Apfelringen und dem Orangensaft in eine kleine Schüssel geben, vermischen und beiseite stellen.

In einer großen Rührschüssel das Mehl, das Natron, das Backpulver und das Salz mischen, dann den Zucker, Muskatnuss und die Haferflocken hinzugeben und erneut durchrühren. Die Butter in einem kleinen Topf schmelzen, mit dem Macadamianussöl vermischen und abkühlen lassen. Nun das Ei und die Milch hinzufügen und alles gut verrühren. In der Mitte der großen Rührschüssel eine Vertiefung in das Mehlgemisch formen und das Eigemisch hineingeben, etwas rühren, dann die Früchte hinzugeben. Alles gut verquirlen und in die Muffinformen einfüllen. Im auf 190°C vorgeheizten Backofen etwa 20 Minuten backen.

Scones mit Walnüssen

» *Walnut Scones*

Zubereitung:

In einer großen Rührschüssel das Mehl mit dem Zucker, dem Salz und dem Backpulver vermischen. Nun die Walnüsse hacken und zusammen mit der Butter in die Rührschüssel geben. Alles gut verrühren und dann mit den mit der Milch geschlagenen Eiern dazugeben und zu einer glatten Masse verkneten. Auf einer bemehlten Fläche etwa zentimeterdick ausrollen und in etwa 20 Rauten schneiden. Je nach Verwendungszweck kann es die Oberfläche nun noch mit grobem Zucker bestreut werden.
Im auf 200°C vorgeheizten Backofen etwa 12 Minuten backen und noch warm servieren.

Zutaten:

500 g	*Mehl*
6 EL	*Rohrzucker*
6 TL	*Backpulver*
2 TL	*Salz*
160 g	*Butter*
200 g	*Walnusskerne*
2	*Eier*
250 ml	*Milch*

Fruchtkekse mit Kokos

» *Cookies with Coconut Flakes*

Zutaten:

100 g	*Rosinen*
100 g	*Feigen, getrocknet*
50 g	*Kirschen, kandiert*
1 EL	*Rum*
4 EL	*Mehl*
½ TL	*Backpulver*
125 g	*Butter*
	Salz
1	*Ei*
100 g	*Kokosraspel*
3 EL	*Milch*
80 g	*Cornflakes*

Zubereitung:

Die Rosinen waschen und auf ein Tuch zum trocknen legen. Die Feigen und die Kirschen klein schneiden und zusammen mit den Rosinen in eine Schüssel geben. Das Mehl einsieben, unter die Früchte heben und dann das Backpulver unterrühren. In einer Schüssel die Butter, den Zucker und das Salz cremig rühren, dann zusammen mit einem Ei schaumig schlagen. Die Früchtemischung, den Rum und die Kokosraspel unterrühren, sodass ein mittelfester Teig entsteht, dabei je nach Konsistenz etwas Milch zugeben und anschließend die Cornflakes einarbeiten. Zwei Backbleche mit der Butter einfetten und mit zwei Esslöffeln kleine Teighäufchen abstechen um sie auf die Bleche zu setzen. Im auf 175°C vorgeheizten Backofen die Bleche nacheinander auf der mittleren Schiene etwa 15 bis 20 Minuten backen. Noch warm servieren, beispielsweise mit Vanille-Ingwer-Schlagsahne.

Ingwer-Scotch-Kekse

» *Ginger Scotch Cookies*

Zutaten:

4 EL	*Zuckerrohrsirup hell*
2 EL	*Melasse*
150 g	*Zucker*
2 EL	*Wasser*
4 EL	*Scotch*
2 TL	*Zimt, gemahlen*
2 TL	*Lebkuchengewürz*
1 TL	*Muskat, gemahlen*
3 TL	*Ingwer, gemahlen*
2	*Orangen*
150 g	*Butter*
1 TL	*Natron*
4 TL	*Orangensaft*
450 g	*Mehl*
	Pistazien

Zubereitung:

Das Wasser, den Sirup, den Zucker, die abgeriebenen Schalen der Orangen und die Gewürze in einen Topf geben und unter Rühren langsam erhitzen und zum Sieden bringen, dann den Topf vom Herd nehmen und die Butter, den Orangensaft, den Scotch und das Natron hinzugeben. Nun vom Mehl soviel unterkneten, bis ein fester Teig entsteht. Diesen etwas flach drücken, in Frischhaltefolie schlagen und für etwa 10 Minuten in den Kühlschrank legen. Anschließend dünn ausrollen (3 - 5 mm) und in Rauten schneiden. Die Pistazien aus den Schalen nehmen und hacken, jedoch nicht zu fein, dann etwas in den Teig drücken. Bei 175°C etwa 15 Minuten backen.

Scones mit Kürbis

» *Pumpkin Scones*

Zubereitung:

Zunächst die Schale der Orange abreiben und zusammen mit dem Honig, dem Ingwerpulver und der weichen Butter cremig schlagen. Nun das Kürbismousse unterrühren, das Ei zugeben und während des Schlagens Milch hinzugeben. Je nach Flüssigkeitsgrad des Kürbisses kann diese Menge variieren, deshalb zunächst nur etwa 100 ml Milch einrühren, dann das Mehl einsieben, und kneten, bis ein gleichmäßiger Teig entsteht. Hierbei ggf. nochmals etwas Milch nachgießen, dann etwas Salz hinzugeben und nochmals kräftig kneten. Nun die Arbeitsfläche mit Mehl bestäuben, den Teig ausrollen und etwa 2,5 cm dicke, runde Teigplätzchen ausstechen. Diese mit Milch bepinseln und auf ein mit Backpapier ausgelegten Blech platzieren. Bei 225°C etwa 15 Minuten backen und noch warm servieren. Scones werden mit Butter und Marmelade gegessen und gehören zum traditionellen „Devonshire Tea" am Nachmittag.

Zutaten:

250 g	*Kürbis, Butternut, gekocht, zerdrückt*
1 EL	*Butter*
½ TL	*Ingwerpulver*
250 g	*Mehl*
1 EL	*Honig*
0,5 TL	*Orangenschale*
	Milch
	Salz

Sternanis

Devonshire Scones

» *Devonshire Scones*

Zutaten:

250 g	*Mehl*
½ TL	*Salz*
1 EL	*Zucker*
2 TL	*Backpulver*
½ TL	*Natron*
30 g	*Butter*
150 ml	*Milch*

Zubereitung:

In einer Schüssel das Mehl mit dem Backpulver, dem Zucker, dem Salz, dem Natron und der in dünne Stifte geschnittenen Butter vermischen. Dann unter Kneten langsam die Milch hinzugeben und zu einem glatten Teig verarbeiten. Diesen in eine Frischhaltefolie einschlagen und etwa 20 Minuten kühlen. Jetzt den Teig auf einer bemehlten Fläche etwa 2 cm dick ausrollen und mit einem Glas (Ø ca. 6 cm), ausstechen. Auf eine gefettetes Blech geben, mit Milch bestreichen und im auf 240°C vorgeheizten Ofen etwa 10 Minuten backen und noch warm servieren. Klassisch werden Scones aufgeschnitten und mit Butter, Schlagsahne und Marmelade gegessen.

Dattelmakronen

» *Date Macaroons*

Zutaten:

250 g	*Datteln, getrocknet*
100 g	*Halbbitter-Kuvertüre*
75 g	*Mandeln, gerieben*
50	*Backoblaten*
75 g	*Macadamianüsse*
2 EL	*Vanillezucker*
3	*Eiweiß*
	Salz
180 g	*Zucker*

Zubereitung:

Die Datteln entsteinen und in dünne Streifen schneiden. Etwa ein viertel der Streifen in hacken und beiseite stellen. In einem hohen Gefäß das Eiweiß steif schlagen, dabei den Zucker, das Salz und den Vanillezucker zugeben und weiterschlagen, bis der Eischnee bei umstülpen des Gefäßes sich nicht mehr bewegt. Die Mandeln, die Macadamianüsse und die Dattelstreifen vermischen und vorsichtig unter den Eischnee heben. Die Backoblaten auf einem Backblech verteilen und mit zwei feuchten Silberlöffeln kleine Häufchen von der Masse abheben und auf die Oblaten setzen. Nun auf der mittleren Schiene im auf 175°C vorgeheizten Ofen etwa 15 bis 20 Minuten backen. Später die Makronen auf einem Gitter abkühlen lassen. Die Kuvertüre im Wasserbad schmelzen und mit einem Esslöffel den Makronen eine „Haube" aufsetzen und mit den gehackten Dattelstückchen überstreuen.

Anzac Biscuits

» *Anzac Biscuits*

Der Name Anzac ist die Abkürzung für „Australian New Zealand Army Corps". Es ist nicht erschöpfend geklärt, ob die Kekse zum ersten Mal während des ersten oder des zweiten Weltkrieges für die fern der Heimat stationierten Soldaten gebacken worden waren, doch ihr Name stammt von den Gravuren der Blechdosen, in denen sie verschickt wurden.
Da die recht einfach herzustellenden Kekse fast halb so alt sind wie das Land, lässt sich nicht mit Bestimmtheit sagen, welches das Urrezept ist und so sind anschließend nur die am häufigsten genutzte Variante aufgeführt.

Zubereitung:

Das Mehl, die Haferflocken, die Kokosflocken und den braunen Zucker in einer Rührschüssel vermischen. In einem kleinen Topf die Butter zum schmelzen bringen und den Sirup hinzugeben, beides schmelzen lassen. Den Natron im kochenden Wasser auflösen, in den Topf geben und gut durchrühren. Anschließend alles in die Rührschüssel geben und zu einem Teig verkneten. Etwa Esslöffelgroße Teighaufen auf ein gefettetes Backblech geben (4 cm Abstand) und bei 150°C etwa 15 Minuten backen.

Zutaten:

110 g	*Mehl*
110 g	*Haferflocken*
110 g	*Kokosflocken*
170 g	*Zucker, braun*
125 g	*Butter*
2 EL	*Golden Syrup*
1 TL	*Natron*
2 EL	*kochendes Wasser*

Endlose Straßen im südaustralischen Hinterland

Macadamia - Muffins

» *Macadamia Nut Muffins*

Zutaten:

110 g	*Mehl*
2 TL	*Backpulver*
1 Prise	*Muskatnuss*
1 Prise	*Salz*
170 g	*Macadamianüsse*
70 g	*Butter*
140 ml	*Milch*
1 großes	*Ei*
½ TL	*Vanille-Essenz*

Zubereitung:

In einer Rührschüssel das Mehl, das Backpulver, Muskatnuss, das Salz und die gehackten Macadamiastückchen vermischen.

In einem Topf die Butter langsam schmelzen. Die Milch, das Ei und die Vanille-Essenz zum Mehlgemisch geben und durchrühren, dann die Butter hinzugießen und solange rühren, bis ein glatter Teig entstanden ist. Eine Muffinform mit Papierförmchen bestücken und den Teig in die 12 Felder geben. Im auf 200°C vorgeheizten Backofen etwa 15-18 Minuten backen, bis sie oben bräunen. Statt Macadamianüssen können auch gehobelte Mandeln oder Pekannüsse verwendet werden.

Achtung: Muffins müssen noch leicht weich aus dem Ofen genommen werden, da sie noch nachfestigen.

Apfel - Kiwi - Muffins

» *Apple Kiwi Muffins*

Zutaten:

2 kleine	*Äpfel*
2	*Kiwi*
2	*Eier*
80 g	*Butter, weich*
120 ml	*Apfelsaft*
2 EL	*Zitronensaft*
280 g	*Mehl*
120 g	*Zucker*
2 TL	*Backpulver*
½ TL	*Natron*
½ TL	*Salz*

Zubereitung:

Zunächst die Äpfel und Kiwis schälen und in Stücke schneiden. Die Kiwi- und Apfelstücke mit dem Zitronensaft beträufeln und durch heben. Die Eier, die Butter, den Zucker, das Salz und den Saft schlagen, bis sich der Zucker aufgelöst hat. Nun das Mehl, den Natron und das Backpulver hinzufügen und zu einem glatten, gerade noch fließenden Teig verrühren. Den backofen auf 180°C vorheizen. Nun die Kiwi- und Apfelstücke zum Teiggeben, vorsichtig verrühren und in die mit Papierförmchen bestückte Muffinform füllen. Die Form in die mittlere Schiene des Backofens schieben und etwa 20 bis 25 Minuten backen.

Achtung: Muffins müssen noch leicht weich aus dem Ofen genommen werden, da sie noch nachfestigen.

Mandel Scones

» *Almond Scones*

Zubereitung:

Das Ei, die Buttermilch und das Mandelaroma mit einander vermischen. In einer Rührschüssel das Mehl, das Backpulver, das Natron, Salz und Zucker vermischen. die kleinen, weichen Butterstückchen hinzugeben und gründlich verrühren. Dann die Mandeln hobeln und in einer Pfanne leicht anrösten und zum Mehlgemisch geben. Dieses nochmals gut verrühren und in der Mitte eine Mulde ausformen, in die nun das Eier-Buttermilch-Gemisch gegeben wird. Gut durchrühren bis alles zu einem Teig geworden ist.
Eine Arbeitsfläche mit Mehl bestreuen und den Teig darauf gut durchkneten. Den Teig vierteln und jedes Viertel etwa 1,5 cm dick ausrollen und in Kreise formen. Diese in 6 gleiche Teile zerschneiden, mit Milch bestreichen und mit dem Zucker und einigen der gehobelten Mandeln bestreuen. Ein Backblech mit Backpapier auslegen und die Teigstücke darauf geben.
Im auf 220°Cvorgeheizten Backofen 12 - 15 Minuten backen.

Zutaten:

1	*Ei*
350 ml	*Buttermilch*
2 TL	*Mandelaroma*
440 g	*Mehl*
4 TL	*Backpulver*
4 TL	*Natron*
1 TL	*Salz*
215 g	*Zucker*
150 g	*Butterflocken*
200 g	*Mandeln, gehobelt*
	Milch
	Zucker

Blaubeer - Muffins

» *Blueberry Muffins*

Zubereitung:

Den Backofen auf 180°C vorheizen. Und eine Muffinform mit Papierförmchen bestücken. Die Butter schmelzen. Das Mehl, den Zucker, das Backpulver und das Salz vermischen, dann die Milch, das Ei und die weiche Butter hinzugeben und zu einem glatten, gerade noch fließenden Teig verarbeiten. Abschließend die Blaubeeren vorsichtig in den Teig rühren und damit die Förmchen befüllen. Etwa 20 bis 25 Minuten im Backofen backen.

Zutaten:

250 g	*Blaubeeren*
1	*Ei*
60 ml	*Butter*
240 g	*Mehl, gesiebt*
40 g	*Zucker*
4 TL	*Backpulver*
½ TL	*Salz*
150 ml	*Milch*

Traditional Meat Pie

Pasteten & Pies

„Das wohl größte Geheimnis der australischen Küche ist der Pie, der bei der Kolonisierung des Landes vermutlich gleich zu beginn mitreiste. Manchmal ist die Herstellung einfach, ein andermal höchst mühsam und langwierig – selbst für Küchenklassiker hat wohl jede Hausfrau eigentlich ihr eigenes Rezept. Wenn dann jemand fragt, wie sie ihn gemacht hat und um das Rezept bittet und nach den Mengen fragt ist dies bereits ein Problem, denn schon ein Kraut wächst mal groß, mal klein, am Meer anders als im Inland und im April anders als im September. Man muss wohl improvisieren wie ein Musiker, doch nicht mit dem Ohr, sondern mit dem Gaumen."

Fleischpastete

» *Traditional Meat Pie*

Zutaten für 8 Personen:

Füllung:

750 g	*Rinderhüfte*
2	*Zwiebeln*
100 g	*Räucherspeck*
100 g	*Champignons*
1 EL	*Bohnenkraut*
1	*Limette*
2 EL	*Butter*
3 EL	*Mehl*
200 ml	*Kalbsfond*
200 ml	*Shiraz*
½ Bund	*Petersilie*
2 EL	*Senf, scharf*
	Salz
	Pfeffer

Teig

100 ml	*Wasser*
100 ml	*Milch*
150 g	*Butter*
1 TL	*Salz*
500 g	*Mehl*
2	*Eier*
	Butter

Zubereitung:

Für die Füllung das Rindfleisch in kleine Würfel schneiden, die Zwiebeln schälen und in dünne Streifen schneiden. Den Räucherspeck fein würfeln, die Pilze waschen, abtrocknen und in dünne Scheiben schneiden.
In einer Pfanne den Speck etwas auslassen und die Zwiebelstreifen zusammen mit dem gezupften Bohnenkraut anbraten. Die Pilzscheiben kurz mit in die Pfanne geben, anbraten und alles herausnehmen. Mit dem Saft der Limette die Pfanne ablöschen und wenn die Flüssigkeit darin wieder zu sieden beginnt das Mehl einstäuben und anschwitzen lassen. Unter ständigem Rühren den Kalbsfond und den Wein angießen, kurz aufkochen und etwa 12 Minuten köcheln lassen. In die ein wenig abgekühlte Flüssigkeit die Pilz-Fleischmasse geben, die feingehackte Petersilie und den Senf unterrühren und mit Pfeffer uns Salz abschmecken. Für den Teig das Wasser, die Milch, die Butter und das Salz in einen Topf geben und aufkochen lassen und gut verrühren, bis die Butter sich mit der Flüssigkeit verbunden hat. Dann die noch heiße Flüssigkeit zum Mehl geben und zu einem glatten Teig verkneten. Den Teig zu einer Kugel formen und etwa 15 Minuten ruhen lassen. Etwa ⅔ des Teiges 0,5 cm dick ausrollen und daraus 8 Teigplatten ausschneiden, die jeweils etwa 2,5 cm größer sind als die Formen. Den Teig in die mit Butter gefetteten Formen drücken und nicht ganz bis zum Rand die Füllung hineingeben. Den überstehenden Teigrand einschlagen Aus dem restlichen ausgerollten Teig passende Deckel für die Formen schneiden und oben auf die Masse legen, dabei an den Rändern fest drücken. Mit den verquirlten Eigelben die Pastetendeckel bestreichen. Die Pastetenformen auf ein Backblech stellen und im auf 160°C vorgeheizten Backofen etwa 60 Minuten backen, dann den Ofen ausschalten und die Pasteten noch etwa 10 Minuten im Ofen ruhen lassen.

Lamm-Pie mit Spinat und Feta

» *Spinach Lamb Pie*

Zubereitung:

Zutaten für 4 Personen:

500 g	*Blattspinat*
500 g	*Lammragout Schulter in 1 cm Streifen*
2 EL	*Sojasauce*
2	*Knoblauchzehen*
1 EL	*Thymian, frisch*
	Pfeffer
	Salz
1 mittlere	*Zwiebel, fein geh.*
100 g	*Feta-Käse*
1 EL	*Erdnussöl*
1	*Ei*

Zunächst das Lammfleisch in etwa 1 cm dicke Streifen schneiden, dann den Thymian zusammen mit der Sojasauce, dem gepressten Knoblauch, Pfeffer und Salz verrühren und mit den Lammstreifen vermischen. Zugedeckt zwei Stunden marinieren lassen, dann das Fleisch herausnehmen und unter stetigem Rühren in einer Pfanne scharf anbraten. Die feingehackte Zwiebel und den grob gehackten Spinat dazu geben und etwa 6 Minuten dämpfen. Dann die Marinade dazugeben und mit Salz und Pfeffer abschmecken. Etwa 10 Minuten einkochen lassen. Anschließend die Masse in eine Auflaufform geben, den Feta kleinschneiden, dann zwischen den Handflächen grob zerreiben und unter die Masse heben.

50 ml	*Wasser*
75 ml	*Milch*
75 g	*Butter*
½ TL	*Salz*
250 g	*Mehl*
1	*Ei*
	Butter

Für den Teig das Wasser, die Milch, die Butter und das Salz in einen Topf geben und aufkochen lassen, dann alles gut verrühren, bis die Butter sich mit der Flüssigkeit verbunden hat. Dann die noch heiße Flüssigkeit zum Mehl geben und zu einem glatten Teig verkneten. Den Teig zu einer Kugel formen und etwa 15 Minuten ruhen lassen. Anschließend den Teig etwas größer als die Auflaufform ausrollen und der Form als Deckel auflegen. Den Rand befeuchten und an die Auflaufform andrücken.

Mit den Teigresten könne Verzierungen geformt werden. Den Deckel dann mit dem Eigelb bepinseln und mit einem Messer mehrere kleine Einschnitte in den Deckel fügen, damit die Luft aus der Form entweichen kann.

Den Backofen auf 175°C vorheizen, die Form auf die zweitunterste Schiene des Ofens schieben und etwa 45 Minuten backen.

Pastete nach Art des Schäfers

» *Shepherd's Pie*

Zubereitung:

In einer Pfanne die Butter schmelzen, die Zwiebeln hinzugeben und leicht bräunen, das Mehl hinzufügen und gut durchrühren. Nach etwa einer Minute die Geflügelbrühe angießen und rühren bis sich alles vermischt hat. Nun kurz aufkochen und bei mittlerer Hitze etwa 5 Minuten köcheln lassen. Das fein gehackte Lammfleisch und die Worcestersauce hinzugeben, verrühren und etwa 5 Minuten köcheln lassen. Die Pfanne vom Herd nehmen und die Masse in eine ausreichend große, feuerfeste Form geben. Die gekochten Kartoffeln mit einer Gabel fein zerdrücken, die Milch einrühren, salzen und pfeffern. Den Senf und die Butter einarbeiten und solange rühren, bis eine cremige Masse entsteht. Nun die Kartoffelmasse über das Fleisch geben und mit einer Gabel die Oberfläche ein wenig anzupfen. Im auf 210°C vorgeheizten Backofen 45 Minuten backen.

Zutaten für 6 Personen

30 g	*Butter*
2 mittlere	*Zwiebeln, fein*
30 g	*Mehl*
1 TL	*Senf*
420 ml	*Geflügelbrühe*
800 g	*Lammfleisch*
1 TL	*Worcestersauce*
140 ml	*Milch, heiß*
30 g	*Butter*
4 große	*Kartoffeln*
	Salz
	Pfeffer

Känguru-Pie

» *Kangoroo Spoon Pie*

Zutaten für 4 Personen

800 g	*Kängururücken*
1 mittlere	*Zwiebel*
1	*Karotte*
1 Scheibe	*Sellerie, 1 cm*
2 Stangen	*Staudensellerie*
2 EL	*Mehl*
2 EL	*Erdnussöl*
	Salz
	Pfeffer
400 ml	*Cabernet-Sauvignon*
200 ml	*Portwein, rot*
1 TL	*Wacholderbeeren*
1	*Lorbeerblatt*
6 Zweige	*Thymian*
8 Scheiben	*Speck*
40 g	*Rosinen*
250 g	*Blätterteig-Rolle*
	Mehl
2	*Eigelbe*
½ TL	*Zitronengras*

Zubereitung:

Das Fleisch gründlich waschen und mit einem Küchentuch trockentupfen, dann in kleine Würfel schneiden und beiseite stellen. Den Sellerie, die Zwiebel und die Karotten schälen und klein schneiden. Vom Staudensellerie die Fädchen entfernen, halbieren und dünn schneiden. Die Fleischstücke im Mehl wälzen und in mehrerern Portionen nacheinander im Erdnussöl anbraten. Nun das Gemüse in die Pfanne geben, dünsten und wieder das Fleisch hinzugeben. Etwas Salz und Pfeffer, den Rotwein, den Portwein, die Wacholderbeeren und das Lorbeerblatt unterrühren und etwa 30 Minuten auf mittlerer Hitze kochen lassen. Dann vom Herd nehmen und die Rosinen unterrühren.
Eine Auflaufform mit den Speckscheiben auslegen und die Fleisch-Gemüsemischung einfüllen. Die beiden Eigelbe mit dem Zitronengraspulver verrühren und den Rand der Form damit bepinseln. Die Blätterteigrolle entrollen und vorsichtig über der Auflauform ausbreiten. Mit trockenen Fingern am Rand fest andrücken, dann einen kleinen Kreis in der Mitte des Teiges ausschneiden und den so entstandenen Deckel mit dem Rest der Eigelbe bestreichen. Im auf 200°C vorgeheizten Backofen 35 - 40 Minuten backen, bis der Deckel leicht zu bräunen beginnt. Abschließend den Backofen öffnen und den Pie etwa 5 Minuten ruhen lassen.

Apfel Pie

» *Apple Pie*

Zubereitung:

Zunächst in einer Schüssel das Mehl mit dem Zimt und dem Salz vermischen. Die kalte Butter in kleine Stücke schneiden und zusammen mit dem Wasser und dem Ei hinzugeben. Jetzt die Zutaten mit den Händen zu einem glatten Teig kneten. Nun etwa 1/3 des Teiges abnehmen und aus beiden Teilen Kugeln formen und diese auf einer bemehlten Fläche zu kreisen entsprechend der Pieform ausrollen. Das größere Teig stück muss soweit ausgerollt werden, dass der Teig den Rand der Form bedecken kann und etwas überlappt. Das kleinere Teigstück soll etwa die Größe der Form besitzen. Beide Teigscheiben nun etwa 1 Stunde kühl stellen.
Inzwischen die Äpfel schälen, vierteln und entkernen. Die Apfelviertel in Scheiben schneiden und in einer Schüssel mit dem Rohrzucker und dem Zitronensaft verrühren.
Den Backofen auf 180°C vorheizen. Den gekühlten Teig nun in die ausgebutterte Form geben: zuerst den größeren Teig, sodass er über die Form hängt, dann die Äpfel darauf verteilen und mit der kleineren Teigplatte abdecken. Den überhängenden Rand nun nach innen klappen und mit einer Gabel festdrücken.
Den Pie nun etwa 45 Minuten garen, dann mit Vanilleeis servieren.

Zutaten:

350 g	*Mehl*
100 g	*Zucker*
180 g	*Butter*
1	*Ei*
1 kg	*Äpfel, Granny Smith*
1 EL	*Zitronensaft*
3 EL	*Wasser*
1 TL	*Rohrzucker*
1 TL	*Zimt*
½ TL	*Salz*

Sydney - Monorail

Kuchen & Torten

„Den ganzen Tag blies der Wind heiß aus der Ebene und ließ uns den Sommertag auf der Haut spüren. Erst als der Nachmittag sich neigte und die Sonne uns ahnen ließ, dass sie ihren Weg an einem anderen Ort fortsetzen wollte, setzte eine leichte, aber spürbare, Entspannung ein. Trotz der Hitze lockte der starke Duft des frisch gebrühten Kaffees von der Veranda herüber, vermischt mit dem süßlichen, herben Duft der eiskalten Obsttorte – im Schatten der Teebäume schlenderte ich dem Genuss entgegen. Gerne ließ ich die Sonne ziehen."

Kirschkuchen mit Mandeln

» *Summer Cherry Almond Cake*

Zutaten:

600 g	*frische Kirschen*
150 g	*Mandeln, ganz blanchiert*
110 g	*Mehl*
1 TL	*Backpulver*
1 Prise	*Salz*
200 g	*Butter, weich*
225 g	*Feinzucker*
2 TL	*Feinzucker*
3 große	*Eier, getrennt*
1	*Vanilleschote*
60 g	*Mandeln gehobelt angeröstet*
2 TL	*Zucker, weiß*
	Puderzucker

Zubereitung:

Den Boden einer 24 cm Springform mit Backpapier auslegen, dann die Seiten und das Backpapier mit weicher Butter einfetten und alles mit Feinzucker bestäuben. Die Form beiseite stellen.

Die Kirschen halbieren und die Steine herausnehmen und falls dabei Kirschsaft herausläuft diesen auffangen. Dann die Mandeln grob hacken und mit dem Mehl, dem Salz und dem Backpulver vermischen. In einer Schüssel die Butter zusammen mit dem Feinzucker schlagen, bis eine cremige Masse entsteht und dann die Eigelbe hinzufügen. Zunächst nur ein Eigelb, dann kräftig schlagen und das zweite hinzufügen, dann wiederum kräftig schlagen. Unter Rühren das Mehl einsieben, dann das Mark der ausgekratzten Vanilleschote und den aufgefangenen Kirschsaft. Alles gut miteinander verrühren.

Das Eiweiß schlagen bis es glänzt und schaumig wird, dann die 2 TL Zucker langsam einstreuen und weiterschlagen, aber nicht steif werden lassen.

Nun die Hälfte der Masse zum Teiggemisch hinzugeben und vorsichtig unterheben, dann die zweite Hälfte der Eiweiße dazugeben und wieder unterheben.

Anschließend den Teig in eine Springform geben und darauf die Kirschen platzieren, einige davon in den Teig hineindrücken

In einem Topf kurz die Mandeln zusammen mit den 2 TL weißen Zucker anrösten und danach über die Kirschen streuen.

Den Ofen auf 175°C vorheizen und etwa 40 Minuten backen, dann abkühlen lassen und mit Puderzucker bestreuen.

Baisertorte Pavlova

» *Tarte Pavlova*

Zubereitung:

Die Eier trennen und die Eiweiße in einer großen Rührschüssel mit etwas Salz steif schlagen. Wenn die Masse Blasen wirft und beginnt cremig zu werden, nach und nach den Zucker einstreuen. Wenn sich die Zuckerkristalle aufgelöst haben und der Eischnee richtig fest ist, den Vanillezucker unterschlagen.
Nun ein Backblech mit Backpapier auslegen und etwas ⅔ der Baisermasse durch einen Spritzbeutel kreisförmig in der Mitte des Backbleches aufspritzen, zur Mitte hin leicht ansteigend. Mit der anderen Hälfte kleine verzierungen auf der Masse sowie einen größeren Extratupfen außerhalb der Torte platzieren. In den kalten Backofen schieben und diesen auf 110°C aufheizen, etwa 2 Stunden lang auf dieser Temperatur fest werden lassen, dann herausnehmen und auskühlen lassen.
Nun die Erdbeeren mit dem Pürierstab zerkleinern und den Cointreau hinzugeben, mit der Gabel gut umrühren, dann den 1 EL Puderzucker hinzugeben und wieder gut rühren. Die Konsistenz sollte an Schlagsahne erinnern, wenn die Masse zu trocken ist, kann noch Sahne hinzugefügt werden.
Nun den restlichen Puderzucker zur Sahne geben und diese steif schlagen. Mit einem Esslöffel die Sahne über dem Baiser verteilen
Den Rest der Früchte waschen, schneiden und dann über der Torte garnieren, anschließend den Baisertupfen in der Mitte platzieren. Zum Schluss alles mit der Erdbeer-Cointreau-Mischung beträufeln.

Zutaten:

4	*Eier*
	Salz
200 g	*Zucker*
1 Pkg.	*Vanillezucker*
200 g	*gemischte Früchte (z.B. Erdbeeren, Litschis, Mangos, Rambutans)*
150 g	*Erdbeeren*
4 cl	*Cointreau*
3 EL	*Puderzucker*
350 g	*eiskalte Sahne*

Feigenfrucht am Baum

Blaubeer Zitronen Rührkuchen

» *Blueberry Lemon Pound Cake*

Reich an Geschmack, erfrischend durch die Zitronen und von sommerlicher Süße durch die Blaubeeren

Zutaten:

Kuchen:

100 ml	*Milch*
6 große	*Eier*
1	*Vanillestange*
290 g	*Mehl*
3 TL	*Backpulver*
1 TL	*Salz*
375 g	*Butter*
115 g	*Zuckergranulat*
170 g	*Zucker, braun*
1	*Zitrone, abger.*
600 g	*Blaubeeren, umgeben von 2 EL Mehl*

Sirup:

90 ml	*Zitronensaft, frisch gepresst*
115 g	*Zuckergranulat*

Zubereitung:

In einer kleinen Schüssel die Milch, die Eier und das Innere einer ausgekratzten Vanillestange glattrühren. In einer weiteren Schüssel das Mehl, das Backpulver und das Salz gründlich vermischen.

In einer großen Rührschüssel die weiche Butter mit dem Zuckergranulat, dem braunen Zucker und der Schale der abgeriebenen Zitrone schlagen bis die Masse cremig-luftig erscheint. Dann das Mehlgemisch abwechselnd mit dem Eigemisch einrühren, wobei mit dem Mehlgemisch begonnen und geendet werden soll. Nach jedem Wechsel der Zugaben solange rühren, bis ein glatter Teig entstanden ist. Vorsichtig die Hälfte der Blaubeeren unterheben. Etwa ein drittel dieses Teiges in eine gebutterte und mit Mehl bestreute Gugelhupfform geben und etwa ein drit-

tel der restlichen Blaubeeren darüber verteilen. Nun die Hälfte des verbleibenden Teiges in die Form geben und die andere Hälfte der verbleibenden Blaubeeren darüber verteilen. Dann den Rest des Teiges und den der Blaubeeren einfüllen, leicht andrücken und im auf 180°C vorgeheizten Backofen 60 - 70 Minuten backen, bis er goldbraun aussieht. In der Zwischenzeit in einem kleinen Topf den Zitronensaft und den Zucker aufkochen und rühren, bis der Zucker sich aufgelöst hat, dann vom Herd nehmen. Den Kuchen aus dem Backofen nehmen und schnell mit einem hölzernen Spieß überall in die Oberfläche des Kuchens stechen. Die Hälfte des Sirups auf dem Kuchen mit einem Pinsel verteilen und den Kuchen in der Form etwa 10 Minuten auskühlen lassen. Dann auf ein Kuchengitter stürzen und wieder mit dem Holzspieß die Oberfläche einstechen und den Rest des Sirups mit dem Pinsel über dem Kuchen verteilen. Dazu Schlagsahne reichen.

Macadamia-Birnen-Butterkuchen

» *Macadamia Nuts and Pear Buttercake*

Zutaten:

5	*feste Birnen, mit leichten braunen Flecken*

Sirup:

1½ l	*Wasser*
675 g	*Zucker*
2	*Lorbeerblätter*
1	*Zimtstange*
1	*Zitrone*

Teig:

150 g	*Butter*
180 g	*Feinzucker3*
Eier	
1	*Zitrone (abgeriebene Schale)*
350 g	*Mehl*
25 g	*Backpulver*
170 g	*Joghurt, natur*
120 g	*Macadamianüsse*

Glasur:
warme Aprikosenkonfitüre, nach dem Erkalten mit Puderzucker bestäuben

Zubereitung:

Das Wasser, den Zucker, die Lorbeerblätter, die Zimtstange und die abgeriebene Zitronenschale in einen Topf geben und zum Sieden bringen. Die Birnen im ganzen hineingeben und etwa 30 Minunten pochieren, bis sie beginnen weich zu werden. Die Birnen in der Flüssigkeit abkühlen lassen dann in 5 mm dicke Stücke schneiden. Die schöneren Stücke zum späteren garnieren beiseite legen. Die restlichen Birnenteile in kleine Würfel schneiden. Die Flüssigkeit beiseite stellen.
In einer Schüssel die Butter, abgeriebene Zitronenschale und den Zucker solange schlagen bis eine cremige Masse entstanden ist. Dann die Eier hinzugeben und wiederum gleichmäßig verrühren. Das Mehl und das Backpulver einsieben, gut durchrühren und die grob gehackten Macadamianüsse unter den Teig heben. Anschließen die Birnenwürfel und den Joghurt, zum Schluss das Mehl. Gut durchrühren, jedoch nicht zuviel, damit die Birnen sich nicht im Teig auflösen.
Den Teig in eine gebutterte und mit Mehl ausgestreute Form geben und im auf 170°C vorgeheizten Backofen eine Stunde backen lassen.
Während der Kuchen backt die Flüssigkeit vom Pochieren einkochen, bis sie die Konsistenz eines Sirups annimmt. Wenn der Kuchen frisch aus dem Ofen kommt etwa 140 ml über den Kuchen verteilen und einziehen lassen. Wenn der Kuchen abgekühlt ist diesen mit einer dünnen Schicht heißer Aprikosenmarmelade glasieren. Den Kuchen mit den Birnenscheiben dekorieren, mit Puderzucker bestreuen und vorsichtig unter dem Grill einige Sekunden karamellisieren lassen.

Fruchtkuchen

» *Boiled Fruit Cake*

Zubereitung:

Den Boden einer 26 cm Springform mit Backpapier auslegen, dann die Seiten und das Backpapier mit weicher Butter einfetten und alles mit dem Feinzucker bestäuben. Die Form beiseite stellen.
Die Sultaninen, die Datteln und die Korinthen hacken und die kandierten Kirschen halbieren. Alles in einen kleinen Topf mit der Butter, dem Zucker, den Gewürzen, dem abgekühlten Rotbuschtee und dem Portwein verrühren und erhitzen, bis die Butter geschmolzen ist. Aufwallen lassen und unter Rühren 10 Minuten sieden lassen. Während die Masse abkühlt die Eier schlagen, dann zusammen mit dem Sherry, den Mandeln und der Kirschmarmelade hinzufügen und alles zu einer gleichmäßigen Masse verrühren.
Das Mehl mit dem Backpulver und dem Salz vermischen und unter Rühren in den Teig sieben, solange weiterrühren bis ein glatter Teig entstanden ist.
Den Teig in der Backform verteilen und bei 170°C etwa 90 bis 100 Minuten backen. Aus dem Ofen nehmen und noch heiß und in der Form in eine Aluminiumfolie wickeln, darin abkühlen lassen und servieren. Der Kuchen wird mit Butter (auch salzig) gereicht.

Zutaten:

	Feinzucker
	Butter
220 g	*Sultaninen*
220 g	*Korinthen*
150 g	*getrocknete Datteln*
150 g	*Kirschen, kandiert*
125 g	*Butter*
225 g	*Brauner Zucker*
½ Tl.	*Zimt, gemahlen*
½ Tl.	*Ingwer, gemahlen*
½ Tl.	*Muskat, gemahlen*
2	*Nelken, gemahlen*
100 ml	*Rotbuschtee, kalt*
50 ml	*Portwein, ruby*
2 große	*Eier*
75 g	*Mandeln, gestiftet*
125 ml	*Sherry, süß*
2 El.	*Kirschmarmelade*
220 g	*Mehl*
1 Tl.	*Backpulver*
¼ Tl.	*Salz*

Wald bei Huonville, South West National Park / Tasmanien

Ananastorte mit Sherry-Mandelcreme

» *Pineapple Cake with Sherry Almond Creme*

Zutaten:

1	*Biskuitboden, hoch*
Füllung:	
100 g	*Mandeln, ganz*
6	*Mandeln, bitter*
200 g	*Frischkäse, fett*
2	*Eigelb*
60 g	*Honig*
1½	*Zitronen*
3 EL	*Zitronensaft*
1 EL	*Vanillearoma*
4 EL	*Sherry, cream*
800 g	*Ananas (unvorbereitet)*
Garnitur	
60 g	*Mandeln*
1 TL	*Butter*
3 Tropfen	*Vanillearoma*
150 g	*Sahne*

Zubereitung:

Wenn noch nicht küchenfertig gekauft, die Mandeln ggf. kurz blanchieren und enthäuten und dann auf einer Muskatreibe sehr fein reiben, damit die Creme dick und fein wird. Die Eigelbe mit dem Frischkäse verrühren, dann den Honig hinzugeben und gut verrühren. Die Zitronen auspressen und die Schalen abreiben. Sowohl den Saft als auch die Schalen zur Frischkäsemasse geben, ebenso die Mandeln, das Vanillearoma und den Sherry. Alles gut verrühren und im Kühlschrank kalt stellen.

Die Ananas aufstellen, an den Blättern halten und senkrecht hinunter schneiden, sodass nach einigen Schnitten nur noch die harte Mitte der Frucht übrig bleibt. Die Ananasstücke von der Schale befreien und etwas weniger als die Hälfte abgedeckt beiseite stellen. Das übrige Fruchtfleisch in dünne, unregelmäßige Scheiben schneiden.

Den Biskuitboden einmal quer durchschneiden und dabei mit einer Kuchenplatte von oben leicht andrücken. Den unteren Boden mit etwa 2/3 der Mandel-Sherrycreme bestreichen, die Ananasscheiben darauf verteilen und das restliche Drittel der Creme darüber geben und verstreichen. Anschließend den oberen Boden auflegen und wieder mit einer Kuchenplatte andrücken. Die Platte darauf liegen lassen und über Nacht, aber mindestens 6 Stunden, in den Kühlschrank geben und durchziehen lassen.

Etwa die Hälfte der restlichen Ananasscheibchen in kleine dünne Stifte schneiden und beiseite stellen. Die Mandeln hobeln und die Butter in einem Topf schmelzen lassen. Die Mandeln hinzu geben und leicht andünsten, bis sie zu bräunen beginnen, dann aus dem Topf nehmen und erkalten lassen. Die Sahne schlagen, wenn diese

beginnt cremig zu werden das Vanillearoma hinzugeben und weiterschlagen, bis sie sehr steif wird. Die Torte aus dem Kühlschrank nehmen den Deckel sehr dünn mit einem Teil der Sahne bestreichen. Die Ananasscheibchen darauf verteilen und mit dem Rest der Sahne die Torte ringsherum bestreichen. Nun mit den feinen Ananasstiften die Torte von allen Seiten bestreuen und mit den Mandelblättchen garnieren.
Vor dem Servieren nochmals etwa eine Stunde in den Kühlschrank stellen.

Nusskuchen mit Nashi-Früchten

» *Nashi Nut Cake*

Zutaten:

250 g	*Mehl*
2 TL	*Backpulver*
¼ TL	*Ingwerpulver*
¼ TL	*Muskatnuss, ger.*
¼ TL	*Zimt*
1 TL	*Kakao*
300 g	*Zucker*
125 g	*Butter*
2	*Eier*
125 g	*Walnüsse*
3	*Nashi-Birnen*
200 ml	*Sahne*
½ TL	*Ingwerpulver*
2 TL	*Zucker*

Zubereitung:

Den Rand einer Springform (26 cm) einfetten und den Boden mit Backpapier auslegen. Das Mehl in einer Schüssel mit dem Backpulver, dem Kakao und den Gewürzen gründlich vermischen.
In einer weiteren, hohen Schüssel, die weiche Butter und den Zucker schaumig schlagen und nach und nach die beiden Eier hinzufügen. Solange schlagen bis eine gleichmäßige Mischung entsteht. Dann das Mehl mit dem Backpulver einstreuen und die feingehackten Walnüsse unterrühren.
Zunächst nur die Hälfte des Teiges in die Form geben. Die Nashi-Birnen schälen, halbieren, das Kerngehäuse entfernen und in dünne Spalten schneiden. Diese gleichmäßig auf dem Teig in der Springform verteilen und mit dem restlichen Rührteig übergießen.
Im auf 180°C vorgeheizten Backofen auf mittlerer Schiene etwa 60 Minuten backen. Die Sahne zusammen mit dem Ingwerpulver und dem Zucker steif schlagen und dazu reichen.

Gewürzter Kürbiskuchen

» *Spiced Pumpkin Pie*

Zubereitung:

Den Kürbis schälen, in Würfel schneiden und in etwas Erdnussöl dünsten bis die Kürbisstücke weich sind, dann pürieren und durch ein grobes Sieb streichen. Die so entstandene Masse sollte 750 g wiegen. In die Masse den Zucker, den Syrup, die Sultaninen, die Rosinen, Orangeat, Zitronat und die Gewürze einrühren.
In eine Rührschüssel Mehl und Puderzucker sieben, unter Rühren die Butter in kleinen Stücken hinzugeben, dann das Eigelb und nur soviel Wasser um einen gut knetbaren Teig zu erhalten. Eine Kugel formen, in Frischhaltefolie einwickeln und kalt stellen.
Etwa 2/3 des Teiges ausrollen und mit dem geschlossenen Ring einer Springform (24 cm) einen Kreis ausstechen. Diesen auf den gefetteten Boden der geschlossenen Springform geben und anschließend den Rand der Springform mit Teig auskleiden. Die Füllung in die Form füllen und mit dem restlichen Teig einen Deckel formen um den Pie zu verschließen.
Mit einem Messer in 3 cm Abstand dünne Schlitze in den Deckel schneiden und mit den Teigresten nach Wunsch verzieren. Im auf 220°C vorgeheizten Backofen etwa 10 Minuten backen, dann die Hitze auf 180°C reduzieren und weiter 30 Minuten backen, bis er goldbraun ist.
Vor dem Servieren abkühlen lassen und Schlagsahne dazu reichen.

Zutaten:

Teig:

750 g	*Mehl*
1,5 TL	*Puderzucker*
275 g	*Butter*
2	*Eigelb*
1 große	*Zwiebel, gehackt*
3 EL	*Wasser*

Füllung:

1,5 kg	*Kürbis ergibt gekocht 750 g Kürbismasse*
3 EL	*Erdnussöl*
185 g	*Zucker, braun*
1½ EL	*Golden Syrup*
185 g	*Sultaninen*
185 g	*Rosinen*
50 g	*Orangeat*
50 g	*Zitronat*
3 TL	*Zimt, gemahlen*
1 Prise	*Kardamom*
1 Prise	*Nelken*

Anzac Butterkuchen

» *Anzac Buttercake*

Zubereitung:

Die Eier, die Butter, den Zucker, das Mehl, das Backpulver, den Gries und 110 g Kokosflocken in einer Rührschüssel zu einem gleichmäßigen Teig verarbeiten, ggf. mit etwas Wasser anfeuchten.
In einer weiteren Schüssel die Haferflocken, den Zucker, die Kokosflocken, die Kokosnusscreme und die geschmolzene Butter zu einer gleichmäßigen Masse verrühren.
Den Teig halbieren und eine Hälfte kreisförmig ausrollen. Eine Springform (ø 26cm) mit Butter einfetten und mit der Hälfte des Teiges auslegen. Etwa ein Drittel der Füllung in die Form streichen.
Den restlichen Teig wiederum halbieren, die eine der Hälften mit einem Messer in kleine Stückchen zerhacken und diese in der Form verteilen. Nun die restliche Füllung darübergeben und diese mit der anderen Hälfte - ebenfalls mit dem Messer in kleine Stückchen verarbeitet - bestreuen.
Im auf 180°C vorgeheizten Backofen etwa 45 Minuten backen, dann auf einem Kuchengitter auskühlen lassen. Mit Puderzucker bestreuen und servieren.

Zutaten:

Teig	
4	*Eier*
125 g	*Butter*
225 g	*Zucker, weiß*
60 g	*Mehl*
½ TL	*Backpulver*
65 g	*Gries*
110 g	*Kokosflocken*
	Wasser
Füllung	
110 g	*Haferflocken*
225 g	*Zucker, braun*
60 g	*Kokosflocken*
125 g	*Kokosnusscreme*
3 EL	*Butter, geschmolzen*

Pepper Jelly Brownie Kuchen

» *Pepper Jelly Brownie Cake*

Zutaten:

4 TL	*Butter*
1 TL	*Honig*
2 TL	*Ohana Pepper Jelly (Gelee aus Rohrzucker, Chili, Apfel, Pfeffer)*
1 TL	*Sahne*
1 TL	*Pfirsich- oder Apfelbrand*
110 g	*Mehl*
150 g	*Macadamianüsse*
½ TL	*Backpulver*
1 Prise	*Salz*
165 g	*Schokolade*
1	*Ei*

Zubereitung:

Die Butter, den Honig, Pepper Jelly, die Sahne und den Obstbrand in einem Topf langsam erhitzen, etwa 1 Minute aufkochen und dann vom Herd nehmen. In einer Schüssel das Mehl, die fein gehackten Nüsse, das Backpulver und das Salz geben und vermischen. Die Schokolade fein hacken und die Hälfte davon in den etwas abgekühlten Topf geben, dann gründlich verrühren, beiseite stellen.
Den Rest der Schokolade und das Nuss-Mehlgemisch hinzufügen und gut durchrühren, bis eine gleichmäßige Masse entsteht. Im auf 160°C vorgeheizten Backofen etwa 50 Minuten backen.

Apfeltarte mit Nussmürbeteig

» *Apple Tarte with Macadamia*

Zutaten:

200 g	*Mehl*
50 g	*Macadamias ungesalzen*
6 EL	*Rohrzucker*
200 g	*Butter*
1	*Ei*
1 Prise	*Salz*
20 ml	*Scotch*
750 g	*Äpfel, Braeburn*
	Butter
	Puderzucker

Zubereitung:

Den Rand einer Springform (28 cm) einfetten und den Boden mit Backpapier auslegen. Die Macadamianüsse hacken, fein wiegen und dann gründlich mit dem Mehl in einer Schüssel vermischen. Den Rohrzucker, die klein gewürfelte Butter, das Ei und das Salz hinzugeben und alles gründlich miteinander vermischen, bis ein glatter Teig entsteht. Eine Kugel formen, in Frischhaltefolie einwickeln und etwa eine Stunde im Kühlschrank ruhen lassen.
Den Teig zwischen 2 Bögen Backpapier in der Größe der Form dünn ausrollen und mit dem Rand der Form ausstechen. Den so entstandenen Boden in die Form geben und aus den Teigresten den Rand Formen bedecken. Mit der Gabel überall etwas einstechen.

Die Äpfel halbieren, entkernen, schälen und in dünne Scheiben schneiden. Den Zucker auf einen flachen Teller geben, die Apfelscheiben kurz im Scotch ziehen lassen und im Zucker wenden. Dann mit den Scheiben den Teig belegen und den restlichen Zucker darüber verstreuen.
Im auf 225°C vorgeheizten Backofen etwa 20 Minuten backen, abkühlen lassen und mit Puderzucker bestreuen.

Schokoladen-Dattel Torte mit Macadamianüssen

» *Date Chocolate Cake with Macadamia Nuts*

Zutaten:

6	*Eier*
210 g	*Zucker, weiß*
130 g	*Macadamianüsse ungesalzen*
180 g	*Zartbitter-Schokolade*
180 g	*Datteln gehackt*
2 EL	*Mehl*
1 EL	*Kakao*
	Butter zum einfetten

Zubereitung:

Den Rand einer Springform (26 cm) einfetten und den Boden mit Backpapier auslegen. Die Eier trennen und die Eiweiße schlagen bis sie glänzen und sich Spitzen bilden, während des Rührens den Zucker zugeben und weiterschlagen, bis die Masse sich festigt. Nun die Macadamianüsse hacken und in einem Topf leicht anrösten bis sie duften, dann in einer Schüssel zusammen mit der gehackten Zartbitterschokolade, den Datteln, dem Kakao und dem Mehl vermischen. Dieses Gemisch gleichmäßig durch die Eiweiß-Zuckermasse ziehen, in die Springform einfüllen und die Oberfläche glatt streichen.
Im auf 180°C vorgeheizten Backofen etwa 60 Minuten backen, dann den Backofen ausschalten und etwa eine weitere Stunde im Ofen lassen.

Brombeer Käsekuchen

» *Boysenberry Cheesecake*

Zutaten:

250 g	*Zwieback*
120 g	*Butter*
250 g	*Frischkäse*
400 g	*Kondensmilch*
5 TL	*Gelatinepulver*
100 ml	*Zitronensaft*
1 EL	*Wasser*
140 ml	*Créme Fraîche*
425 g Dose	*Brombeeren*
3 EL	*Golden Syrup*
70 ml	*Wasser*
	Schlagsahne
einige	*Brombeeren*

Zubereitung:

Den Zwieback gleichmäßig, fein zerdrücken und zusammen mit der geschmolzenen Butter in eine Schüssel geben. Mit einem Mixer gut vermischen und in eine Springform (24 cm) geben. Die Masse an den Boden und den Rand drücken und dann die Form kalt stellen.
Den Frischkäse in eine Schüssel geben und unter langsamer Zugabe der Kondensmilch solange schlagen, bis er weich und cremig wird.
In einer weiteren kleinen Schüssel den Zitronensaft mit dem Wasser vermischen und 2 Teelöffel der Gelatine hineinstreuen, dann im Wasserbad erwärmen und rühren, bis sich die Gelatine aufgelöst hat. Das Gemisch etwas abkühlen lassen und unter die Frischkäsemischung rühren, die Crème fraîche hinzugeben und alles gründlich miteinander verrühren.
Die Brombeeren durch ein Sieb abgießen, die restlichen Samen entfernen und in eine Schüssel geben. Den Golden Syrup darüber verteilen und vorsichtig miteinander verrühren. Die Gelatine in das Wasser einstreuen und in einem Wasserbad langsam, unter Rühren erwärmen, bis die Galatine sich aufgelöst hat. Die Mischung unter die Brombeeren rühren und kühl stellen.
Die Hälfte der Frischkäsemischung in die Springform geben und etwa 1 Stunde in den Kühlschrank stellen. Danach die Hälfte der Beerenmischung darüber geben und wiederum eine Stunde kalt stellen. Dann die restliche Frischkäsemischung und die restliche Beerenmischung darüber geben und jeweils wiederum eine Stunde dazwischen kalt stellen.
Die Sahne schlagen und zusammen mit einigen Brombeeren zum dekorieren benutzen.

Lamingtons

» *Lamingtons*

Zubereitung:

Die weiche Butter und den Zucker zusammen cremig schlagen. Nun die Eier hinzufügen und kräftig unterrühren, bis eine gleichmäßige Masse entsteht. Unter Rühren das Mehl einsieben, dann die Milch hinzugeben und wirderum solange durchrühren, bis alles zu einer homogenen Masse geworden ist.
Die Vanilleessenz einrühren. Nun die Teigmasse in den mit Butter gefetteten „Lamington Tray" (siehe Zutaten) geben und im auf 180°C vorgeheizten Backofen etwa 35 Minuten backen. Herausnehmen und auf einem Kuchengitter auskühlen lassen, bis er richtig kalt ist. 70 ml Wasser zum Kochen bringen und die Butter darin schmelzen lassen, dann den Puderzucker, den Kakao, und das Vanillearoma hinzugeben und gut verrühren. Bei Bedarf vom restlichen kochenden Wasser hinzugeben, sodass eine einigermaßen dünnflüssige Sauce entsteht.
Den erkalteten Kuchen in kleine Quadrate schneiden und diese in die Zuckersauce tauchen, von allen Seiten wenden und danach in den Kokosflocken wälzen. Auf einem Kuchengitter trocknen.

Zutaten:

Der traditionelle „Lamington Tray" hat die Maße 12,2" x 9,8", das entspricht 31 x 25 cm. Für ein ganzes, deutsche Blech benötigt man die doppelte Menge der folgenden Angaben. Lamingtons sind ein „muss" bei Kindergeburtstage und Schulfesten.

125 g	*Butter*
150 g	*Zucker*
2	*Eier, geschlagen*
220 g	*Mehl, Backpulver*
100 ml	*Milch*
½ TL	*Vanilleessenz*
30 g	*Butter*
140 ml	*Wasser, kochend*
220 g	*Puderzucker*
40 g	*Kakao*
1 TL	*Vanillearoma*
200 g	*Kokosraspel*

Kaffeekuchen mit Macadamianüssen

» *Macadamia Nut Coffee Cake*

Zutaten:

1	*Ei*
115 g	*Zucker, weiß*
140 ml	*Milch*
70 ml	*Maccadamia-nussöl*
110 g	*Mehl*
2 TL	*Backpulver*
½ TL	*Salz*
½ TL	*Zimt*
50 g	*Macadamianüsse grob gehackt*
2 TL	*Zucker, braun*
½ TL	*Zimt*
150 g	*Schokolade, grob gehackt*

Zubereitung:

Den Rand einer Springform (26 cm) einfetten und den Boden mit Backpapier auslegen. Das Ei mit dem Zucker in eine Rührschüssel geben und schlagen, bis der Zucker sich aufgelöst hat und eine gleichmäßige Masse entstanden ist. Die Milch und das Pflanzenöl hinzugeben und wiederum gründlich verrühren.
Das Mehl zusammen mit dem Backpulver, dem Zimt, einem Viertel der gehackten Nüsse, einem Drittel der gehackten Schokolade und dem Salz unter Rühren einstreuen und zu einem gleichmäßigen Teig verarbeiten. Den Teig in die gefettete Form geben und mit dem Rest der Nüsse bestreuen, diese mit einem Esslöffel leicht andrücken. Dann den Rest der Schokolade, den Zucker und den Zimt gleichmäßig darüber verteilen. Im auf 190°C vorgeheizten Backofen etwa 20 bis 25 Minuten backen, dann warm servieren.

Kirschkuchen

» *Cherry Crumble Pie*

Sommerkirschen mit Zucker, Zimt, Mandeln und Hafer, in einer Quiche-Form zu einem frischen Kuchen versammelt.

Zutaten:

Für den Teig:

170 g	*Mehl*
1 EL	*Zucker*
1 TL	*Salz*
6 El	*Butter, kalt*
2 EL	*Eiswasser*
mehr	*Eiswasser*
1 großes	*Eigelb*

Zubereitung:

Der Teig:

Das Mehl zusammen mit dem Zucker und dem Salz gut vermischen. Die kalte Butter in dünne Scheiben, dann in kleine Stifte verkleinern und unter das Mehlgemisch heben. Mit einem Rührstab oder Mixer schlagen, bis die Butterstückchen nicht mehr zu sehen sind. In einer kleinen Schüssel das Eiswasser mit dem Eigelb schlagen und zum Mehl-Buttergemisch hinzugeben, mit dem Mixer weiterschlagen. Dann unter Rühren, esslöffelweise Eiswasser hinzugeben bis sich ein Teig formt. Diesen auf einer bemehlten Fläche kurz kneten und zu einer Kugel formen. Die Kugel flachdrücken, in Frischhaltefolie einschlagen und mindestens 30 Minuten im kühlen (Der Teig kann auch schon am Vortag zubereitet werden).

Die Füllung:
Die Kirschen, den Kirschsaft, den Zucker, das Tapioka, das Kirschwasser und das Salz in eine Schüssel geben und verrühren. Ruhen lassen, bis das Tapioka anfängt transparent zu werden (etwa 1 Stunde). Hin und wieder umrühren.

Für die Füllung:

1,6 kg	*frische Kirschen*
80 ml	*Kirschsaft*
225 g	*Zucker*
2½ EL	*Tapioka*
1 EL	*Kirschwasser*
1 Prise	*Salz*

Die Streusel:
Den Hafer, das Mehl, den Zucker, die Mandeln, den Zimt und das Salz in einer Schüssel vermengen. Wie zuvor die Butter zerkleinern und hinzufügen. Diesmal jedoch mit der Hand einarbeiten, bis sich ein trockener Teig formt. Zwischen den Handflächen zu kleinen Kugeln zerreiben und diese bis zum Gebrauch kühlen.

Für die Streusel:

125 g +	
2 EL	*Haferflocken*
80 g	*Mehl*
170 g	*Zucker, braun*
60 g	*Mandeln, gehobelt*
1 TL	*Zimt*
1 TL	*Salz*
115 g	*Butter, kalt*

Auf einer bemehlten Fläche den Teig ausrollen, sodass er einige Zentimeter größer ist als die Form. Den Teig in die gebutterte Form heben, den Rand 2 cm überstehen lassen und verzieren. Mit einem Löffel die Kirschen hineingeben, dann die Streusel darüber rieseln lassen. Im auf 220°C vorgeheizten Backofen etwa 30 Minuten backen, dann die Temperatur auf 200°C reduzieren und backen lassen, bis die Füllung zu kochen beginnt und die Oberfläche bräunt. Wenn die Ränder zu schnell bräunen, diese mit Folie bedecken und 25 Minuten weiterbacken. Außerhalb des Ofens abkühlen lassen und servieren.

Butter Scones

Fruchtkuchen

» *Boiled Fruit Cake*

Feucht-fruchtiger Weihnachtskuchen aus Queensland

Zutaten:

500 g	*Rosinen, Korinthen*
	Orangeat. Zitonat
	Macadamianüsse
	Walnüsse
280 ml	*Wasser*
30 ml	*Scotch*
225 g	*Zucker*
125 g	*Butter*
½ TL	*Zimt*
½ TL	*Muskat*
3	*Nelken, gemahlen*
1 TL	*Natron*
2	*Eier*
220 g	*Mehl*
1 TL	*Backpulver*
1 Prise	*Salz*

Zubereitung:

Alle Früchte und die grob gehackten Nüsse zusammen mit dem Zucker, der Butter, dem Natron und den Gewürzen in einen Topf geben und zum Kochen bringen, alles kräftig aufwallen lassen, dann die Hitze reduzieren und 3 Minuten sieden lassen. Vom Herd nehmen und erkalten lassen.

Die Eier miteinander verquirlen und unter die abgekühlte Masse heben. Nun unter Rühren das Mehl mit dem Backpulver einsieben und weiterrühren, bis ein glatter Teig entstanden ist. Den Teig in eine gefettete Backform geben und im auf 175°C vorgeheizten Backofen etwa 70 Minuten backen

Macadamianusskuchen mit Karamell-Scotch-Creme

» *Macadamia Nut Cake with Caramel Scotch Sauce*

Zutaten:

Kuchen

80 g	*Mehl*
30 g	*Kakao*
225 g	*Macadamianüsse*
1½ TL	*Backpulver*
7	*Eier*
225 g	*Zucker, weiß*
1,5 TL	*Vanillearoma*
50 g	*Bitterschokolade*

Karamellsauce

250 g	*Zucker, braun*
250 ml	*Crème Fraîche*
5 TL	*Butter, Süßrahm*
5 cl	*Scotch*
320 ml	*Sahne*
½ TL	*Ingwerpulver*

Zubereitung:

Das Mehl, den Kakao das Backpulver und die fein gehackten Nüsse miteinander vermischen. Die Eier trennen und die Eigelbe zusammen mit dem Zucker und der Vanillearoma in einer größeren Rührschüssel zu einer glatten Creme schlagen. Dann das Eiweiß in einem hohen Gefäß sehr steif schlagen und anschließend unter das Ei-Zucker-Gemisch heben. Etwa die Hälfte der Nuss-Mehlmischung unterziehen, wenn alles gleichmäßig verteilt ist die andere Hälfte hinzufügen.
Eine 28 cm große Springform einfetten und den Boden mit Backpapier auslegen und den Teig einfüllen. Im auf 180°C vorgeheizten Backofen 40 - 45 Minuten Backen.
Nach dem Backen die Zartbitterschokolade grob hacken und über dem noch heißen Kuchen verteilen. Auf einem Kuchengitter auskühlen lassen.

Unterdessen die Crème Fraîche zusammen mit dem braunen Zucker und dem Scotch in einem Topf geben und langsam unter Rühren erhitzen bis sich der Zucker auflöst. Dabei darauf achten, das der Topf nicht zu heiß wird.
Etwa 15 - 20 Minuten am Siedepunkt köcheln lassen, bis die Flüssigkeit zu karamellisieren beginnt, dann vom Herd nehmen und kleine Butterstückchen einrühren.
Die Creme abkühlen lassen und die Sahne schlagen. Wenn diese beginnt cremig zu werden das Ingwerpulver einstreuen und steif schlagen.
Die abgekühlte Creme zusammen mit der Ingwersahne und dem Kuchen servieren.

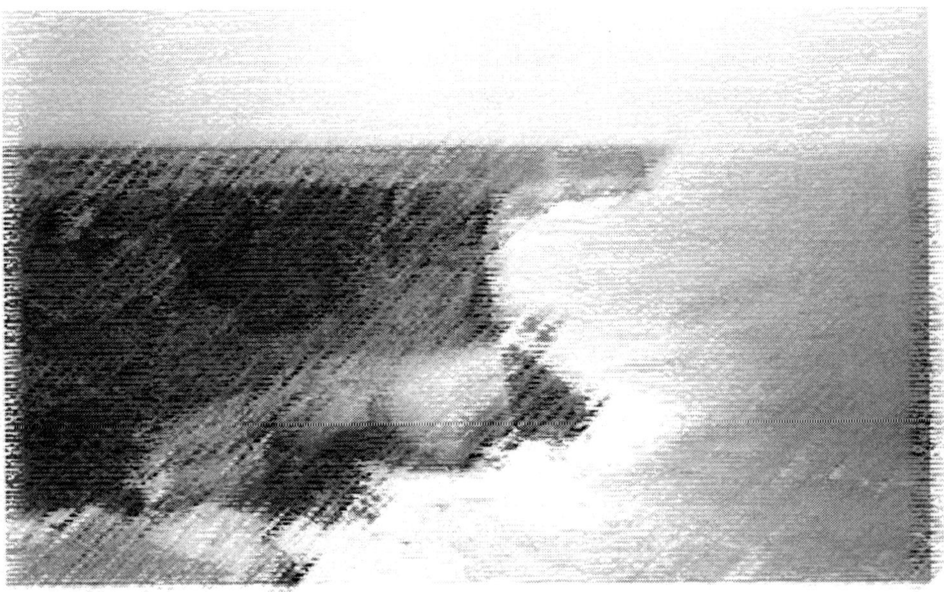

Küstenstreifen am Rande der Nullarbor-Wüste, SA.

Getränke

„Er kannte sowohl die schlammigen Flussmündungen als auch das staubige Innere des Landes, doch die Großstadt war neu für ihn. Automobile, Pferdedroschken und tausende von Menschen, das war einfach zu viel und er sah sich nach einer Nische um, in der er sich zurückziehen konnte, ganz so wie ein Outback-Pub einen vor der unwirtlichen Welt schützen und verbergen konnte.

Er betrat einen der nahen Pubs und nahm an der Theke Platz, wo er nach einem herzlichen 'G'DAY' etwas zu Essen und zu trinken bestellte. Mit dem Bier in der Hand, wandte er sich zu den Fenstern um und beobachtete den schnellen, hastigen Pulsschlag der Stadt, der schwallweise die Menschen durch die Straßen trieb. Hinter der Scheibe war er sicher und es war, als ob er einen Schritt neben sich trat um das Leben an sich vorbeiziehen zu lassen. Ein Moment der Entspannung, ja der Erholung trat ein.

Der Duft der 'Scrambled Eggs' die er bestellt hatte drang schon aus der Küche zu ihm herüber."

Übersicht

In einem Land, in dem in großen Teilen die Hitze regiert sind Getränke naturgemäß ein wichtiges Thema. Supermärkte, Bottleshops, Pubs und Bars sind weit über das Land verstreut und so muss niemand trotz der Hitze Durst leiden.

Tafelwasser wird in vielen Restaurants kostenlos zu den Mahlzeiten serviert und ist im Regelfall abgefülltes Wasser und nicht aus der Leitung.

Tee wächst in Australien hauptsächlich im Atherton Tableland und wird im Land - auch importiert - viel und gerne getrunken. Der englische Einschlag lässt sich hier nicht verleugnen,

Die frühen Siedler und Pioniere haben wahrscheinlich den „Billytea“ erfunden. Hier wird eine gute Handvoll Teebläter in einen „Billy“, einen vom Kohlenfeuer geschwärzten Kessel gegeben und mit Wasser gefüllt. Dann wird dieser auf dem Lagerfeuer erhitzt und ziehengelassen.
Im Anschluss wurde der Kessel an seinem Henkel genommen und mit kreisenden Bewegungen durch die Luft geschleudert um die Blätter darin zu verteilen und dann zum Setzen zu bringen.

Kaffee wir in Australien meist schwächer getrunken als in Europa und auch sehr häufig als Pulverkaffee serviert. In den letzten 20 Jahren jedoch entwickelte sich eine eigene „Kaffekultur“ in den größeren Städten und nach italienischem Vorbild bekommt man auch hier vorzügliche Kaffees serviert. Neben den klassischen Milchkaffees wäre besonders auf die gerne getrunkenen Cappucinos hinzuweisen, die zunächst mit Rohrzucker gesüßt und anschließend mit Wattleseeds bestreut werden.

Die autralischen Weine erfreuen sich seit einigen Jahren an großer Beliebtheit, auch die Qualitäten sind als hoch einzuschätzen und feine Tropfen sind unter ihnen zu finden. An weißen Weinen sind hauptsächlich Semillon, Sauvignon Blanc und der Chardonnay zu finden, als beliebtester gilt der Rhine Riesling. Unter den roten Trauben werden vorallem Cabernet, Sauvignon, Merlot und Pinot Noir angepflanzt, ein besonderes Gewicht trägt der Shiraz. Im Land selbst, d.h. in Victoria, Tasmanien und Westaustralien, gibt es weit mehr als 600 Weingüter, die ihre Tore für Weinproben geöffnet halten. Auf Tasmanien wird als besondere Spezialität Cider hergestelt, der dem französischen Vorbild zwar ähnlich ist, allerdings weit kräftiger schmeckt.

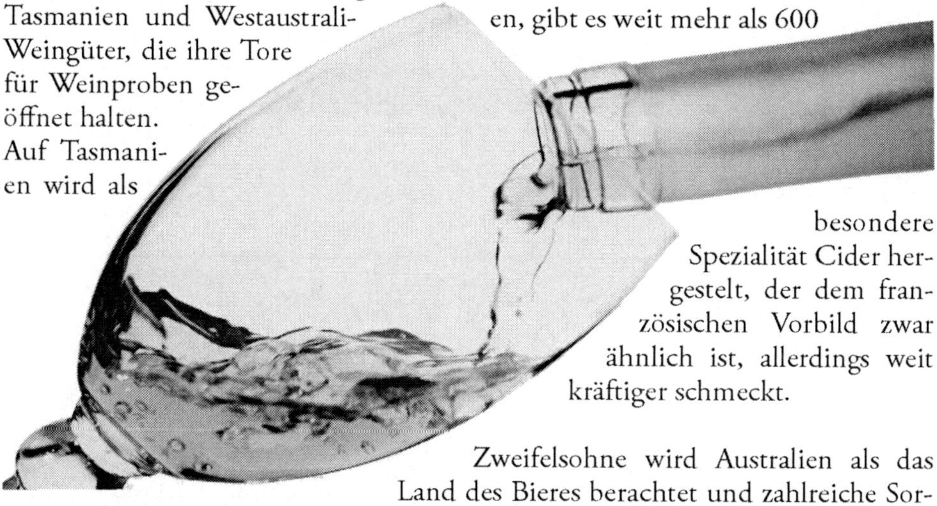

Zweifelsohne wird Australien als das Land des Bieres berachtet und zahlreiche Sorten fanden ihre Liebhaber. Jeder Bundesstaat stellt seine eigenen Sorten und Spezialitäten her, die teilweise bis nach Europa exportiert werden. Hierzulande sind Marken wie Fosters, XXXX, und Victoria Bitter bekannt, doch viele andere wie Powers, Swan, Tooheys oder Cascade werden Downunder gerne getrunken. Letzteres wird von einer kleineren Tasmanischen Brauerei hergestellt, sowie Redback in Westaustralien. Kleinere Brauereien sind im ganzen Land inzwischen gefragt und beliebt. In Australien selbst ist Bier neben Pubs und Restaurant ausschließlich in speziell lizensierten Bottleshops erhältlich (siehe Einleitung).

Pubs sind weit mehr als Treffpunkte in der Freizeit, sondern sie sind schon fast eher als soziale Institutionen zu betrachten, in denen man sich trifft, sich austauscht und auch Geschäfte vereinbart.
Gerade in den ländlichen Gebieten, dort wo die Farmen oft Kilometerweit auseinanderliegen und die Bewohner dieser Landstriche sich nicht so oft über den Weg laufen, fördern die „Outback Pubs“ das Zusammenleben.

Abschließend sei noch zu sagen, dass eines der traurigsten Volkslieder des Kontenents von einem „Pub with no beer“ handelt.

Barrier Reef

Zutaten:

60 ml	*Gin*
30 ml	*Cointreau*
1 Spritzer	*Anostura*
2 Bällchen	*Vanilleeis*
1 Spritzer	*Blue Curaçao*
7	*Eiswürfel*

Zubereitung:

4 der Eiswürfel in einen Eiszerkleinerer geben und zerkleinern lassen. In einem Shaker das zerkleinerte Eis, den Gin, den Cointreau, Angostura und das Vanilleeis vermischen und über die restlichen Eiswürfel geben.

Brisbaine Rocks

Zutaten:

8 cl	*Tequila*
2 cl	*Cointreau*
4 cl	*Grenadine*
	Grapfruitsaft
	Rohrzuckersirup

Zubereitung:

Etwa 100 - 200 ml Tafelwasser aus der Flasche erwärmen und mit soviel Rohrzuckersirup vermischen, dass das Wasser sich golden färbt. Dann dieses in einen Eiswürfelbehälter geben und kalt stellen. Dann den Cointreau mit der Grenadine, einem Esslöffel Sirup und dem Tequila in einem Shaker kräftig schütteln bis alles gut vermischt ist, dann in ein Longdrinkglas füllen, einige der Eiswürfel hineingeben und über einen Esslöffel sehr langsam soviel Grapefruitsaft zugießen bis das Glas annähernd gefüllt ist. Die Flüssigkeiten sollten sich so nicht mischen. Erneut einige Eiswürfel hinzugeben, mit einer Grapefruitscheibe garnieren und genießen.

Wattleseed Icecoffee

Zutaten:

3 TL	*Kaffeepulver*
6 TL	*Wattleseed, geröstet, gemahlen*
6 Tropfen	*Vanillearoma*
3 EL	*Zucker, braun*
150 ml	*Sahne, gekühlt*
20 g	*Zartbitter-schokolade,*

Zubereitung:

Die Wattleseeds (Akaziensamen) in einem Topf rösten, dann im Mörser fein zerstoßen. Den Kaffee in einen Filter geben, die Wattleseets darüber streuen und mit Wasser für 2 große Tassen Kaffee aufbrühen. Den Kaffee in ein hohes Rührgefäß geben, das Vanillearoma und den Zucker unterrühren bis dieser sich aufgelöst hat und im Kühlschrank kalt stellen. Nun die Sahne steif schlagen und vorsichtig in den kalten Kaffee rühren, abschließend mit der geraspelten Schokolade bestreuen und servieren.

Surfers Paradise

Eine Art alkoholfreier Caipirinha

Zubereitung:

Zunächst die Limetten achteln, in zwei hohe Longdrinkgläser verteilen und den braunen Rohrzucker darüber streuen.
Den Zucker einen Moment etwas Flüssigkeit ziehen lassen, dann mit den Limettenstücken zerdrücken und verrühren. Nun den Nektar und das Ginger Ale angießen und das Glas mit dem zerstoßenen Eis auffüllen.
Mit einer Limettenscheibe garnieren.

Zutaten:

2	*Limetten*
4 TL	*Rohrzucker*
80 ml	*Ginger Ale*
125 ml	*Maracujanektar*
	zerstoßenes Eis

Australian Dessert

Zubereitung:

Die Banane im Mixer zusammen mit dem Likör, dem Cointreau, der Sahne zu einer glatten Flüssigkeit verarbeiten, in ein mit zerstoßenem Eis gefülltes Glas geben und abschließend langsam den Bailey´s hineinlaufen lassen.
Eine Bananenscheibe mit Schale auf den Rand des Glases stecken und servieren.

Zutaten:

1 EL	*Bananenlikör*
1 EL	*Cointreau*
2 EL	*Sahne*
½	*Banane*
2 TL	*Bailey´s Irish Cream*
	zerstoßenes Eis

The Pub with No Beer

It's lonesome away from your kindred and all
By the camp fire at night where the wild dingoes call,
But there's nothing so lonesome so morbid or drear
Than to stand in a bar of a pub with no beer.

Now the publican's anxious for the quota to come
There's a far away lock on the face of the bum
The maid's gone all cranky and the cook's acting queer
What a terrible place is a pub with no beer.

Then the stock-man rides up with his dry dusty throat
He breasts up to the bar, pulls a wat from his coat,
But the smile on his face quickly turns to a sneer,
When the bar man said sadly the pub's got no beer.

Ther's a dog on the ,randa-h for his master he waits
But the boss is inside drinking wine with his mates
He hurries for cover and cringes in fear
It's no place for a dog round a pub with no beer.

Old Billy the blacksmith first time in his life
Has gone home cold sober to his darling wife,
He walks in the kitchen, she says you're early me dear,
But he breaks down and tells her the pub's got no beer

Apple Snaps

Zubereitung:

Den Vodka, den Apfelschnaps und den Sirup in einen Shaker geben und gründlich vermischen. Die Flüssigkeit in ein Martiniglas geben und mit einer dünnen Apfelscheibe und einer Zimtstang garnieren.

Zutaten:

45 ml	*Vodka*
35 ml	*Apfelschnaps*
5 ml	*Zuckersirup*
1	*Apfel*
1	*Zimtstange*

Pink Sandal

Zubereitung:

Den Campari, den Vodka, den Triple Sec, den Grapefruitsaft, den Limettensaft und das Eiweiß in einen Cocktailshaker geben und kräftig miteinander vermischen. Ein Longdrinkglas zu zwei Dritteln mit Eis füllen und das Gemisch darüber geben, mit einer Orangenscheibe garnieren.

Zutaten:

20 ml	*Campari*
20 ml	*Vodka*
½	*Zitone*
10 ml	*Triple Sec*
20 ml	*Grapefruitsaft, rot*
1 TL	*Limettensaft*
1 EL	*Eiweiß*
1 Scheibe	*Orange*

Apple Martini

Zubereitung:

Den Vodka, den Apfelschnaps und den Sirup in einem Shaker geben und gründlich vermischen. Die Flüssigkeit in ein Martiniglas geben und mit einer dünnen Apfelscheibe und einer Zimtstange garnieren.

Zutaten:

45 ml	*Vodka*
35 ml	*Apfelschnaps*
5 ml	*Zuckersirup*
1	*Apfel*
1	*Zimtstange*

Baumkronen im Blue Mountains National Park

Anhang

„Wenn wir Zeit unseres Lebens gut leben, dann wird uns irgendwann das Sterben leichter fallen - und wenn wir gut leben, dann halten wir uns den Tod vom Leib.
Ein Sprichwort von Brillat-Savarin sagt, dass man bei Tisch nicht älter wird. Eine Stunde bei Tisch mit Freunden ist ein Lebensjahr, das wir dazugewinnen. Wer genießen will, genieße, denn was morgen ist, weiss niemand."

Bezugsquellen

Bezugsquellennachweise für Speisen & Zutaten

(Nach Postleitzahlen geordnet / Angaben ohne Gewähr)

DEUTSCHLAND:

BENNETTS - AUSTRALIA'S BEST MEAT
http://www.bennetts.de/ eMail: info@bennetts.de
Postfach 90 01 40, D-21041 Hamburg
Speisen: Krokodil, Büffel, Emu, Schlange, Strauss, Känguru, Fisch

RÜHLEMANN'S KRÄUTER & DUFTPFLANZEN
http://www.ruehlemanns.de eMail: info@ruehlemanns.de
Daniel Rühlemann
Auf dem Berg 2, D-27367 Horstedt
Produkte: Pflanzen, Würzkräuter, Saatgut

STRAUSSENFARM OYLE
http://www.straussenfarm-oyle.de/ eMail: ehlerhugo@aol.com
Kohlgärten 6a-8, D-31608 Marklohe/Oyle
Speisen: Straussenfleisch, Strausseneier

GLASBRENNER'S BIGBIRDFARM
http://www.bigbirdfarm.de/
Riesengrabenweg 8, D-35410 Hungen
Speisen: Straussenfleisch

JAQUES' WEIN-DEPOT
http://www.jaquesweindepot.de eMail: kontakt@jaques.de
Bilker Allee 49, D-40219 Düsseldorf, Filialen deutschlandweit
Produkte: Weine, Sekt, Spirituosen

WINESTORE
http://www.winestore.de eMail: email@winestore.de
Martin Schäfer Weinhandel
Sulzbacher Straße 105, D-90489 Nürnberg
Internetversandhandel
Produkte: Weine,Spirituosen, Feinkost

LES VIGNERONS ASSOCIES SA „ROUGE & BLANC“
http://www.rouge-blanc.com eMail: info-de@rouge-blanc.com
10-12 Place du Pont Neuf, F - 31000 Toulouse
Internetversandhandel
Produkte: Weine, Portweine, Sekte, Champagner, Spirituosen

AUSTRALIEN-SHOP ULURU
http://www.australien-versand.de eMail:anfrage@australien-versand.de
Kirchplatz 10, D-48167 Münster
Speisen: Honig, Vegemite, Ingwer, Wein, Rum

AUSTRALIEN FOOD & WINE – TREND FOODS PTY. LTD
http://www.australian-food-wine.com eMail: trendfoods@gmx.net
Fiskalvertreter: Lehrer-Goetz Weg 2, D-81825 München
14 Lakehill Gardens, Edgewater, WA 6027, West-Australien
Speisen: Krokodil, Strauss

RIESER STRAUSSENFARM
http://www.rieser-straussenfarm.de eMail: info@rieser-straussenfarm.de
Hauptstraße 18, D-86745 Hohenaltheim im Ries
Speisen: Straussenfleisch, Salami, Schinken, etc.

ÖSTERREICH:

STRAUSSENPARK & WIRTSHAUS LINDENHOF
http://www.straussenwirt.at eMail: info@straussenwirt.at
Auffen 51, A-8272 Sebersdorf
Speisen: Straussenfleisch, Leber, Pastete, Strausseneier

SCHWEITZ:

STRAUSSENHOF
http://www.straussenhof.ch/ eMail: info@straussenhof.ch
Duppenthal, CH-3367 Ochlenberg/Thörigen
Speisen: Straussenfleisch

BIANCHI AG
http://www.bianchi.ch/ eMail: admin@bianchi.ch
Allmendweg 6, CH-5621 Zufikon AG
Speisen: Fisch, Krustentiere, Hummer, Austern, Fisch, Wild

Spoonbill im Birds Sanctuary, Currumbin

Glossar

„Es roch ein wenig trocken nach altem Papier und eine Note alten Leders breitete sich von den Regalen her in den dunstigen Raum aus, in den die durch die Fenster strahlende Mittagssonne scharfe Lichtstreifen schnitt und die Fensterkreuze die Lichtkarrées gleichmäßig teilten. Die Bibliothek war voller Bücher, die das Wissen der alten Welt dokumentierten.
Sie hatte das Gefühl, dass der Geist der alten Welt in Form des Lederduftes nach ihr griff und zunächst unmerklich, dann aufdringlicher, alt, schwer und weise über den Dielenboden zu ihr hinkroch."

- A -

Abalone

Abalonen sind sehr große Seeschnecken aus der Familie der Haliotidae und zählen zu den teuersten Meeresdelikatessen der Welt. Sie werden bis zu 20 cm groß und leben im Brandungsbereich bis etwa 30 m Tiefe. Essbar ist der Saugfuß, der aus der Schale gelöst und mit Bürste und Salz gereinigt wird. Den dunklen Rand um das Fleisch abschneiden, dann in Scheiben schneiden und verarbeiten. Das Fleisch kann sowohl gegart oder auch roh (beliebt für Sushi) verwendet werden. Das Perlmutt ihrer Ohrenförmigen Schale ist als Ausgangsmaterial für Schmuckstücke beliebt. Wenn lebendig erworben niemals in Süßwasser wässern.

Ananas

Frucht aus tropischen Gebieten wie Hawaii, Mexiko, Australien, Brasilien und Afrika. Die Früchte werden wie Bananen unreif geerntet und reifen auf der langen Schiffsreise nach. Für die Verwendung in der Küche ist es unerlässlich, reife Früchte zu bekommen, denn nur diese sind süß und aromatisch. Sie haben ein rotoranges bis kupferfarbenes Äußeres und duften aromatisch. Nicht im Kühlschrank aufbewahren.
Möchte man Ananas für eine Torte mit Tortenguss verwenden, so ist dies mit frischer Ananas nicht möglich, da die nicht erhitzte Frucht das eiweißspaltende Ferment Bromelin enthält, das Gelatine nicht steif werden lässt.

Anzac Biscuits

Ein sehr populärer Biscuit, besonders der Hafer und „Golden Syrup" schmecken hervor. Der Name stammt von der Sendeadresse, die in die Blechdosen eingeprägt war, in der die Kekse im ersten Weltkrieg verschifft wurden: Australia-New Zealand Army Corps.

Austern

Sie kommen aus den südlichen Regionen des Landes und werden auf zahllose Arten zubereitet. Am bekanntesten sind die „Sydney Rock Oysters" und die „Tasmanian Oysters"

Avocado

Eine dunkel- bis mittelgrüne, birnenförmige Frucht eines ursprünglich südamerikanischen Baumes. Je nach Rezept von reif bis sehr weich verwendet, sehr ölhaltig, mit mildem etwas nussartigen Geschmack.

- B -

Balmain Bugs
Ein kleines, flaches Krustentier, das ähnlich wie Hummer schmeckt und aus der Gegend um Sydney stammt.

Barossa Valley
Eines der fruchtbarsten Landstriche des Kontinentes, vielleicht sogar das Zentrum der Landwirtschaft. Es ist fruchtbares, trockenes Land, das sich als ideal erwiesen hat um Oliven, Artischocken, Tomaten und andere Gemüsesorten anzupflanzen.

Barramundi
Eine nicht immer zu findende, lokale, wohlschmeckende Fischspezialität mit recht festem Fleisch.

Beer Bread
Das „Bier-Brot“ wird aus mit Backpulver versetztem Mehl und Bier hergestellt und gerne beim Campen und Bush-Walking verzehrt. (siehe Damper).

Bier
Die Australier gelten als eine Nation der Biertrinker. Jeder Staat hat seine eigenen Biersorten, die eisgekühlt im heißen Klima gut schmecken. Die bekanntesten auf dem Markt sind: XXXX, Swan, VB, Tooheys und Fosters, doch auch kleinere Brauereien eroberten sich in den letzten Jahren ihre Marktanteile.

Billy Tea
Früher wurde im Busch das Teewasser in einem großen Blechkessel erhitzt, den man „Billy“ nannte. Der starke Tee wurde direkt in dem Gefäß aufgebrüht; heute ist „Billy Tea“ ein Markenprodukt, der überall gekauft werden kann.
Der Tee wurde in jenem, an Ketten über dem Feuer hängenden Kessel gekocht, aufgebrüht und dann an der Kette im Kreis geschleudert, damit sich die Teeblätter verteilen und absetzen.

Booze
Booze bezeichnet immer ein alkoholisches Getränk und „be on the booze“ folgerichtig das Stockbesoffensein.

Brekkie
Landläufige Abkürzung für Breakfast

Brieschen
Innere Brustdrüse des Kalbes, Wachstumsdrüse die hinter dem Brustbein liegt, auch Thymus genannt

Bunya Nüsse
Sie stammen aus den fußballgroßen Zapfen des australischen Bunya-Baumes. Sie sind in Geschmack und Konsistenz den Kastanien nicht unähnlich, doch enthält eine Bunya-Nuss etwa viermal soviel sehr stärkehaltiges Fruchtfleisch wie eine Esskastanie. Die Nüsse sollten vor dem Verzehr mindestens eine Stunde gekocht werden, damit die sehr schwer zu entfernenden Schalen aufspringen. Inzwischen kann man das Fruchtfleisch auch vorgekocht oder tiefgefroren beziehen. Sie passen gut zu Gemüse und man kann mit ihnen auch Fleisch und Fisch füllen.

Buschtomaten
Buschtomaten sind eigentlich kleine Beeren mit intensivem Geschmack. Sie wachsen an einem australischen niedrigen Busch, der entfernt mit der Tomate verwandt ist, und sie sehen aus wie kleine, unreife Tomaten, sind aber geschmacklich intensiver. Ersatzweise kann man getrocknete Tomaten verwenden, da auch diese einen intensiven Geschmack tragen. Heute werden sie sowohl frisch verzehrt, gekocht, zu Chutney oder auch zu Brotaufstrich verarbeitet

Bush Tucker
Busch-Essen. Der Begriff steht für die traditionellen Nahrungsmittel der Ureinwohner, also alles was gesammelt und gejagt werden kann oder wild gedeiht. Typisch sind Witchetty Grubs, Goannas, Schlangen, Nüsse, Buschtomaten und Pflaumen. Allerdings sollte man viele der Busch-Nahrungsmittel nicht einfach probiereren, da es oft einer fachkundigen Zubereitung bedarf um die Dinge genießbar zu machen.

- C -

Campoven
Ein etwa 6 Liter fassender gusseiserner Topf mit Deckel (mehr Info beim Rezept „Damper“)

Capiscum
Die gemeine Paprika wird in Australien bei ihrem mehr wissenschaftlichen Namen benannt.

Chiko Roll
Eine Art Frühlingsrolle mit völlig undurchschaubarer Füllung

Cray Fish
Hummer, Lobster

Cumin
siehe Kreuzkümmel

- D -

Damper
Das australische Buschbrot wir traditionell und stilecht in einem 6 Liter fassenden „Campoven“ auf heißen Kohlen des niedergebrannten Lagerfeuers gebacken. Eine Weiterentwicklung daraus ist das „Beer Bread“.

Davidson Plum
Große, violette Früchte eines Regenwaldbaumes, die in Farbe und Aussehen an europäische Pflaumen erinnern. Das Fruchtfleisch ist sehr hart, reich an Vitamin C und sie schmecken säuerlich, sodass man sie vor dem Verzehr zubereiten muss. Sie schmecken hervorragend in Saucen und auch als Marmelade oder Chutney.

Desert Limes
Eine kleine, wild wachsende Zitrusfrucht, die sich geschmacklich zwischen Limette und Grapefruit bewegt.

Devonshire Tea
Die Schilder mit dieser Aufschrift stehen normalerweise vor den Tee- und Imbissstuben der Ausflugs- und Touristenzentren und bedeuten, dass es drinnen Kaffee oder Tee mit „Scones“ und Marmelade gibt.

- E -

Emu
Der Emu ist mit einer Größe von knapp 2 Metern und einem Gewicht von rund 50 kg der größte einheimische Vogel Australiens. Weltweit ist nur noch der Strauß größer. Der Emu wird inzwischen wie der Strauß auf Farmen gezüchtet hat ein rotes Fleisch und erinnert geschmacklich an Rindfleisch mit einer Wildnote. Das Fleisch ist sehr fett- und cholesterinarm und hat einen hohen Eiweißanteil. Gerne wird der Emu auch als Schinken angeboten, luftgetrocknet und fettarm.

- F -

Focaccia
Dies ist ein sehr beliebter Snack in Australien. Focaccia ist angelehnt an ein gleichnamiges italienisches Brot, das mit verschiedenen Zutaten gebacken wie ein mittig zusammengeklapptes Sandwich serviert wird. Oft wird es getoastet angeboten.

Flake
Flake nennt man in Australien den Hai. An der Küste sollte man am Fish & Chips-Imbiss mal darauf achten ob Flake angeboten wird, denn das Steak schmeckt frittiert wirklich gut.

- G -

Galangawurzel, auch Galgant
Die Galangawurzel (Zingiberaceae) gehört zur Familie der Ingwerwurzeln und wird hauptsächlich in der südostasiatischen Küche verwendet. Ihre Heimat liegt in Südchina und Indonesien, wo sein schilfartiger Wuchs ganze Landstriche

prägt. Galgant ist in Europa seit dem Mittelalter bekannt und wurde als Heilmittel verwendet. Galgant ist weniger scharf als Ingwer, etwas bitter und trägt eine leichte Zimtnote.

Gelbwurz
siehe Kurkuma

Granny Smith
In den dreißiger Jahren des 19. Jahrhunderts wanderte eine gewisse Maria Ann Smith von England nach Australien aus. Ihre Familie ließ sich in Eastwood, einem Vorort von Sydney nieder. „Oma Smith" brachte angeblich vom Markt einige Obstkisten mit, in denen einige angefaulte tasmanische Äpfel lagen, die sie in der Nähe eines Baches ausschüttete. Es wuchsen kleine Apfelbäume heran, die weiter gezüchtet wurden und aus denen schließlich die hellgrüne Sorte „Granny Smith" wurde.

Golden Syrup
Ein goldfarbener Rohrzuckersirup mit einem leichten honigartigen Geschmack, im Normalfall ohne jegliche chemische Zusätze. Falls nicht erhältlich kann er bei der Speisezubereitung durch Rübensirup ersetzt werden.

- H -

Hashbrowns
Geriebene Bratkartoffeln

Hijiki
Getrockneter Japanischer Seetang, der vor dem Gebrauch eingeweicht werden muss.

- I -

Illawarra-Pflaumen
Sie sind keine echten Pflaumen sondern die dunkelroten Beeren eines australischen Nadelbaums. Da diese in Europa nicht erhältlich sind können kleine lilarote Pflaumen als Ersatz dienen.

Ingwer
Die Gattung der Ingwergewächse (Zingiberaceen) umfasst mehr als 80 Arten und ist im tropischen Raum Australiens und Asiens zu Hause. Der Ingwer (Zingiber officinale) ist zweifellos die bedeutendste Pflanze aus der Familie und ist seit dem frühen Mittelalter bei uns bekannt. Verwertbar sind die Blüten, die Blätter und dicke Wurzel, „Rhizom“ genannt. Diese wird in der Küche hauptsächlich verwandt. Siehe auch Kurkuma, Kardamom und Galgant.

- J -

Jakobsmuschel auch Coquille Saint-Jacques
Gegessen wird nur der dicke weiße Muskel und wenn vorhanden der daran hängende aromatische „Corail“

Jatz Crackers
Australische Salzcracker. Sie sind immer noch sehr populär, und in vielen Geschmacksrichtungen zu finden.

Jerky
Trockenfleisch

- K -

Kakifrucht
Eine Beerenfrucht, die ursprünglich aus China stammt und auch „Dattelpflaume oder „Kakifeige“ genannt wird. Sie trägt eine orangerote bis tomatenrote Färbung, das Fruchtfleisch ist geleeartig und schmeckt je nach Reifegrad herb bis sehr süß.

Känguru
Kängurufleisch ist gesund. Es birgt in sich nur 2 % Fett, wenig Cholesterin und viel Eiweiß. Es ist dunkelrot und von hochwertiger Konsistenz. Vornehmlich gekauft wird es aber wegen des Wildgeschmackes. Kängurus leben wild in Steppe und Busch und werden von staatlich zugelassenen Jägern auf den Ländereien der Farmer geschossen, in staatlichen Betrieben zerlegt, portioniert und in alle Welt

verschickt. Rücken und Filets können wie vergleichbares Kalb- oder Rindfleisch verarbeitet werden, als Steak oder Braten, während der Schwanz sich zum schmoren oder zur Suppenherstellung eignet.

Kaffirlimonenbaum - Kaffernlimette

Der Kaffirlimonenbaum liefert intensiv duftende Blätter, die in vielen Rezepten der Südostasiatischen Küche verwendet werden. Auch die Schale der Früchte kann zur Speisezubereitung verwendet werden. Der Duft ist stark zitronenartig und wird hin und wieder sogar als unangenehm empfunden. Der stark charakteristische Duft ist kaum durch ein anderes Gewächs zu ersetzen, Limetten reichen etwas daran. Die Blätter des Baumes verlieren getrocknet ihr Aroma und sollten tiefgekühlt aufbewahrt werden.

Kardamom

Der Kardamom (Elettaria cardamomum) gehört zur Familie der Ingwergewächse und stammt aus den Bergen Südindiens. Er wird nur selten als direktes Gewürz, häufiger für Gewürzmischungen oder sogar in der Parfumherstellung verwendet. Verwendet werden allerdings die dicklichen Samenkapseln und nicht das „Rhizom“.

Koriander, Cilantro
Ein Doldenblütengewächs (Apiaceae) mit breiten, an Petersilie erinnernden Blättern. Essbar sind Samen und Blätter, wobei die Aromen höchst unterschiedlich sind. Die Samen lassen sich trocknen, während die Blätter hierdurch einen hohen Aromaverlust erleiden. Die Samen tragen ein warmes, nussiges und gewürzhaftes Aroma, während die (frischen) Blätter als frisch, würzig bis leicht zitrusartig empfunden werden.

Korinthen
Eine kleine Rosine, siehe auch Rosinen und Sultaninen

Kreuzkümmel
Eine uralte Kulturpflanze, deren sichelförmige Samen in der Küche verwendet werden. Sie schmecken frisch, scharf aromatisch bis süßsäuerlich-erdig und erinnern leicht an Kümmel. Der getrocknete Kreuzkümmel sollte immer direkt vor dem Gebrauch im Mörser zerstoßen werden

Krokodil
Krokodilfleisch unterscheidet sich in das hellere Fleisch des Schwanzes und das etwas grauere aus dem Korpus. Letzteres sollte man vor der Zubereitung über Nacht wässern oder in Milch einlegen um Fischgeschmack zu beseitigen.

Kumquat
Die Kumquat (fontanella margerita) ist zwar mit den Zitrusfrüchten verwandt, doch zählt sie genau genommen nicht dazu. Der ihr eigene Name „Zwergorange“ ist botanisch nicht ganz richtig, auch wenn sie wie kleine Orangen aussehen. Die Früchte sind 2 - 4 cm groß, kugelförmig bis oval und die Schale ist mit Poren besetzt. Das Fleisch ist orangefarben und in mehrere Kammern unterteilt in denen sich auch Kerne befinden. Die Schale wird mitgegessen.

Kurkuma
Die Pflanze - auch Gelbwurz genannt - gehört zur Familie der Ingwergewächse und umfasst innerhalb dieser Familie etwa 45 eigene Unterarten. Die Heimat liegt im indischen und ostasiatischen Raum. Kurkuma (Curcuma domestica) ist wie die anderen Pflanzen der Familie schilfartig, mehrjährig und wächst aus der Knollenartigen Wurzel (Rhizom).

- L -

Lemon Aspen

Diese Früchte, die in den tropischen Gegenden Australiens wachsen, sind klein im Wuchs und von zartgelber Farbe. Sie haben einen strengen Zitrusgeschmack und können im Bedarfsfall durch Zitronen- oder auch Limonensaft ersetzt werden.

Lemon-Myrtle-Blätter

Blätter eines australischen, ausschließlich an der Ostküste des Landes im Regenwald wachsenden Baumes. Er trägt ein strakes Zitrusaroma in sich, das man schon beim Reiben der Blätter bemerkt. Die Blätter sollten erst spät zum Würzen hinzugefügt werden, da ihr starkes Aroma schnell andere Aromen verdrängen kann. Ersatzweise können die Blätter des Kaffirlimonenbaumes benutzt werden.

Lilly Pilly

Mehr als 70 Arten dieses Zierbaumes wachsen in Australien. Sie tragen kleine Früchte, die meist essbar sind und zu Saucen und Marmeladen verarbeitet werden. Die kleinen Beeren sind orangefarben und schmecken leicht säuerlich. Die Riberry-Pflanze ist die bekannteste unter ihnen.

- M -

Macadamianüsse

Der heimliche Exportschlager des Kontinentes. Sie stammen ursprünglich aus Australien und werden schon lange kommerziell angebaut. Ein großer Macadamiabaum kann in einer Saison 100 kg Nüsse tragen. Das intensive Armoma verbreitet er am besten nach dem Rösten. (Siehe Extraseite Macadamia)

Marron

siehe Süßwasserkrebse

Melasse

Ein honigartiger, dunkelbraun gefärbter Zuckersirup, der zwar noch einen hohen Zuckeranteil enthält, aber nicht mehr kristallisiert werden kann. Es ist ein Nebenprodukt aus der Zuckerproduktion und entsteht beim Einkochen des Zuckerrohrsaftes. Es wird nur in wenigen Rezepten verwendet und dient hauptsächlich zur Herstellung von Alkohol (Rum), Hefe, verschiedenen Säuren und Futterzusätzen. Durch den hohen Vitamin- und Mineralstoffkonzentration wird es immer mehr als gesunder Süßstoff geschätzt

Merlot
Die dunkle Merlot-Traube wird wegen ihrer weichen bis schmeichelnden Tannine geschätzt und reinsortig an- und auch ausgebaut, wobei die Qualitäten erheblich schwanken und aus den ertragreichen Feldern oft nur ein dünner, hellroter Wein gekeltert wird. Bei richtigem Boden und richtigem Ausbau entsteht allerdings ein dichter Wein mit eleganter Frucht und großartigem Volumen.

Milo
Ein aus Pulver angerührtes Getränk ähnlich der Ovomaltine

Mudcrabs
Mangrovenkrabben, siehe Süßwasserkrebse

Muntrie
Eine kleine Beere, die einen apfelähnlichen Geschmack birgt

- N -

Nashi-Früchte
Die Nashi-Früchte (pyrus pyrifolia) sind in Australien und Ostasien beheimatet und sind mit den bei uns wachsenden Birnen verwand. Sie werden auch chinesische Birne oder Apfelbirne genannt. Das Fleisch ist etwas hell, durchscheinend, fest und saftig und schließt wie bei europäischen Birnen ein Kerngehäuse ein. Geschmacklich trägt die Nashi-Frucht das Aroma eine Birne, während sie an die Festigkeit eines Apfels erinnert.

Neuseelandspinat, Tetragonia
Eine in Australien und Neuseeland beheimatete dickfleischige Pflanze, die sehr an Spinat erinnert. Die Sprossen des Neuseelandspinats (Tetragonia tetragonioides) mit den fleischigen Blättern werden bis zu 1 m lang. Ersatzweise kann man ebensogut herkömmlichen Spinat verwenden.

- P -

Papaya
Die Papaya ist im Zustand der Reife eine Frucht, solange sie jedoch noch grün ist, wird sie durchaus eher als Gemüse angesehen. Papayas sind rund bis oval und haben einen Durchmesser von 15 - 20 cm. Die Schale wird nicht gegessen. Das Fruchtfleisch ist orangefarben und birgt eine Samenkammer mit dunkelbraunen Kernen in sich. Im reifen Zustand erinnert die Frucht an Melonenfleisch. Die Kerne können getrocknet und als Pfeffer verwendet werden.

Paper Bark
Eine Eukalyptusart, deren Rinde von den australischen Ureinwohnern vielseitig verwandt wurde, zum Beispiel als Bandage, Feuermaterial und nicht zuletzt um Speisen darin einzuwickeln und zuzubereiten, was im Lande nun auch in den Restaurant in Mode kommt. Sie hält die Feuchtigkeit und gibt ein leichtes Aroma ab. Inzwischen kann man die Rinde sogar eingeschweißt kaufen.

Pavlova
Das australische Lieblingsdessert schlechthin. Ein Baisergebäck, das mit frischen und/ oder eingelegten Früchten und reichlich Schlagsahne serviert wird. (mehr Info siehe Rezept)

Pie
Der Pie ist wohl das bekannteste australische Gericht und wird immer und überall, sowie drinnen und draußen gegessen. Es gibt ihn fast überall zu kaufen, auch wenn er nicht wirklich das kulinarisch herausragende Ereignis der australischen Küche darstellt. Der eigentliche Pie ist meist rund oder oval und hat einen Durchmesser von 10 - 15 cm, jene die zu Hause, als Hauptgericht auf den Tisch kommen sind 24-28 cm im Durchmesser und erinnern etwas an die französische Quiche.

- Q -

Quandong
Der Geschmack der leuchtend roten Frucht erinnert sehr an einen Pfirsich. Sie sind in Australien getrocknet, tiefgefroren und frisch erhältlich und werden zu süßen Desserts genauso wie zu säuerlichen Speisen verwandt. Im Inneren verbirgt sich eine ölige, hocharomatische Nuss, die man zunächst in Öl braten und dann zerreiben kann. Die pulvrige Creme erinnert etwas an Sesam. Ersatzweise kann Pfirsich oder getrockneter Pfirsich (50 g je Frucht) verwendet werden.

- R -

Redclaw
siehe Süßwasserkrebse

Roadhouse
Tankstelle mit angeschlossener Raststätte im Outback.

Rosinen
Süße, getrocknete Traube mit Kernen mit einer dunklen Färbung, siehe auch Korinthen und Sultaninen.

- S -

Scallops
Eine Kamm-Muschelart

Schnepfenmesserfisch
Der Schnepfenmesserfisch (centriscidae) zählt zu den Wirbeltieren, Chordatieren. Sie besitzen rasiermesserscharfe Knochenplatten am Bauch sowie einen beweglichen Stachel am Körperende. Schnepfenmesserfische (engl. Razor Fish) schwimmen in Gruppen, immer mit dem Kopf nach unten gerichtet in Korallenriffen.

Scones
Dessertbrötchen oder Teebrötchen, salzig-süß

Shiraz oder Syrah
Die Rotweintraube bringt einen trockenen, purpurroten Wein hervor, der oft lagerfähig ist und sich dann zu einem Spitzenwein entwickeln kann.

Smørgasbord
Ein in Australien allgemein benutzter Begriff für Buffet. Smørgasbord stammt aus dem dänischen und bezeichnet ein kaltes Buffet mit „Smørgaser", kleinen dick belegten Canapés.

Sternanis
Eine zu den Doldengewächsen gehörende Pflanze, deren Früchte in einem sternförmigen, Fruchtstempel in Kammern verborgen sind. Sie tragen einen frischen bis scharfen Geschmack, bisweilen süß und aromatisch.

In den Fruchtwänden des Sternanis (illicium verum) befinden sich ätherische Öle, die für den starken Anisduft verantwortlich sind.

Straußenfleisch
Strauße in Australien ? Noch nicht lange, aber den flugunfähigen Afrikaner gibt es in speziellen Straußenfarmen, wo er rein zum Verzehr gezüchtet wird.
Das Fleisch ist dunkel und nach einer Reifezeit von 10 - 14 Tagen sehr zart. Das Fleisch des bis zu 3 Metern emporwachsenden Vogels ist fett- und cholesterinarm und wird als sehr gesund betrachtet.
In Australien selbst hat man zum Strauß auch weniger Vorbehalte als gegenüber dem Emu.

Sultaninen
Eine große, kernlose Rosine, siehe auch Korinthen und Rosinen

Süßwasserkrebse

Zahlreiche Arten von Süßwasserkrebsen werden in Australien inzwischen als Farmtiere gezüchtet, zu den bekanntesten zählen der „Yabbie“ , der „Redclaw“ und der „Marron“.

Der Marron (thenus orienthalis) ist eine Hummerart, die in den Flüssen kaum noch zu finden ist und nur noch gezüchtet wird. Seine Farbe ist rotbraun, sein Fleisch fest und wohlschmeckend.

Der „Yabbie“ (cherax destructor) ist widerstandsfähig und weit verbreitet. Er kommt noch immer in den Flüssen und Seen vor und trägt auch eine rotbräunliche Färbung. Den „Yabbie“ gibt es auch noch in einer etwas selteneren bis 16 cm langen blauen Variante.

Der „Redclaw“ (cherax quadricarinatus) ist wiederum ein klassischer Speisekrebs, der in großen Mengen für den Export gezüchtet wird.

Die „Mudcrabs“, Mangrovenkrebse, gehören nicht wirklich zu den Süßwasserkrebsen, da sie in den Mündungsbereichen der Flüsse des Nordens leben und sich im dichten Gewirr der Mangrovenwurzeln bewegen.

- T -

Tapioka

Ein Stärkemehl aus der Wurzelknolle des Manioks. Das Mehl wird als Bindemittel für Suppen und Saucen verwendet und trübt die Flüssigkeiten nicht ein.

Tasmanischer Pfeffer, Pepperberries

Verwendet werden die getrockneten Beeren der Pflanze, die in Farbe und Größe an den schwarzen Pfeffer erinnern. Zuweilen werden auch die Blätter gemahlen. Die Beeren schmecken zunächst etwas süßlich, dann für kurze Zeit scharf, was aber einem Gefühl der Taubheit weicht. Der tasmanische Pfeffer (tasmannia lanceloata) wird meist zum marinieren benutzt und sollte nicht länger mitgekocht werden.

Die Pflanze wächst ausschließlich in Australien und ist hier nur schwer zu bekommen. Ersatzweise kann Wasserpfeffer verwendet werden, der aber ähnlich schwierig zu erwerben ist. Etwas anders im Geschmack aber durchaus ersatzweise verwendbar ist Szechuanpfeffer.

Tetragonia
siehe Neuseelandspinat

Tucker
Ein australischer, umgangssprachlicher Begriff für Essen. Ein guter Esser ist einer der „really tucks into the tucker".

Turmeric
siehe Kurkuma

- V -

Vegemite
Eine salzige, dunkelbraune, auf Hefe basierende Gemüsepaste, mit denen Sandwiches bestrichen werden. Das was die Erdnussbutter für Amerikaner, ist Vegemite für Australier. Vegemite wurde bereits 1923 erfunden und erinnert entfernt an Maggi und alte Küchenkräuter.

Vegies
Eine Verniedlichung von Vegetables. Gerne wird beispielsweise im Restaurant gefragt: „salad or vegies?"

- W -

Wattlebush - Wattleseeds
Eine Akazienart die schon lange kommerziell genutzt wird. Die Zutat wird aus den Samen der Pflanze gewonnen und als Aromastoff für Schokolade, Eis, Kekse und Brot eingesetzt. Ähnlich wie Kaffee kann man die gerösteten Samen auch überbrühen.

Wein
Unter der heißen Sonne des Landes gedeihen wunderbare Trauben, aus denen oft feine bis edle Weine entstehen. Zu den am häufigsten angebauten Weißweinen zählen Chardonay, Sauvignon Blanc und der weit verbreitete Rhine Riesling, während unter den roten Sorten hauptsächlich Cabernet, Sauvignon, Pino Noir

und Merlot an und ausgebaut werden. Die Weinanbauregionen befinden sich in den südlichen Teilen des Kontinentes in den Staaten Victoria, Tasmanien und Westaustralien. Kellerführungen in den Wineries sind obligatorisch.

Witchetty Grub
Eine große, etwa fingedicke Larve eines Falters, die man auf Akazienpflanzen finden kann.

- Y -

Yabbie
siehe Süßwasserkrebse

- Z -

Zitronengras
Der Duft des Zitronengrases aus der Familie der Süßgrasgewächse (Poaceae) erinnert leicht an Rosen, Zitronenmyrthe und Zitrone. Ältere, getrocknete Zitronengrasprodukte sind häufig nur noch zitronig bis scharf.

Zitronenmyrthe
siehe Lemon-Myrtle-Blätter

Frazer Island

Register

Rezepte - Deutsch

Vorspeisen & Zwischengerichte

Suppen & Cremes

Fleischgerichte
Büffel, Rind & Kalb

Lamm & Lämmchen

Geflügel & Kaninchen

Emu & Strauß

Känguru

Krokodil & Alligator

Macadamianüsse

Fisch

Schalen- und Krustentiere Austern, Muscheln & Co.

Krebse & Co.

Surf & Turf

Saucen, Dips

Pepperberries - Tasmanischer Pfeffer

Gemüsegerichte und Gemüsebeilagen

Desserts und süße Speisen

Honig

Backwaren

Brot

Pasteten & Pies

Kekse, Scones, Muffins und Plätzchen — *259*

Kuchen & Torten

Getränke

Rezepte-Englisch

Apetizers & Entremets

Soups & Creames

Meat Dishes
Buffalo, Beef & Calf

Lamb

Poultry & Rabbits

Emu & Ostrich

Kangaroo

Crokodile & Alligator

Macadamianuts

Fish

Shellfisch & Crustaceans Oysters, Mussels & Co.

Crayfisg & Co.

Surf & Turf

Sauces, Dips & Marinades

Gemüsegerichte und Gemüsebeilagen

Desserts

Honey

Pastries & Pies

Biscuits, Scones, Muffins & Cookies

Cakes

Walzing Matilda

Once a jolly swagman camped by a billabong,
Under the shade of a coolibah tree,
And he sang as he watched and waited till his billy boiled,
„Who'll come a-walzing Matilda with me?
Walzing Matilda, Walzing Matilda,
Who'll come a-walzing Mathilda with me?"
And he sang as he watched and waited till his billy boiled,
„Who'll come a-walzing Matilda with me?"
Down came a jumbuck to drink at the billabong:
Up jumped the swagman and grabbed him with glee.
And he sang as he showed that jumbuck in his tucker-bag,
„You'll come a-walzing Matilda with me.

Walzing Matilda, Walzing Matilda,
You'll come a-walzing Mathilda with me?"
And he sang as he showed that jumbuck in his tucker-bag,
„You'll come a-walzing Matilda with me?"

Up rode a sqatter, mounted on his throughbred;
Down came the troopers, one, two, three:
„Who's that jolly jumbuck you've got in your tucker-bag?
You'll come a-walzing Matilda with me?
Walzing Matilda, Walzing Matilda,
You'll come a-walzing Mathilda with me?"
Who's that jolly jumbuck you've got in your tucker-bag?
You'll come a-walzing Matilda with me?"

Up jumped the swagman and sprang into the billabong;
„You'll never catch me alive!" said he;
And his ghost may be heard as you pass by that billabong,
„You'll come a-walzing Matilda with me!
Walzing Matilda, Walzing Matilda,
You come a-walzing Matilda with me!"
And his ghost may be heard as you pass by that billabong,
„You come a-walzing Matilda with me!"

Weitere Bücher

In Büchern liegt die Seele aller gewesenen
Zeit.

(Thomas Carlyle, schottischer Historiker,

1795 - 1881)

H. DOLGNER . E. KORNMAYER

KLASSISCHE & MODERNE REZEPTE AUS HOLLAND

Über 500 Rezepte aus den Provinzen des grünen Landes an der Nordseeküste

520 Seiten . Hardcover . 21 x 14,8 cm zahlreiche Fotos (sw) . Gewicht 1,4 kg

ISBN 978-3-938173-01-5

Preis: 19,95 €

E V E R T   K O R N M A Y E R

KLASSISCHE & MODERNE REZEPTE AUS SÜDAFRIKA

Über 300 Rezepte aus den Provinzen am Kap der Guten Hoffnung - Viele erstmals in deutscher Sprache

253 Seiten . Hardcover

Zahlreiche Bilder und Illustrationen

ISBN 3-9808785-0-3

Preis: 14,95 €

EVERT KORNMAYER

KLASSISCHE & MODERNE REZEPTE AUS DER BRETAGNE

Über 260 Rezepte aus dem Land der Crêpes und Artischocken, der Dolmen und Legenden im Nordwesten von Frankreich

Gewinner des "World Cookbook Awards 2005"

278 Seiten . Hardcover
Zahlreiche Bilder und Illustrationen
ISBN 3-938173-00-9
Preis: 14,95 €

EVERT KORNMAYER

FESTLICHE MENÜS FÜR 50 HOCHZEITSTAGE

Ganz besondere Menüs für die Jubiläumstage der Ehe

211 Seiten . Hardcover mit Schutzumschlag . 21 x 14,8 cm
ISBN 3-938173-16-5
Preis: 19,95 €

E V E R T K O R N M A Y E R
KLASSISCHE & MODERNE REZEPTE AUS KENIA
Über 220 Rezepte *OUT OF AFRICA* - Viele erstmals in deutscher Sprache
214 Seiten . Hardcover
Zahlreiche Bilder und Illustrationen
ISBN 3-938173-05-X
Preis: 14,95 €

E V E R T K O R N M A Y E R
KLASSISCHE & MODERNE REZEPTE AUS NEUSEELAND
Über 200 Rezepte von den grünen Inseln im Pazifik - Viele erstmals in deutscher Sprache
211 Seiten . Hardcover
Zahlreiche Bilder und Illustrationen
ISBN 3-9808785-2-X
Preis: 12,95 €

EVERT KORNMAYER

KLASSISCHE & MODERNE REZEPTE AUS NAMIBIA

Über 200 Rezepte aus den Küchen der Farmen, Restaurants und den Lagerfeuern im Südwesten Afrikas

204 Seiten . Hardcover

Zahlreiche Bilder und Illustrationen

ISBN 3-9808785-4-6

Preis: 12,95 €

EVERT KORNMAYER

KLASSISCHE & MODERNE REZEPTE AUS MALTA

Über 200 Rezepte von den Inseln Malta, Gozo & Comina im Herzen des Mittelmeers - Viele erstmals in deutscher Sprache

198 Seiten . Paperback

Zahlreiche Bilder und Illustrationen

ISBN 3-9808785-5-4

Preis: 12,95 €

EVERT KORNMAYER

SÜDAFRIKAS KULINARISCHE GEHEIMNISSE

Die geheimen Rezepte der besten Restaurants, Lodges, Hotelküchen und Weingüter in Südafrika.

532 Seiten . Hardcover

Zahlreiche Bilder und Illustrationen

ISBN 3-9808785-3-8

Preis: 22,95 €

Gebr. KORNMAYER

WAS FRANKFURT ISST.

Über 250 neue Gerichte aus Mainhatten

236 Seiten . Hardcover . gebunden

Zahlreiche Bilder und Illustrationen

ISBN 3-9808785-8-9

Preis: 19,95 €